KB142533

여왕이 사랑한 사람들 • 누가 빅토리아 시대를 만들었나 • Queen Victoria • 리턴 스트레이치 • 김윤정 옮김 • 큰앎아리

버지니아 울프에게

일러두기

본문에 실린 주요 내용의 각 출전은 책 말미의 주에, 내용을 참조한 작품의 전체 목록은 참고문헌에 실었다. 그레빌 회고록 원고의 일부 미출간 구절을 활용할 수 있도록 허락해준 대영박물관이사회에 감사드린다.

차례

1

왕위 계승 배경

1

1817년 11월 6일, 섭정공(훗날의 조지 4세 — 옮긴이)의 외동딸이자 영국 왕위 계승자인 샬럿 공주가 운명했다. 공주의 짧은 생은 행복과 거리가 멀었다. 충동적이고 변덕스럽고 격한 성정 때문에 늘 자유를 갈망했지만 한 번도 원하는 바를 얻지 못했고, 격렬한 집안싸움에 둘러싸여 성장기를 보냈으며, 그다지 평판이 좋지 못한 괴짜 어머니의 품에서 일찌감치 떨어져 역시나 평판이 나쁜 이기적인 아버지의 손에 맡겨졌다. 공주가 열일곱 살이 되던 해에 섭정공은 딸을 오라녀 공에게 시집보내기로 결정했다. 처음에는 공주도 마지못해 따랐지만, 돌연 프로이센의 아우구스트 공과 사랑에 빠져 파혼을 결심했다. 공주의 연애 스캔들은 처음도 아니었다. 예전에는 헤스 대위와 은밀한 서신을 주고받은 적도 있었다. 아우구스트

11

공은 이미 신분이 낮은 여자와 결혼한 몸이었지만 공주는 알지 못했고, 그도 말해주지 않았다. 샬럿 공주가 오라녀 공과의 결혼 협정을 질질 끌고 있던 1814년 6월, 동맹국 러시아의 군주가 승리를 기념하기 위해 런던에 도착했다. 러시아 황제의 수행원 중에는 젊고 잘생긴 작센코부르크의 레오폴드 공도 섞여 있었는데, 그는 공주의 눈길을 받고자 노력했지만 마음이 딴 데 가 있던 공주는 전혀 관심을 주지 않았다. 다음 달, 딸과 아우구스트 공의 밀애 사실을 안 섭정공은 예고 없이 현장에 나타나 공주의 사람들을 내쫓고 그녀를 윈저파크에 유폐시켰다. "신이시여, 제게 인내심을 주소서!" 바닥에 무릎을 꿇고 고통스럽게 부르짖던 공주는 벌떡 일어나 뒤쪽 계단으로 뛰어 내려갔다. 거리로 나온 그녀는 지나가는 마차를 세워 베이스워터에 있는 어머니 집으로 도망가려고 했으나 도중에 붙잡혔고, 결국 삼촌인 요크 공작과 서식스 공작, 브루엄 경, 솔즈베리 주교의 설득에 넘어가 새벽 2시에 칼턴 하우스로 돌아왔다. 공주는 윈저궁에 유폐되었지만 오라녀 공에게서는 더 이상 소식이 들리지 않았다. 아우구스트 공도 자취를 감추면서 마침내 작센코부르크의 레오폴드 공에게 길이 열렸다.[1]

레오폴드 공은 영리한 사람이었다. 그는 섭정공의 마음을 얻었고 각료들에게 눈도장을 찍었으며 공주의 또 다른 삼촌인 켄트 공작과 친구가 되었다. 급기야는 켄트 공작을 통해 공주와 사적으로 서신을 주고받았고, 공주 역시 이제 자신의 행복에 그가 필요하다는 결론을 내렸다. 워털루전투 이후 파리에 머물고 있는 레오폴드를 위해 켄트 공작의 부관이 영국해협을 오가며 편지를 날랐고, 마침내 1816년 1월 레오폴드 공이 영국 왕실의 초청을 받았다. 결혼식은 5월에 거행되었다.[2]

레오폴드 공은 신기할 만큼 아내와 성격이 극과 극이었다. 독일 한 공국의 작은아들로 태어난 그는 당시 스물여섯 살로, 나폴레옹전쟁에서 공훈을 세우고 빈회의에서 탁월한 외교 수완을 보여준 바 있었다.[3] 이제 망아지처럼 날뛰는 공주를 길들이는 임무를 떠안게 된 그는 곧 냉정하고 정중한 태도와 침착한 말투, 신중한 행동으로 제멋대로에 충동적이고 씀씀이가 헤픈 아내를 다스렸다. 그녀에게는 그가 용납할 수 없는 점이 많았다. 사람을 힐끔힐끔 쳐다보는가 하면 발을 쿵쿵거렸고, 폭소를 터트렸으며, 공주에게 특히 요구되는 자제심은 티끌만큼도 찾아보기 힘들었고, 고약할 정도로 예의가 없었다. 세월이 흘러 조카딸에게 직접 털어놓았듯이, 유럽 상류 사회에서만 지내 "사교계의 왕이라고 해도 과언이 아니었던" 그는 예의범절을 감별하는 눈이 남달랐다. 때문에 두 사람은 사사건건 부딪혔지만 그 결말은 매번 똑같았다. 마지막에는 늘 공주가 페티코트를 입은 반항기 소년마냥 남편 앞에 서서 양손을 등 뒤로 한 채 몸을 앞으로 내밀고, 활활 타오르는 뺨과 반짝이는 눈으로 이제 남편의 뜻에 따르겠노라고 말했다.

"당신이 바란다면, 그렇게 할게요." 그럼 레오폴드도 어김없이 다음과 같이 대답했다. "날 위해서는 아무 욕심도 없소. 내가 당신한테 이래라저래라 하는 건 그래야 당신의 이익과 행복을 지킬 수 있다고 믿기 때문이오."[4]

이 왕실 부부가 살림을 차린 곳은 이셔 근처의 클레어몬트로, 두 사람을 보필하는 사람들 중에는 크리스티안 프리드리히 슈토크머라는 젊은 독일인 의사가 있었다. 코부르크 하급 치안판사의 아들이었던 그는 군의관으로 전쟁에 참가한 후 고향 마을로 돌아와 의사 생활을 하던 중에 레오폴드 공을 만나 그의 눈에 들었다. 레오폴드는 결혼할 때 개인 주치의로 그를 데려왔다. 기이한 운명이 그를 기다리고 있었고, 미래가 그를 위해 명망, 권력, 수수께끼, 불행, 상심 등 많고 다양한 선물을 준비하는 중이었다. 클레어몬트에서 슈토크머가 얻은 지위는 보잘것없었지만, 그에게 호감을 느낀 공주는 그를 "스토키"라고 부르며 그와 복도에서 장난치곤 했다. 소화불량이 잦은 체질에 기질이 우울하지만 이따금씩 생기가 넘치고 코부르크에서는 재치 있는 사람이라는 평을 들었던 슈토크머는, 또한 성품이 고결해 이 왕실 가족을 진정한 주인으로 섬겼다. 그의 일기장에는 "내 주인님은 세상 어떤 남편보다 훌륭하며, 그분의 아내는 남편에게 영국의 나랏빛에 비견할 만큼 큰 사랑을 품고 계시다"라고 적혀 있다. 오래지 않아 그에게 또 다른 자질이 있음이 증명되었는데, 그의 인생 전반에 영향을 끼친 신중함과 현명함이었다. 1817년 봄, 공주가 복중에 아기를 품고 있을 때 공주의 주치의 자리 하나가 슈토크머에게 제안되었지만 그는 분별력 있게 이를 거절했다. 주치의가 되어봤자 이를 시기한 동료들이 자신의 조언을 무시할 게 뻔했고, 혹여 일이 잘못되면 외국에서 온 의사가 지탄의 대상이 되리라는 사실을 인지했기 때문이다. 아니나 다를까, 곧 우려하던 일이 일어났다. 영양가 낮은 식단과 끊임없는 출혈 때문에 공주의 상태가 악화되고 있다고 판단한 슈토크머가 영국 출신 의사에게 이 의견을 전달해달라고 레오폴드에게 부탁했지만 헛수고로 돌아갔다. 당시 유행하던 절식 요법이 몇 달간 지속되었고 결국 11월 5일 밤 9시, 50시간이 넘는 진통 끝에 공주는 사산아를 낳았다. 자정 무렵에는 기력을 소진한 공주가 무너져 내렸다. 슈토크머가 공주를 진찰할 수 있다는 허락을 받고 방 안에 들어갔을 때는 이미 공주의 얼굴에 죽음의 그림자가 역력했고, 의사들은 그녀에게 자꾸 와인을 권하고 있었다. 공주가 슈토크머의 손을 꽉 쥐며 말했다. "저자들이 날 취하게 만들어." 잠시 후 그는 공주의 방을 나왔다. "스토키! 스토키!" 공주의 외침을 듣고 옆방에 있던 그가 다시 방 안으로 돌아왔고, 공주의 목에서 임종 전 가래 끓는 소리가 들렸다. 그녀의 몸이 좌우로 격렬하게 흔들리더니 갑자기 다리의 움직임이 멈췄다. 그렇게 끝이 났다.

레오폴드는 몇 시간째 공주의 곁을 지키다가 잠시 쉬려

고 방을 나간 상태였다. 이제 슈토크머가 공주의 죽음을 알려야 했다. 처음에 레오폴드 공은 무슨 일이 일어났는지 실감하지 못했다. 아내의 방으로 가는 도중에 맥없이 의자에 주저앉은 그의 옆으로 슈토크머가 무릎을 꿇었다. 모든 게 꿈이었다. 이는 있을 수 없는 일이었다. 어렵게 침대까지 온 그는 무릎을 꿇고 아내의 차가운 두 손에 입을 맞췄다. "난 이제 고독한 사람이네. 자네는 절대 내 곁을 떠나지 않겠다고 약속하게." 몸을 일으킨 레오폴드 공은 이렇게 말하고는 슈토크머의 품으로 쓰러졌다.[5]

2

클레어몬트의 비극은 큰 혼란을 일으킬 만한 사건이었다. 왕실의 만화경이 갑자기 움직이면서 앞으로 어떤 모양을 만들어낼지 예측하기 어려워졌고, 매우 안정된 듯 보였던 왕위 계승도 하루아침에 한치 앞을 알 수 없는 문제가 되었다.

조지 3세가 여전히 살아서 윈저궁에 머물고 있었지만 늙고 정신이 온전치 못한 데다 외부 세계와 아무 상관 없이 지내던 차였다. 일곱 아들 모두 중년을 지난 나이였으며, 그중 누구에게도 적법한 자식이 없었기 때문에 앞날은 불투명했다. 방탕한 생활로 몸이 비대해질 대로 비대해져 최근에는 코르

셋으로도 감당할 수 없게 된 섭정공은[6]♛ 아내와 이혼하고 재혼한다 하더라도 다시 한 아이의 아버지가 될 가능성이 희박했다. 잠시 후 따로 언급할 켄트 공작을 제외하고 나머지 형제들을 서열순으로 나열하면 요크 공작, 클래런스 공작, 컴벌랜드 공작, 서식스 공작, 케임브리지 공작인데, 이들의 상황과 장래성에 대해서는 간단한 설명이 필요하다. 과거 클라크 부인과의 애정 행각과 군대에서의 무분별한 행동으로 곤경에 빠졌던 요크 공작은 이제 런던과 시골 저택에서의 생활을 분리해 살았다. 지나칠 정도로 질서 정연하고 편리함이라고는 찾아볼 수 없는 대저택에서 그는 경마와 휘스트, 외설적인 이야기에 푹 빠져 지냈다. 믿을 만한 목격자에 따르면, 요크 공작이 왕자들 사이에서 단연 돋보인 이유는 유일하게 신사다운 태도를 견지했기 때문이었다. 그는 프로이센의 제1왕녀와 오래전에 결혼했지만 두 사람 사이에는 자식이 없었다. 그의 아내는 침실에 드는 날이 드물었고 1년 내내 셀 수 없이 많은 개와 앵무새, 원숭이에 둘러싸여 지냈다.[7] 클래런스 공작은 수십 년간 부시파크에서 여배우 조던 부인과 이목을 끌지 않고 조용히 살면서 슬하에 여러 아들딸을 두었다. 그러다가 그는 사실상 결혼을 위해 갑자기 조던 부인과 헤어지고 위컴 양

♛ "공의 뱃살은 주체할 수 없이 늘어나 이제는 무릎까지 내려온다. 이것만 빼면 공도 건강하다고 할 수 있다." (Creevy, Ⅰ, 279.)

에게 구혼하면서 세상에 모습을 드러냈다. 그러나 부유한 미치광이였던 위컴 양은 그의 청혼을 받아들이지 않았고, 얼마 후 조던 부인은 파리에서 비참하게 생을 마감했다.[8] 컴벌랜드 공작은 영국에서 가장 인기 없는 남자라고 해도 과언이 아니었다. 한쪽 눈이 일그러져 얼굴이 소름끼칠 만큼 추했을 뿐만 아니라 성질이 고약하고, 남몰래 앙심을 품는가 하면, 정치적으로 난폭한 반동주의자였고, 나중에는 시종을 살해하고 해괴망측한 밀통을 벌인 혐의까지 받았다.[9] 그는 얼마 전 독일 공주와 결혼했지만 아직 자식이 없었다. 문학적 소양이 풍부해 책을 수집했던 서식스 공작은[10] 레이디 오거스타 머리와 결혼해 슬하에 자녀가 두 명 있었지만 왕실결혼법에 따라 이 결혼은 무효였다. 레이디 오거스타가 죽자마자 그는 레이디 서실리아 버긴과 결혼했고 그녀는 이름을 언더우드로 바꾸었지만, 이 결혼 역시 무효였다. 형제 중 막내인 케임브리지 공작에 대해서는 알려진 바가 많지 않다. 독일 하노버에 살았고, 금발 가발을 썼으며, 잠시도 몸을 가만히 있지 못하고 입을 재잘거리는 독신이었다고 한다.[11]

조지 3세에게는 일곱 아들 외에도 생존해 있는 딸이 다섯 있었다. 이 가운데 뷔르템베르크의 왕비와 글로스터 공작부인 두 사람은 결혼했지만 자식이 없었고, 결혼하지 않은 오거스타와 엘리자베스, 소피아 세 공주는 모두 불혹을 넘겼다.

3

켄트 공작인 에드워드는 조지 3세의 넷째 아들이었다. 이제 쉰 살이 된 그는 큰 키에 살집이 있는 정력적인 남자로 얼굴색이 불그레하고, 눈썹이 짙었으며, 머리가 정수리까지 벗겨졌고, 그나마 남은 머리카락은 정성스레 염색한 윤기 흐르는 검은색이었다. 옷차림이 지나치리만큼 단정했고, 그의 성격을 반영하듯 전체적으로 엄격한 분위기를 풍겼다. 젊은 시절 지브롤터해협과 캐나다, 서인도제도에서 군 생활을 한 그는 군대 교육의 영향으로 처음에는 규율에 엄격한 사람이 되었다가 마침내는 규율주의자가 되었다. 공작은 1802년 폭동이 일어난 영국군 진영의 질서를 회복하라는 명을 받고 지브롤터로 파견되었지만, 가혹한 처사로 소환되면서 왕성했던 경력에 종지부를 찍었다. 이후 그는 집안의 질서를 엄격하게 단속하는 데 일생을 보냈다. 수많은 식솔의 일에 쉴 새 없이 관여하고, 시계를 만들었으며, 자신의 재정 상태를 원상 복구하는 데 힘썼다. 그를 잘 아는 사람에 따르면 그는 "오선지처럼 매우 규칙적인 사람"인 데다 연간 2만4000파운드의 수입이 들어오는데도 손쓸 도리가 없을 정도로 빚더미에 앉아 있었다. 또한 다른 형제들, 특히 섭정공과 사이가 좋지 않아서 그가 야당인 휘그당에 가입해 중심인물이 된 것도 지극히 당연한 수순이었다.

켄트 공작의 정치적 견해가 실제로 어떠했는지에 대해서는 의문의 여지가 있다. 자유주의자거나 심지어 급진주의자라는 이야기도 있고, 로버트 오언의 말에 의하면 숙명론적 사회주의자였다고도 한다. 오언 — 상황 판단이 빠르면서도 쉽게 속아 넘어가고, 생각이 고매하면서도 잘못된 생각을 고집하며, 걸출하면서도 비상식적이었던 사회주의와 협동조합의 아버지 — 과 켄트 공작의 관계는 기이하면서도 독특했다. 공작은 오언의 뉴래나크 방적 공장을 방문한 일에 대해 얘기하고 다녔고, 실제로 오언의 공개 모임 가운데 하나를 주도했으며, 오언과 서신을 주고받을 만큼 신뢰하는 사이였다. (오언의 확언에 따르면) 그는 심지어 사후에도 지구상의 오언주의자들을 격려하기 위해 "영의 영역"에서 돌아왔다. 오언은 "특정 계급이나 종파, 당, 국가가 아닌 인류 전체를 후세까지 이롭게 하려면 (자신이 속한 영의 세계에는 작위 따위가 없다고 내게 일찍이 알려준) 고 켄트 공작 전하의 영이 품은 열망을 특별히 언급해야 한다"고 밝힌 후 "공작 전하의 영이 온전히 나와 함께 나아가며 아름답게 빛을 내고, 이 영은 스스로 약속을 하며 어떠한 경우에도 자신이 지정한 시간에 늦는 법이 없다"고 덧붙인다. 하지만 오언은 다혈질인 데다 미국의 제퍼슨 대통령과 오스트리아의 재상 메테르니히 공, 나폴레옹 역시 자신의 사상으로 전향한 사람으로 보았기 때문에 켄트 공작의 정치적 견해에 대해서는 확실히 말하기 어려운 부분이 있다.

하지만 한 가지는 확실했으니, 켄트 공작이 로버트 오언에게서 시시때때로 다양한 액수의 돈을 빌려놓고 한 번도 갚지 않아 빚이 수백 파운드에 이르렀다는 사실이다.[12]

샬럿 공주가 죽은 후 켄트 공작이 결혼을 서둘러야 했던 이유는 여러 가지였다. 우선 국가적 차원에서 왕권을 이을 상속자가 부족했기 때문에 이런 조치는 사실상 의무에 가까웠다. 또한 이는 공작의 입장에서도 대단히 정략적인 술책이었다. 왕위 계승을 목적으로 결혼해 사회적 의무를 다하는 일은 이를 반기는 국가로부터 마땅히 어느 정도 인정을 받을 수 있었다. 요크 공작이 결혼하면서 한 해 2만5000파운드의 보조금을 받았으니 켄트 공작이라고 그만큼을 받지 못할 이유가 없었다. 하지만 상황은 그리 간단하지 않았다. 형인 클래런스 공작을 고려하지 않을 수 없었다. 클래런스 공작이 결혼하게 되면 형인 그에게 우선권이 갈 게 분명했다. 뿐만 아니라 켄트 공작은 결혼하려면 중대한 희생을 치러야 했는데, 여기에는 한 여자의 운명이 걸려 있었다.

모든 경우의 수를 꼼꼼히 살피던 공작은 조카가 죽은 지한 달쯤 되었을 때 우연히 브뤼셀을 방문해 토머스 크리비가 그곳에 머물고 있다는 정보를 입수했다. 크리비는 핵심 휘그당원들의 절친한 친구이자 남의 이야기를 떠벌리기 좋아하는 사람이었기 때문에 결혼에 대한 공작의 생각을 영국 정계에 전달하기에 더없이 좋은 통로였다. 공작은 크리비가 악의적으로 이 일을 일기에 남겨둘 수 있다는 생각은 못 한 게 분명했다. 그렇기에 사소한 구실을 만들어 그를 불렀고, 뒤이어 두 사람 사이에 주목할 만한 대화가 오갔다.

켄트 공작은 죽은 샬럿 공주, 이혼할 가능성이 없는 섭정공, 자식이 없는 요크 공작, 결혼할지도 모를 클래런스 공작에 대해 언급한 후 자신의 이야기로 화제를 돌렸다. "클래런스 공작이 결혼하지 않으면 그다음 왕위를 물려받을 왕자는 나네. 물론 난 조국의 어떤 부름이든 응할 준비가 되어 있네만, 이 결혼의 의무를 짊어지게 될 때 내가 어떤 희생을 치를지는 신만이 알 걸세. 내가 생로랑 부인과 함께 산 지도 벌써 27년이야. 우린 나이도 같고 산전수전도 함께 겪었네. 그러니 그런 사람과 헤어지는 게 얼마나 가슴 아픈 일이겠는가. 만일 자네 부부가 헤어진다면 심정이 어떨지 생각해보게. (…) 내가 결혼할 수밖에 없는 상황이 오면 생로랑 부인이 어떻게 될지 걱정일세. 지금도 결혼 얘기만 나오면 몹시 불안해하는데 말이야." 이어서 공작은 샬럿 공주가 죽고 하루 이틀 뒤 아침, 『모닝 크로니클』지의 단편 기사에 자신의 결혼 가능성이 암시되었던 일을 언급했다. 그는 아침 식사 중에 편지 몇 통과 함께 신문지를 받아 들었다. "난 평소 습관대로 식탁 맞은편에 앉은 생로랑 부인에게 신문을 던져주고 편지를 꺼내 읽기 시작했네. 아직 편지를 다 읽지 않았는데 생로랑 부인의 목에서 강한 경련이 일면서 이상한 소리가 들리기에 순간 눈을 돌렸지. 어디가 잘못됐나 싶어 잠시 걱정에 휩싸였다가 정신을 차리기에 바로 왜 그러냐고 물었더니 『모닝 크로니클』의 그 기사를 가리키더군."

그런 뒤 켄트 공작은 클래런스 공작 이야기로 돌아왔다. "클래런스 공작은 내 형님이시고 원한다면 결혼할 권리도 있네. 난 형님에게 걸림돌이 될 생각이 추호도 없어. 형님이 왕이 되길 원한다면, 그리고 결혼해서 자식까지 얻길 바란다면 그러라고 해. 불쌍한 형님, 가엾기도 하지! 난 아무 야망도 없는 사람이야. 지금 이대로도 만족한다고. (…) 알다시피 올해는 부활절이 아주 일찍 돌아와. 3월 22일이지. 그 전에 형님 쪽에서 아무 조치도 안 한다면 적당한 구실을 만들어 생로랑 부인을 납득시키고 잠시 영국에 다녀와야 해. 일단 그곳에 도착하면 친구들을 모아 앞으로 어떻게 해야 좋을지 상의할 수 있을 걸세. 그 전에 형님에게서 결혼 얘기가 나오지 않는다면 보나마나 결혼 문제는 내가 짊어질 의무가 되겠지." 결혼 상대로는 두 사람이 거론되었다고 공작은 말했다. 바로 바덴의 공주와 작센코부르크의 공주였다. 레오폴드 공이 영국 국민에게 큰 인기를 누리고 있는 상황을 감안할 때 후자가 더 나을 것이라고 켄트 공작은 생각했지만, 어떤 조치를 취하기 전에 생로랑 부인의 일에 공평을 기하기를 희망하고 기대했다. "생로랑 부인은 훌륭한 가문 사람이고 배우 생활을 한 적도 없네. 그 사람과 산 남자는 내가 처음이자 유일하지. 나에 대한 신의

23

를 지킨 것은 물론이고 그만큼 욕심도 없는 여자네. 내게 처음 왔을 때 생로랑 부인의 보조금은 1년에 100파운드였네. 그러다 나중에는 400파운드, 마지막에는 1000파운드까지 올랐지. 하지만 내 보조금 대부분이 빚을 갚는 데 들어가게 되니까 자기 보조금을 다시 1년에 400파운드로 해달라고 하더군. 생로랑 부인이 예전 삶으로 돌아가게 된다면 친구들의 무시를 받지 않을 정도의 경제적 독립이 필요하네. 내게는 필요한 게 많지 않아. 일정 수의 하인과 마차 한 대면 기본적인 건 갖춘 셈이지." 공작은 자신이 결혼해 정착하면 요크 공작이 결혼했을 때만큼의 혜택을 누리기를 바란다고 솔직하게 털어놓았다. "그 형님의 결혼 목적은 왕위 계승이었어. 순전히 그 이유 때문에 다른 수입 외에 2만5000파운드의 보조금까지 챙겼지. 나도 형님과 동일한 조건을 원하네. 1792년과 지금의 화폐가치 차이를 반영해달라는 요구는 하지 않겠어. 사실 갚아야 할 빚은 그리 큰 액수도 아니네. 그에 반해 국가는 내게 큰 빚을 졌지." 이 대목에서 시계 치는 소리가 들렸다. 공작은 약속이 떠오른 듯 보였고, 공작이 일어나자 크리비가 떠났다.

이런 대화를 비밀로 할 사람이 있을까? 그리고 분명 크리비는 그런 사람이 아니었다. 그는 웰링턴 공작에게 달려가 이 사실을 전했고, 아주 즐거운 소식을 접한 웰링턴 공작은 세프턴 경에게 장문의 편지를 썼다. 세프턴 경은 외과 의사가 자신의 방광에 탐침을 넣어 결석이 없는지 확인하고 있을 때 "때

마침" 그 편지를 받았다. 그는 답장에 이렇게 적었다. "수술이 끝나자마자 웃어대는 제 모습을 보고 그 의사 친구가 어찌나 놀라던지, 정말 볼만했습니다. 에드워드 공의 솔직함을 높이 사야 할 것 같군요. 생로랑 부인을 향한 사려 깊은 애정, 클래런스 공작에 대한 고상한 감정, 돈에 전혀 욕심 없는 태도가 몹시 존경스럽습니다."[13]

이후에 알려지듯, 두 형제는 모두 결혼을 결심했다. 바덴의 공주를 제치고 작센코부르크 공주를 점찍은 켄트 공작은 1818년 5월 29일 그녀와 혼인했고, 클래런스 공작은 6월 11일에 작센마이닝겐 공작의 딸과 결혼했다. 하지만 두 사람은 기대에 못 미치는 재정적 지원에 실망했다. 정부에서 컴벌랜드 공작의 보조금과 함께 두 사람의 보조금을 늘리자는 안건을 발의했지만 하원에서 이를 무산시켰기 때문이다. 웰링턴 공작은 이 사실에 놀라지 않았다. "하늘에 맹세컨대, 그 얘기라면 할 말이 참 많네. 왕족은 이 시대의 모든 정부에게 몹쓸 애물단지 같은 존재야. 그자들은 영국 신사의 3분의 2를 모욕했어. 그것도 몸소 말이야. 그러니 하원에서 앙갚음을 좀 했다고 한들 그리 놀랄 일도 아니지. 의원들에겐 그게 유일한 기회인데 놓쳐서야 되겠나."[14] 그러나 결국 의회는 켄트 공작의 연금을 6000파운드로 올렸다.

이후 생로랑 부인이 어떻게 되었는지는 알려지지 않았다.

4

새로 온 켄트 공작부인 마리 루이제 빅토리아는 작센코부르크잘펠트 공국을 이어받은 프란츠 공의 딸이자 레오폴드 공의 누이였다. 아주 오래된 이 가문은 11세기부터 엘베강 가에 자리한 마이센 변경을 통치한 위대한 베틴 왕가의 한 분파로, 베틴 가문의 모든 영지는 15세기에 알브레히트계와 에른스트계로 갈라졌다. 알브레히트계는 작센의 선제후 및 군주를 배출했고, 튀링겐 지방을 통치한 에른스트계는 이후 다섯 갈래로 갈라졌는데 그중 하나가 작센코부르크 공국이었다. 약 6만 명이 거주하는 아주 작은 나라였지만 자주권을 누리던 이 공국은, 그러나 프랑스혁명에 이은 불안이 몇 년째 지속되는 동안 복잡한 문제에 얽히게 되었다. 앞뒤를 재지 않는 프란츠 공이 프랑스군의 진격을 피해 독일을 넘어 동쪽으로 피신해 온 망명자들을 가리지 않고 받아주었기 때문이다. 이들 중에는 모젤 영토를 프랑스군에 점령당하고 운터프랑켄의 아모어바흐 영토를 보상으로 얻은 초로의 한량, 라이닝겐 대공도 섞여 있었다. 1803년 그는 당시 열일곱 살이었던 빅토리아 공주와 결혼했다. 3년 후 프란츠 공이 몰락한 채 죽음을 맞자 나폴레옹의 써레가 작센코부르크를 지나가면서 공국은 프랑스군에 점령되었고, 공작 가문은 아사 직전까지 갈 정도로 극빈 상태가 되었다. 동시에 아모어바흐의 작은 공국 또한 그곳을 오가는 프랑스와 러시아, 오스트리아 군대의 군화에 밟혀 황폐해 졌다. 몇 해 동안 이 나라에서는 소 한 마리 구경하기 힘들었고 거위 떼를 먹일 풀조차 넉넉하지 않았다. 그러나 이토록 지독 한 곤경에 처했던 이 가문이 한 세대 후에는 유럽 왕가 절반의 발판을 다지게 된다. 나폴레옹의 써레가 제 기능을 해준 덕분 에 씨앗이 심겼고, 그 자리에서 나폴레옹도 놀랄 만한 작물이 자라난 것이다. 열다섯에 혼자 힘으로 난국을 타개해야 했던 레오폴드 공은 자신의 입지를 다지기 위해 영국의 왕위 계승 자 샬럿 공주와 결혼했다. 한편 그의 누이는 아모어바흐에서 가난과 군사적 징발, 무능한 남편과 고투하며 다른 상황에서 유용하게 쓰이게 될 독립심과 강단을 키워나갔다. 1814년 남 편이 죽자 두 자녀와 함께 남은 그녀는 공국의 섭정을 맡게 되 었고, 남동생이 샬럿 공주와 결혼한 후 켄트 공작에게 청혼을 받았지만 거절했다. 자식들을 보살피고 영지를 관리해야 해 다른 사람을 받아들이기 어렵다는 이유에서였다. 하지만 샬 럿 공주의 죽음이 판세를 바꾸어놓았다. 켄트 공작은 다시 그 녀에게 청혼했고 이번에는 그녀도 받아들였다. 당시 서른둘 이던 그녀는 작고 뚱뚱했으며, 눈과 머리카락은 갈색이고 뺨 이 발그레했다. 또한 쾌활하고 입심이 좋았으며, 사각거리는 비단과 밝은 벨벳으로 화사하게 차려입기를 즐겼다.[15]

평생 참고 견딜 일이 많을 운명이었던 그녀는 다행히 만족 하는 법을 아는 성격이었다. 그녀의 두번째 결혼은 전망이 불투명해 처음에는 주로 곤경과 불편을 일으키는 원인처럼 보였다. 켄트 공작은 자신이 여전히 가난해 영국에서 살 수 없다고 공표하고는 목적지 없이 벨기에와 독일을 떠돌며 말쑥한 군모를 쓴 채 열병식에 참석하고 병영을 사열했다. 영국의 명사들은 의심스러운 눈길을 보냈고, 웰링턴 공작은 그에게 '상병'이라는 별명까지 붙여주었다. 어느 날은 웰링턴 공작이 크리비에게 이렇게 소리쳤다. "제기랄! 켄트 공작의 누이들이 그를 뭐라고 부르는지 아는가? 바로 조지프 서피스(아일랜드의 극작가 리처드 셰리든의 희곡 「스캔들 학교」의 서피스 형제 중 위선자인 형 ― 옮긴이)라네!" 사열식과 만찬이 열리던 프랑스 발랑시엔에서는 공작부인이 늙고 못생긴 시녀와 도착하면서 웰링턴 공작을 곤경에 빠뜨렸다. "대체 누가 저 시녀를 에스코트한단 말인가?" 그는 계속 해답을 찾다가 마침내 해결책을 떠올렸다. "젠장! 프리맨틀, 시장을 데려와 이 일을 맡기게." 이 목적을 위해 불려 온 발랑시엔의 시장은 "정말 훌륭했다"고 크리비는 전한다. 며칠 후에는 크리비 역시 브뤼셀에서 불운한 일을 겪었다. 사관학교 사열이 예정되어 있었는데, 하필이면 아침식사 전이었다. 중대가 집합했고 모든 면에서 매우 만족스러운 상태였다. 하지만 켄트 공작은 시간을 질질 끌며 사소한 것 하나까지 검열하고 세세한 질문을 연발했다. 참다못한 크리비가 옆 사람에게 배고파 죽겠다고 귓속말을 할 정도였다. 그 말을 들은 웰링턴 공작이 아주 즐거워하며 말했다. "아침을 왕족과 시작할 때는 말이네, 특히 그 상대가 상병일 때는 항상 미리 아침을 먹어두게." 알고 보니 공작과 참모들은 미리 대비를 해둔 상태였다. 그날 켄트 공작이 질문 세례를 쏟아내는 동안 웰링턴 공작은 이따금 "아침을 못 먹은 신사분이 저기 있지!"라는 말과 함께 크리비를 손으로 가리키며 몹시 즐거워했다.[16]

마침내 아모어바흐에 정착한 켄트 공작에게는 주체할 수 없을 만큼 시간이 많았다. 거처도 작고 나라도 빈곤했으며 심지어 시계를 만드는 일도 결국 지루해졌다. 독실한 기독교인임에도 미신을 아예 뿌리치지 않았던 공작은 지브롤터해협에서 만난 집시 여인의 예언을 곱씹었다. 그 여인은 켄트 공작이 많은 상실과 시련을 경험한 후 행복 속에 죽을 것이며 그의 외동딸이 위대한 여왕이 될 것이라고 예언했다. 머지않아 공작부인이 임신하자 공작은 아이를 영국에서 낳기로 결정했다. 그 먼 길을 가기에는 자금이 모자랐지만 자신의 아이는 영국 태생이어야 했기에 그의 결심은 흔들리지 않았다. 마차를 빌린 공작이 직접 마부석에 앉았고, 마차 안에 공작부인과 열네 살이 된 그녀의 딸 페오도라가 하녀, 보모, 반려견, 카나리아와 함께 탔다. 마차는 독일과 프랑스를 달렸다. 거친 길과 싸구려 여관은 엄격한 공작과 차분하고 마음이 풍족한 공작부인에게 문제가 되지 않았다. 마침내 영국해협을 건너 무사히 런던에 도착하자 정부가 켄징턴궁에 거처를 마련해주었고, 1819년 5월 24일 그곳에서 여자아이가 태어났다.[17]

2

어린 시절

1

이 특별할 것 없는 상황에서 세상에 나온 아이는 그다지 큰 관심을 받지 못했다. 아이의 운명을 낙관할 이유가 거의 없었기 때문이다. 두 달 전 낳은 딸이 태어나자마자 죽긴 했지만 클래런스 공작부인이 다시 아이를 낳을 가능성은 매우 커 보였고, 실제로도 그랬다. 게다가 켄트 공작부인은 젊고 공작은 건강했기 때문에 머지않아 남자아이가 태어나 어린 공주에게서 희박한 승계 기회나마 빼앗아갈 가능성이 다분했다.

그럼에도 예언이 있었기 때문에 공작은 다르게 생각했고, 어찌 됐든 아이에게 상서로운 기운이 깃든 엘리자베스라는 세례명을 붙이고자 했다. 하지만 이는 섭정공을 고려하지 않은 처사였다. 동생의 화를 돋울 기회를 엿보고 있던 섭정공은 아이의 세례식에 직접 참석하겠다고 갑자기 통보하더니 아이의 대부 중 한 사람이 러시아의 알렉산드르 황제가 될 것이라고 표명했다. 그렇게 세례식이 시작되고 캔터베리 대주교가 아이의 세례명을 묻자 섭정공이 "알렉산드리나"라고 대답했다. 이에 켄트 공작이 이름을 하나 더 붙이면 좋겠다는 뜻을 조심스럽게 내비쳤다. "물론이지." 섭정공이 대답하자 공작이 말했다. "조지나 어떤가요? 아니면 엘리자베스도 괜찮고요." 순간 침묵이 흘렀다. 대주교는 아기를 팔에 안은 채 불안하게 이 왕자에서 저 왕자로 시선을 옮겼다. "좋아, 그럼 아이의 어머니 이름을 따라 붙이지. 하지만 알렉산드리나가 먼저 와야 해." 이리하여 공작에게 넌더리만 일으킨 채 아이의 세례명은 알렉산드리나 빅토리아가 되었다.[1]

공작에게는 넌더리 나는 일이 또 있었다. 하원이 정한 변변찮은 보조금으로는 그의 경제적 고통에 종지부를 찍을 수 없었다. 공작은 자신의 노고가 국가의 인정을 받지 못하는 것은 아닌지 걱정스러웠다. 빚은 계속 늘고 있었다. 공작은 오랫동안 1년에 7000파운드로 생활했는데 지금은 지출이 정확히 두 배로 늘었고, 더는 비용을 줄이기 힘들었다. 상황이 이러했으므로 정부에서 내준 공작의 보잘것없는 집에서는 단 한 명의 하인도 아침부터 밤까지 한시도 게으름을 피우지 못했다. 그는 로버트 오언에게 상문의 편지를 써서 고통을 토로했다. 오언이 보내는 연민은 현실적이라는 큰 장점이 있었다. "솔직히 말하지. 그 문제를 모든 각도에서 살펴본 결과, 영국에 계속 살려면 아무리 지금처럼 호화로운 생활을 멀리하고 허세 없이 조용히 지낸다고 하더라도 7000파운드의 갑절은 필요하다네. 비용을 줄이기는 불가능해." 어쩔 수 없이 집을 5만1300파운드에 팔거나, 팔지 못하면 영국을 떠나 유럽 대륙에서 살아야 한다는 것이 분명해졌다. "내 노고가 조국에 도움이 된다면 거기에는 내가 제시한 정당한 요구를 입증해줄 힘이 있기 마련이네. 난 오랜 세월 식민지에서 군인으로 노역 봉사를 하며 헤아릴 수 없이 큰 손실과 결핍을 경험했네. 그러니 이 요구가 받아들여지지 않는다는 건 내 공이 인정되지 않는다는 명백한 증거겠지. 그렇게 믿고 난 때가 되면 주저 없이 외국에서 은퇴 생활을 시작할 걸세. 그때쯤이면 공작부인과 나는 우리 아이의 영국 태생을 공고히 하고, 그 애에게 옛 영국의 땅에서 살아갈 물질적 자양분을 주는 임무를 모두 마쳤을 걸세. 하지만 신의 섭리가 허락한다면 아이를 계속 낳을 생각이네."[2]

얼마 후 켄트 공작은 시드머스에서 겨울을 보내기로 결정했다. 오언에게 전한 바에 따르면 "한겨울의 런던은 견디기 힘들 정도로 고약하니 그 몇 달 동안 데번셔의 아름다운 해안에서 공작부인이 미지근한 해수욕을 즐기고 아기에게 바다 공기를 쐬기 위해서"였다.[3] 가족은 12월에 여행길에 올랐다. 새해가 되자 공작은 또 다른 예언을 떠올렸다. 어떤 점쟁이가 1820년에 왕족 두 명이 죽을 것이라고 예언한 바 있었다. 그 둘은 누가 될까? 공작은 여러 가능성을 점쳐보았다. 왕이 더 오래 살지 못하리라는 것은 분명했고, 요크 공작부인 또한 죽을병에 걸린 상태였다. 그러니 이 예언의 대상은 왕과 요크 공작부인이거나, 왕과 요크 공작이거나, 그도 아니면 왕과 섭정공일 것이다. 자신으로 말할 것 같으면 영국에서 내로라할 만큼 건강했기 때문에 그는 이렇게 자신했다.[4] "형님들은 나만큼 건강하지 않아. 난 규칙적인 생활을 하니 형님들보다 오래 살 거야. 결국 왕좌는 나와 내 아이들에게 오게 돼 있어."[5] 그런데 그에게 불행이 닥쳤다. 산책을 나갔다가 발이 젖어 돌아왔는데 바로 양말을 갈아 신지 않아 결국 감기에 걸렸고, 폐렴으로 번져 1월 22일에는 목숨이 위태로워졌다. 기이한 우연으로 마침 그 집에는 젊은 슈토크머 의사가 머물고 있었다. 2년 전에도 샬럿 공주의 임종을 지켰던 그는 이제 고통에 신음하는 켄트 공작을 지켜보았다. 슈토크머의 조언에 따라 서둘러 유언장이 준비되었다. 공작의 재산은 있어봐야 무용지물이었고, 중요한 것은 영문도 모른 채 기이한 운명을 맞고 있는 아이의 후견인 자리가 공작부인에게 가도록 하는 일이었다. 공작은 간신히 서류를 이해하고 서명을 할 수 있었다. 그는 자신의 서체를 알아볼 수 있는지 물어본 후 의식을 잃더니 다음 날 아침 숨을 거두었다.[6] 집시의 예언이 지목한 두번째 죽음은 엿새 후에 일어났다. 영국 국왕 조지 3세가 불행하고 불명예스러운 긴 생을 마감했다.

2

시드머스에서 벌어진 일은 몹시 당혹스러운 사건이었다. 공작부인은 자신에게 런던으로 돌아갈 방편조차 없다는 걸 깨달았다. 레오폴드 공이 급히 달려와 느리고 고통스러운 절차를 거친 후에 누이와 그 가족을 켄징턴으로 데려왔다. 풍성한 검은색 옷을 입은 미망인은 최대한 평정심을 끌어내 스스로를 지탱했다. 그녀의 앞날이 그 어느 때보다 불안했다. 그녀 앞으로 1년에 6000파운드가 나왔지만, 남편의 빚은 산처럼 버티고 있는 듯 보였다. 곧 그녀는 클래런스 공작부인이 또다시 아이를 임신했다는 소식을 전해 들었다. 더 이상 그녀가 영국에서 기대할 게 있을까? 더는 말도 통하지 않고 문화도 이해할 수 없는 타국에서 이방인들 사이에 남아 있어야 할 이유가 없었다. 그냥 아모어바흐로 돌아가 그녀의 사람들 속에서 검소하고 조용하게 딸들을 키우는 게 최선일 것 같았다. 하지만 그녀는 뼛속까지 낙관주의자인 데다 평생을 버둥거리며 살았기 때문에 이제 와서 포기할 생각이 없었다. 게다가 그녀는 갓 태어난 아이를 무척 아꼈다. "이 아이는 나의 행복이자 기쁨이자 존재 그 자체야"라고 말할 정도였다. 따라서 어떤 운명이 기다리든 아이를 영국 공주로 키워야 했다. 레오폴드 공이 훌륭하게도 1년에 3000파운드를 더 내놓겠다고 나섰고, 공작부인은 켄징턴에 남게 되었다.[7]

아이는 몹시 뚱뚱했고 놀라울 정도로 할아버지를 닮았다. "작고하신 왕과 판박이야!" 공작부인이 감탄하듯 외쳤다. "꼭 속치마를 입혀놓은 조지 왕 같아." 아기가 힘겹게 이 사람 저 사람에게 뒤뚱뒤뚱 걸어갈 때 시녀들은 앵무새처럼 이 말을 되풀이했다.[8]

오래지 않아 세상 사람들이 켄징턴의 육아실에 조금씩 관심을 보이기 시작했다. 1821년 초 클래런스 공작부인의 둘째 아이인 엘리자베스 공주가 태어난 지 3개월도 채 되지 않아 죽자 이 관심은 더욱 커졌다. 엄청난 힘과 맹렬한 적개심이 희미하게 아기의 주위로 모여들고 있는 듯했다. 당시는 폭력적인 탄압과 깊이 억눌린 불만에 따른 당쟁과 분노가 움트던 때로, 오랜 세월 불운한 현실에 막혀 있던 강한 움직임이 영국 전역으로 확산되고 있었다. 이는 새로운 열정, 새로운 갈망이 사방으로 뻗어나갔다기보다는 오래된 열망과 갈망이 새 힘을 얻어 다시 모습을 드러낸 것이었다. 이를테면 자유를 사랑하는 마음, 불평등에 대한 증오, 인류의 미래에 대한 희망 같은 것이었다. 권력자들이 여전히 위풍당당하게 권좌에 앉아 오랜 세월 이어져온 압제를 펼치고 있었지만, 어둠 속에서 폭풍이 다가왔고 하늘에는 이미 번개가 치고 있었다. 하지만 가장 막강한 힘은 나약한 인간 매개자를 통해 작동하기 마련이므로 한동안 영국 진보주의의 대의는 켄징턴궁 아기의 운명에 달려 있는 것처럼 보였다. 이 아이는 지독한 반동의 화신이자 끔찍한 숙부인 컴벌랜드 공작이 영국을 차지하는 데 유일한 걸림돌이었다. 부득이하게 켄트 공작부인은 남편이 속했던 휘그당과 운명을 같이할 수밖에 없었다. 휘그당 급진파 지도자들이 그녀를 중심으로 모여들었다. 그녀는 대담한 더럼 경과 친분을 쌓고 경외할 만한 대니얼 오코넬과 가깝게 지냈으며 ― 물론 자리에 앉도록 권하지는 않았지만 ― 윌리엄 윌버포스를 접견하기도 했다.[9] 또한 "국민의 자유"를 자신의 신념으로 삼는다고 공개적으로 밝혔다.[10] 어린 공주가 정해진 운명에 따라 양육되리라는 것은 분명했지만, 이 왕좌 바로 뒤에는 음흉한 컴벌랜드 공작이 대기하고 있었다. 브루엄은 앞날을 몹시 어둡게 내다보며 무시무시한 가능성을 내놓았다. 그는 조지 4세가 병에 걸렸다는 소식을 듣자마자 다음과 같이 적었다. "내 평생 한 왕자를 두고 이토록 진심을 다해 기도해본 적이 없다. 그가 세상을 떠나면 이 불한당(토리당 대신들)의 문제도 한꺼번에 사라질 것이고, 그들은 프레더릭(요크 공작)을 자신들의 수장으로 세울 것이다. 하지만 그(프레더릭) 역시 오래 살지는 못할 것이다. 악당들의 왕자인 '윌리엄 형제' 또한 평균 수명을 채우기 어려울 듯하니, 자연스럽게 우리는 어니스트 1세 또는 섭정 어니스트(컴벌랜드 공작)에게 암살될지도 모른다."[11] 이런 생각은 브루엄만 품고 있던 게 아니었고, 민심이 소용돌이치는 가운데에서도 끊임없이 수면 위로 떠올랐다. 빅토리아 공주가 즉위하기 직전 해까지

도 여러 급진주의 신문에는 공주가 사악한 숙부의 권모술수에 빠질 위험에 처했다는 견해들이 넘쳐났다.[12]

하지만 이런 갈등과 불길한 예감은 어린 드리나(빅토리아 공주의 어린 시절 애칭)에게 조금도 닿지 못했다. 그 두려움 탓에 집에서만 지낸 까닭이었다. 공주는 집 안에서 인형을 갖고 놀거나, 복도를 뛰어다니거나, 요크 삼촌이 선물한 당나귀를 타고[13] 켄징턴가든의 대로를 달렸다. 보모들과 어머니의 시녀들, 언니 페오도라는 금발에 눈이 파란 공주를 떠받들다시피 했기 때문에 어머니의 엄격한 훈육에도 아이는 한동안 버릇이 없었다. 이따금 격한 감정에 휩싸이는가 하면 발을 쿵쾅거렸고, 다른 사람을 안중에 두지 않았으며, 어른들이 뭐라 하건 글을 익히려고 하지 않았다. 그럴 생각이 없었다. 나중에는 무척 미안해하며 눈물을 쏟았지만 글은 여전히 깨우치지 못한 상태였다. 하지만 아이가 다섯 살이 되었을 때 레첸 양의 등장으로 변화의 조짐이 보였다. 하노버 출신 목사의 딸로 페오도라의 가정교사로 지내기도 했던 이 여인은 곧 공주의 마음에 새로운 의지를 불어넣는 데 성공했다. 처음에는 그녀도 어린 공주의 느닷없는 신경질에 깜짝 놀랐다. 이토록 격정적이고 버릇없는 아이는 평생 본 적이 없다고 말할 정노였지만, 어느 순간 그녀는 아이에게서 특별한 점을 발견했다. 아이는 유별날 정도로 정직해서 어떤 벌이 따르든 절대 거짓말을 하지 않았다.[14] 새 가정교사는 무척 단호한 사람이었지만, 어린 드리나의 마음을 비집고 들어갈 수 없다면 그런 단호함도 무용지물임을 알아차릴 만큼의 분별력이 있었다. 그리고 마침내 공주의 마음을 얻게 되자 더는 어려운 일이 없었다. 드리나는 천사처럼 글을 익혔을 뿐만 아니라 다른 것들도 배워나갔다. 슈패트 남작부인이 작은 판지 상자를 만들어 장식용 반짝이 조각과 꽃 그림으로 장식하는 법을 알려주었고,[15] 어머니가 종교를 가르쳐주었다. 토요일 아침마다 여섯 살 아이는 신자석에 앉아 목사의 끝날 줄 모르는 설교를 넋을 잃고 들었다. 오후에 설교 내용으로 시험을 쳐야 했기 때문이다.[16] 공작부인은 훌륭한 사람들이 보더라도 호감을 느낄 수 있도록, 되도록 일찍부터 딸에게 높은 신분에 어울리는 준비를 시키기로 결심했다. 선량하고 솔직하며 검소한 독일인의 피를 물려받은 그녀는 칼턴하우스에서 부끄러운 줄 모르고 벌어지는 향연에 경악과 놀라움을 금치 못했다. 그래서 드리나가 검약과 규칙적인 습관, 예의범절, 헌신의 미덕을 한순간이라도 잊지 않도록 가르쳤다. 그러나 어린 공주에게는 그런 가르침이 별로 필요하지 않았다. 공주는 선천적으로 검소하고 단정했으며, 어렵지 않게 독실함을 키워나갔고, 예의범절에 어긋나는 일을 견디지 못했다. 공주는 자신의 직분이 무엇인지 세세한 것 하나까지 잘 이해했다. 여섯 살 동갑내기였던 레이디 제인 엘리스가 할머니를 따라 켄징턴궁에 놀러 왔다가 빅토리아 공주와 어울렸을 때의 일이다. 예의에 무지했던 어린 손님은 바닥에 놓인 장난감을 마음대로 갖고 놀며 허물없이 굴었다. 그러자 곧바로 빅토리아가 한 소리 했다. "함부로 만지지 마. 그건 내 거야. 그리고 난 널 제인이라고 불러도 되지만, 넌 날 빅토리아라고 불러선 안 돼."[17] 또한 공주의 곁에는 공작부인의 집사 존 콘로이 경의 딸이자 놀이 친구인 빅투아르가 늘 붙어 다녔다. 두 소녀는 서로를 몹시 좋아해 손을 잡고 함께 켄징턴가든을 산책하곤 했지만, 어린 드리나는 주홍색 제복을 입은 거인 같은 하인이 둘 중 누구 때문에 약간 거리를 두고 뒤에서 따라오는지 완벽하게 이해하고 있었다.[18]

마음이 따뜻하고 이해가 빠른 공주는 레첸을 사랑했고 언니 페오도라와 빅투아르, 슈패트 부인을 사랑했다. 물론 어머니도 사랑했다. 그게 자신의 의무였다. 그런데 어째서인지 클레어몬트에 있는 레오폴드 외숙의 집에 머물 때가 더 행복했다. 샬럿 공주의 시중을 들었던 나이 많은 루이즈 부인은 그녀를 실컷 쓰다듬어주었고, 외숙은 마치 성인을 대하듯 진지하고 다정하게 말을 걸어주었다. 짧은 방문이 끝나면 공주와 페오도라는 어김없이 눈물을 흘리며 켄징턴의 순종적이고 단조로운 생활과 애정 어린 감시 속으로 돌아와야 했다. 하지만 간혹 어머니가 외출할 수 없는 날이면 공주는 페오도라와 레첸과 셋이서만 마차를 몰고 나와 마음 내키는 대로 수다를 떨고 구경 다닐 수 있었다. 그럴 때는 무척 즐거웠다.[19]

클레어몬트 방문은 나름 잦은 편이었지만, 어느 날의 외출은 좀더 진기하고 신나는 경험을 선사했다. 일곱 살에 왕의 초대로 어머니, 언니와 함께 윈저궁에 갔을 때의 일이다. 동생에 대한 언짢은 기분을 제수와 그 가족에게 풀었던 조지 4세는 마침내 골을 내는 데 싫증을 내고 사근해지기로 마음먹었다. 집채만 해진 몸에 가발을 쓰고 화려한 장신구를 단 통풍에 걸린 늙은 난봉꾼은 보석으로 치장한 왕비와 의기양양한 조신들과 함께, 언젠가 이 홀에서 새로운 국사를 펼치게 될 어린아이를 맞으며 말했다. "손 좀 잡아보자꾸나." 두 세대가 손을 맞잡았다. 다음 날, 왕은 글로스터 공작부인과 사륜 쌍두마차를 몰고 가다 파크에서 켄트 공작부인 모녀와 마주쳤다. "아이를 태우도록." 왕의 명이었다. 두려움에 사로잡힌 공작부인과 달리 아이는 기뻐하며 즉시 명령에 따랐다. 버지니아워터로 단숨에 달려가자, 낚시하는 남녀 귀족을 가득 실은 큰 바지선과 악단이 탄 또 다른 바지선이 보였다. 왕은 페오도라에게 추파를 던지며 그녀의 몸가짐을 칭찬하더니 어린 조카에게로 고개를 돌렸다. "좋아하는 음악이 있느냐? 저 악단이 연주해줄 것이다." 그러자 공주가 곧바로 대답했다. "「신이여, 왕을 구하소서」입니다." 이 답변은 훗날 유명해진 그녀의 기지를 암시하는 어린 시절 이야기로 칭송받았다. 하지만 빅토리아는 무척 정직한 아이였으므로 이 말은 아마 마음에서 우러나온 대답이었을 것이다.[20]

3

1827년, 러틀랜드 공작부인의 연민 속에서 아내를 잃은 슬픔을 달래던 요크 공작이 아직 완공하지 못한 스태퍼드하우스와 20만 파운드 상당의 빚을 남기고 운명했다. 3년 후 조지 4세도 서거하면서 클래런스 공작이 국가를 통치하게 되었다. 새 왕비가 두 번 다시 아이를 갖지 못하리라는 게 기정사실이었기 때문에 의회는 빅토리아 공주를 추정상속인으로 인정했다. 5년 전에 연금이 두 배로 오른 켄트 공작부인은 이제 공주의 양육비로 1만 파운드를 더 받게 되었고, 공주가 성년이 되기 전에 왕이 죽을 경우를 대비해 섭정으로 임명되었다. 이와 동시에 영국 정치에 큰 격변이 찾아왔다. 40년 넘게 영국을 지배했던 토리당 세력이 갑자기 무너지고 어마어마한 투쟁이 뒤이어 나타난 것이다. 수 세대의 전통이 끊기고 반동 정치가들의 맹목적인 집착과 그 반대자들의 완강한 분노가 종국에는 혁명으로 이어질 것만 같은 시간이 계속됐다. 하지만 결국 타협의 힘이 승리하면서 선거법 개정안이 통과되었다. 정치의 무게중심이 중산층으로 이동했고, 휘그당이 정권을 잡았으며, 정부가 자유주의 색채를 띠기 시작했다. 이 새로운 정세로 나타난 한 가지 결과는 켄트 공작부인과 딸의 처지 변화였다. 이제 두 사람은 야당의 피후견인에서 영국 공식 다수당의 자산이 되었다. 이때부터 빅토리아 공주는 중산층의 승리를 말해주는 살아 있는 상징이었다.

반면 컴벌랜드 공작은 영국 선거법 개정으로 이빨 빠진 호랑이가 되어 점점 하찮고 아무 해도 가할 수 없는 존재로 변해갔다. 심술궂은 모습은 그대로여서 여전히 사악한 숙부였지만, 이야기 속에 등장하는 흔한 악당일 뿐이었다.

공작부인의 자유주의는 그다지 깊지 않았다. 다만 자연스러운 수순처럼 남편의 뒤를 따르면서 남편의 영리한 친구들의 슬로건과 똑똑한 남동생 레오폴드의 일반론을 굳게 믿고 따랐을 뿐이었다. 그녀 자신은 영리하다고 자처한 일도 없었고 구빈법과 노예무역, 정치경제학도 잘 몰랐지만 자신의 본분을 다하기를 소망했고, 이 점은 빅토리아도 마찬가지이기를 바랐다. 공작부인의 교육관에 영향을 준 사람은 토머스 아널드 박사로, 그의 견해는 이제 막 사회에 퍼지기 시작한 터였다. 아널드 박사가 주창한 교육 목표는 다른 무엇보다도 학생들을 지적 교양이 자연스럽게 흘러나오는 "진정한 의미에서의 기독교적 신사"로 만드는 것이었다. 공작부인은 딸을 기독교적 여왕으로 길러내는 것이야말로 자신의 최고 의무라고 확신했다. 그래서 이 임무에 모든 힘을 쏟았고, 공주가 발전을 보일수록 자신의 노력이 결실을 맺었다고 자만했다. 공주가 열한 살이 되던 해에 공작부인은 런던 주교와 링컨 주교에게 건의해 딸이 시험을 치르고 그간의 성과를 평가받게 했다. 공작부인은 손수 쓴 게 분명한 한 편지에 이렇게 적었다. "공주에게 시험을 치르게 합시다. 잘못 배운 것이 있으면 바로 잡고 앞으로의 계획을 검토하며 수정하는 시간이 될 겁니다. (…) 전 공주의 모든 수업에 거의 빠짐없이 참석합니다. 일부만이라도 꼭 참관하죠. 또한 공주를 맡은 가정교사가 유능해서 여러 선생님을 대신해 공주의 수업 준비를 도와줍니다. 그래서 저도 그렇게 하기로 마음먹었죠. 저 스스로 공주의 가정교사가 되기 위해서요. 좀 크면서부터는 공주도 저와 함께 정기적으로 예배에 참석했습니다. 그래서인지 신앙심이 깊고 종교에 도덕적 감화를 받을 줄도 알며, 자신을 되돌아보고 그깨달은 바를 태도에 적용함으로써 실수를 줄여나갑니다." 그러고는 이렇게 덧붙였다. "공주는 대체로 지성의 힘이 강합니다. 덕분에 지식을 쉽게 빨아들이고 언제 의견을 구하든 신기할 정도로 빨리 공정하고 자애로운 결정을 내리죠. 또한 진실을 추구하는 마음이 너무도 강하니 어떤 여건에서건 그 방어벽이 무너져 내릴 염려는 없을 듯합니다." 이에 주교들이 켄징턴궁을 방문했고 시험 결과는 더할 나위 없이 훌륭했다. 두 주교는 다음과 같이 보고했다. "저희가 던진 수많은 질문에 공주님은 기독교 역사의 주요 특징부터 영국국교회에서 가르치는 기독교의 핵심 진리와 계율에 대해서까지 정확하게 답했을 뿐만 아니라, 어린 나이를 감안하면 놀라울 정도로 영국사의 연대기와 주요 사실들을 잘 알고 있었습니다. 또한 지리, 지구본의 쓰임새, 산술, 라틴어 문법에 대한 질문에도 만족스러운 답변을 내놓았습니다." 주교들은 공작부인의 교육법이 더없이 훌륭하다고 믿었으며, 역시나 자문으로 초청된 캔터베리 대주교 또한 만족할 만한 결론을 내렸다.[21]

그러나 아직 중요한 조치가 하나 남아 있었다. 공작부인이 주교들에게 설명했듯이, 그때까지 공주는 자신이 오르게 될 자리에 대해 아무것도 모르고 있었다. "이제 공주는 그 자리가 갖는 의무를 알아야 합니다. 군주는 다른 사람들을 위해 살아야 한다는 것도요. 그래야 그 순진한 마음에 막연한 운명의 그림자가 드리울 때, 자신이 수행할 의무에 대해 마음을 단단히 채비할 수 있을 겁니다. 공주가 자신만의 원칙을 확고히 세워 군주라는 자리에 현혹되는 일이 없기를 바랄 뿐입니다."[22] 이듬해 공주에게 이 점을 잘 일깨워줘야 한다는 결정이 내려지면서 역사적으로 유명한 일화가 탄생했다. 역사 시간에 사용하는 교재에 가정교사가 영국 국왕의 족보를 슬쩍 집어넣어 두었는데, 이를 알아챈 공주가 영문을 물으면서 이야기가 시작된다. 마침내 실상을 이해한 공주는 잠시 말이 없다가 입을 열었다. "앞으로 잘할게요." 이 대답은 판에 박힌 항변 이상의 말, 속마음 위에 덧바른 욕망을 표현한 것 이상의 말이었다. 거기에 담긴 한계와 강도, 자만과 겸손을 고려할 때 삶을 지배할 자질들을 본능적으로 간추린 말이기도 했다. "그 사실을 알고 엉엉 울었다." 공주는 훗날 이렇게 적었다. 아마 어린 공주는 다른 사람들, 심지어 친애하는 레첸과 있을 때에도 자제심을 유지하다가 어머니의 눈길이 닿지 않는 어딘가로 몰래 가서 마음속에서 일렁이는 낯선 불안을 손수건으로 닦아냈을 것이다.[23]

하지만 어머니의 눈을 피하기는 결코 쉽지 않았다. 아침이나 저녁이나, 낮이나 밤이나 공작부인의 감시는 느슨해지지 않았다. 아이는 소녀로, 소녀는 어린 숙녀로 성장했지만 여전히 어머니의 침대에서 잠을 잤고, 혼자 앉아 있거나 공부할 수 있는 공간이 허락되지 않았다.[24] 어디를 가든 철저한 감시가 따라다녔다. 즉위식이 열리는 날까지 그녀는 누가 옆에서 손을 잡아주지 않으면 계단을 내려갈 수 없었다.[25] 검소와 규칙이 집안 분위기를 지배했고 한 시간 한 시간, 하루하루, 한 해 한 해가 더디게 흘러갔다. 하나하나 말끔하게 옷을 입히고 꼼꼼하게 이름을 적은 수많은 인형은 한쪽으로 치워지고, 음악과 춤이 그 자리를 대신했다. 여러 선생님이 초빙되었다. 탈리오니는 공주에게 품위와 위엄이 깃든 자세를 알려주었고,[26] 라블라케는 새된 고음역대의 목소리를 지닌 공주에게 풍부한 베이스 음을 훈련시켰다. 공식 지도교사인 체스터 주임 사제는 기독교 역사에 대한 끝없는 강의를 이어갔고, 공식 가정교사인 노섬벌랜드 공작부인은 모든 수업을 다소 엄숙하게 주관했다. 의심할 것도 없이 공주가 두드러진 성과를 보인 학습 영역은 언어였다. 제일 먼저 그녀가 익숙했던 제1언어인 독일어를 자연스럽게 익히고 곧 영어와 프랑스어도 습득했다. 비록 영어 문법이 그다지 유려하지는 않았지만 사실상 3개 국어를 사용하게 된 것이다. 동시에 이탈리아어에 대한 실용 지식을 익히고 라틴어도 겉핥기로 배웠다. 그럼에도 책을 많이 읽는 편은 아니었다. 공주가 독서에 취미가 없었던 데에는 아마 허용되는 책이 너무 따분한 설교집 아니면 이해할 수 없는 시집이었던 탓도 컸을 것이다. 소설은 엄격히 금지되었다. 한번은 더럼 경이 정치경제학의 진실을 알려주는 책이라며 해리엇 마티노의 소설을 공주에게 읽히라고 공작부인을 설득했고, 공주도 재미있게 읽었다. 그러나 아마도 그녀의 정신을 채운 것은 이야기가 주는 낯선 즐거움이었을 뿐, 실제로 교환이론이나 임대의 특성을 익히지는 못했을 것이다.[27]

　불행하게도 사춘기 시절 공주의 정서에 영향을 미친 사람들은 거의 여자였다. 그녀의 곁에는 성급함과 무례함, 경박한 웃음소리와 바깥세상의 자유 냄새로 일상의 조용한 단조로움을 깨어주는 아버지도, 남자 형제도 없었다. 시끄럽고 으르렁거리는 목소리로 공주를 부르는 사람도 없었고 공주의 부드러운 볼에 단단하고 까슬까슬한 뺨을 비비는 사람도, 함께 벽을 기어오를 또래 소년도 없었다. 유일하게 남자들의 세계로 잠시 도피할 수 있었던 즐거운 클레어몬트 방문도 공주가 열한 살이 되던 해에 레오폴드 공이 벨기에 초대 국왕으로 선출되어 영국을 떠나면서 끝을 맞았다. 그래도 공주는 외숙을 사랑했다. 그는 "실제로 아버지와 같은 존재이기 때문에 제2의 아버지, 더 정확히 말하면 유일한 아버지"였다. 하지만 이제 그 아버지의 정은 서신이라는 차가운 매체를 통해 간접적이고 어렴풋하게 그녀에게 전해졌다. 이때부터 여인의 의무와 점잖은 몸가짐, 열정이 공주를 완벽하게 둘러쌌고, 겹겹의 장벽에 막힌 그녀는 정신적으로 중요한 영향 두 가지를 거의 받지 못했다. 올바른 성장에 절대적으로 필요한 이 두 가지는 바로 유머와 상상력이었다. 공주의 세계를 지배한 실질적인 중심은 조지 4세가 서거 전에 작위를 하사한 레첸 남작이었다. 페오도라가 결혼하고 레오폴드 공이 벨기에로 떠나면서 남작의 경쟁자는 모두 사라졌다. 공주는 어머니에게 의무를 다했지만 마음을 준 상대는 레첸이었다. 하노버 출신 목사의 딸로 입심이 좋고 상황 판단이 빠른 레첸은 공주에게 아낌없이 헌신했으며, 그 보상으로 무한한 신뢰와 열렬한 경배를 받았다. 공주는 평생 "가장 절친하고 진정한 친구"인 "소중한 레첸"을 위해 기꺼이 불속에라도 뛰어들 것이라고 말했다. 열세 살 때부터 그날그날의 활동과 감정을 조금씩 기록한 공주의 일기에서는 페이지마다 남작의 자취와 영향력이 묻어난다. 꾸밈없고 명확한 필치로 스스로 묘사한 성실하고, 순박하며, 한순간에 애정을 느끼고, 경건하고, 과단성 있는 공주의 모습은 독일인 목사의 딸 자체라고 해도 과언이 아니다. 즐겁고 감탄을 자아내는 일, 열광할 만한 일은 자연스럽게 밑줄과 느낌표로 강조되었다. "승마를 하니 기분이 무척 좋았다. 우리는 열심히 말을 몰았다. 귀엽고 앙증맞은 로지는 멋지게 달렸다!! 1시 15분에 집에 들어왔다. (…) 6시 40분에 집에서 나와 오페라를 보러 갔다. (…) 루비니가 등장해 「안나 볼레나」 중 한 곡을 아주 아름답게 불렀다. 11시 반에 집으로 돌아왔다."**28** 공주가 읽은 책을 언급한 내용에서도 남작의 정신이 분명하게 드러난다. 하루는 약간의 착오로 공주에게 패니 켐블(영국 배우이자 노예폐지론자 ─ 옮긴이)의 회고록을 읽어도 좋다는 허락이 떨어졌다. "이건 아주 당돌하고 이상한 책이다. 문체로 짐작하건대 저자는 무척 건방지고 올바른 가정교육을 받지 못한 듯하다. 글에 저속한 표현이 수두룩하다. 그렇게 많은 재주를 타고난 사람이 그 재주를 이런 하찮은 이야기로 바꿔, 자신에게 해가 될 뿐인 쓰레기와 허튼소리 범벅의 책으로 출판하다니 유감스러울 따름이다. 나는 9시 20분까지 깨어 있었다." 하지만 남작이 낭독해준 세비녜 부인의 편지는 상반된 평가를 받았다. "부인의 문체는 얼마나 우아하고 자연스러운지! 글에 천진함과 영리함, 우아함이 넘쳐흐른다." 하지만 공주에게서 가장 큰 감탄을 자아낸 책은 체스터 주교가 쓴 『마태복음 주해』였다. "정말 훌륭하다. 딱 내가 좋아하는 부류의 책이다. 꾸밈이 없으면서 이해하기 쉽고 진리와 호의가 가득하다. 단락이 끝나기 무섭게 반박해야 하는 그런 학술서가 아니다. 성찬을 받은 일요일에 레첸이 내게 주었다."**29** 몇 주 전에 받은 견진성사에 대해서는 다음과 같이 묘사했다. "이 견진성사가 내 인생에서 가장 엄숙하고 중요한 일이라는 생각이 들었다. 또한 내 영혼에 긍정적인 영향을 미치리라고 믿었다. 지금까지 저지른 잘못을 마음속 깊이 뉘우쳤고 전능하신 하느님께서 내 마음과 정신을 튼튼하게 해주시리라고, 일체의 악을 버리고 모든 미덕과 진실을 따르게 해주시리라고 믿었다. 나는 진정한 그리스도인이 되어 비탄과 시련, 불안 속에 살고 계신 사랑하는 어머니를 위해 순종적이고 다정한 딸이 되겠다고 굳게 다짐했다. 또한 날 위해 애쓰는 친애하는 레첸의 말도 잘 듣겠다고 다짐했다. 나는 하얀 레이스 드레스에 하얀 장미 화관이 둘러진 하얀 크레이프 보닛 모자를 쓰고 어머니와 같은 마차를 탔다. 다른 사람들은 다른 마차로 뒤따랐다."[30] 마치 흠집 하나, 번쩍임 하나 없이 너무 투명해 한눈에도 속이 내비치는 작고 매끈한 수정 조약돌을 손에 쥐고 들여다보는 듯한 느낌이다.

하지만 예리한 사람의 눈에는 그 순수함이 절대적이지 않다는 사실이 보이고, 주의 깊은 사람이라면 뜻밖의 기질이 남긴 희미한 흔적을 포착해냈을 것이다. 수녀원과 다름없는 환경에서 외부인이 방문하면 마음이 들뜨기 마련인데, 공작부인은 친척이 많아서 이런 방문이 드물지 않았다. 이모와 외숙이 공주의 사촌을 데리고 종종 찾아왔다. 공주는 열네 살 때 뷔르템베르크에서 남자 사촌 둘이 찾아오자 기쁨을 감추지 못했다. 이모와 뷔르템베르크 공의 아들인 알렉산더와 에른스트 공을 만난 공주는 이렇게 적었다. "둘 다 키가 무지 컸다. 알렉산더는 아주 잘생겼고 에른스트는 아주 친절한 인상을 풍겼다. 둘 다 무지 싹싹했다." 두 사람이 떠날 때 공주는 몹시 서운해했다. "사촌들이 바지선에 올랐다. 우리는 얼마간 바닷가에서 멀어지는 배를 지켜보았다. 사촌들은 아주 싹싹했고 우리를 즐겁게 해주었다. 불평하는 법도 없고, 언제나 유쾌했다. 알렉산더는 배에서 내릴 때 날 세심하게 부축해주었고 옆에서 말도 타주었다. 에른스트도 마찬가지였다."[31] 2년 후에는 다른 사촌 두 명이 방문했다. 페르디난트와 아우구스트 공이었다. "페르디난트는 누구나 호감을 가질 만한 사람이다. (…) 전혀 꾸밈이 없고, 풍모 또한 아주 기품 있다. 두 사람 모두 정말 사랑스럽고 매력적이다. 아우구스트도 아주 싹싹하고 겪어보니 판단력이 뛰어나다." 또 하루는 이렇게 적었다. "페르디난트가 내 옆에 와서 앉더니 아주 다정하고 재치 있게 말을 걸어주었다. 나는 정말로 그를 사랑한다. 아우구스트도 내게 와서 말을 걸어주었는데, 그 애도 참 괜찮다. 게다가 잘생기기까지 했다." 공주는 둘 중 누가 더 잘생겼는지 선뜻 결정하지 못하다가 이렇게 결론 내렸다. "전체적으로 봤을 때는 페르디난트가 더 잘생긴 것 같다. 그 애는 눈이 참 예쁜 데다 표정도 살아 있고 똑똑해 보인다. 둘 다 사랑스러운 얼굴을 하고 있지만, 특히 페르디난트가 말하거나 웃을 때 얼굴에서 매력이 뚝뚝 떨어진다. 너무 좋다." 하지만 그들에 대한 가장 적절한

53

결론은 "둘 다 미남이고 무척 사랑스럽다"였다.[32] 그런데 얼마 안 있어 다른 사촌 두 명이 방문해 나머지 사촌들을 무색하게 만들었다. 바로 큰외삼촌인 작센코부르크 공의 두 아들 에른스트와 앨버트 공이었다. 이번에 공주는 사촌들을 더 까다롭게 관찰했다. "에른스트는 페르디난트와 아우구스트만큼 키가 크고, 머리카락이 검으며, 눈과 눈썹이 검고 멋지지만 코와 입이 별로다. 하지만 인상이 참 친절하고 정직하며 지적이고 체형이 아주 좋다. 앨버트는 에른스트만큼 키가 크지만 살집이 더 있고 굉장히 미남이다. 머리카락은 나와 거의 같은 색깔이다. 눈이 크고 파란색이며 코가 예쁘고 치아가 가지런하고 입이 아주 사랑스럽다. 하지만 뭐니 뭐니 해도 매력적인 표정이 제일 마음에 든다. 둘 다 착하고 다정하며 매우 영리하고 지적이다." 또한 이렇게 덧붙였다. "두 사촌은 정말 친절하고 착하다. 아우구스트보다 훨씬 성숙하고 세상 물정에 밝으며, 영어도 능숙하게 구사해서 우리는 영어로 대화한다. 에른스트는 6월 21일에 열여덟 살이 되고, 앨버트는 8월 26일에 열일곱 살이 된다. 에른스트 외숙이 선물로 주신 로리도 마음에 쏙 든다. 잘 길들여져 있어서 만져도 가만히 있고 부리 안에 손가락을 넣거나 해도 물려고 하지 않는다. 어머니의 회색앵무보다 더 크다." 얼마 후에는 이런 일기를 썼다. "두 사촌 사이에 앉아 함께 그림을 보았다. 둘 다 그림을 아주 잘 그리는데 특히 앨버트가 잘 그린다. 그리고 둘 다 음악을 굉장히 좋아하고, 피아노를 아주 멋지게 연주한다. 볼수록 마음에 들고 사랑하는 마음도 커진다. (…) 사촌들과 함께 있는 시간이 즐겁다. 사촌들도 나와 보내는 시간을 좋아한다. 두 사람은 모든 청년의 모범이다." 3주 후 외숙과 사촌들이 돌아갈 시간이 찾아왔다. 이별의 순간은 우울했다. "친애하는 외숙, 사랑하는 사촌들과 마지막으로 너무너무 행복한 아침 식사를 했다. 나는 사촌들을 정말 끔찍이 사랑한다. 세상 어느 사촌보다 훨씬 더 끔찍이. 페르디난트와 착한 아우구스트도 사랑하지만, 에른스트와 앨버트를 더 사랑한다. 그렇다, 훨씬 더 사랑한다. (…) 에른스트와 앨버트는 배운 게 많고 아주 영리하다. 선천적으로 영리하다. 특히 앨버트가 그렇다. 두 사촌은 진지하고 유익한 주제에 대해 얘기하는 걸 무척 좋아하면서도 젊은 청년들답게 무지무지 유쾌하고 명랑하고 행복한 사람들이다. 앨버트는 아침 식사 자리든 다른 자리든 즐거움을 잃지 않으며, 영리하고 재치 있는 답변을 한다. 강아지 대시와도 너무 재미있게 놀아주고 귀여워한다. (…) 내가 아래층으로 내려왔을 때 사랑하는 앨버트가 피아노를 연주하고 있었다. 11시에 친애하는 외숙, 사랑하는 사촌들, 찰스가 콜로브라트 백작과 함께 떠났다. 나는 사랑하는 사촌들을 따뜻하게 안아주었다. 외숙과도 포옹했다. 몹시, 몹시 울었다."[33] 공주는 두 사촌에게 푹 빠져 감탄을 멈추지 않았지만 어느 쪽에 더 마음이 끌렸는지는 그녀의 글에 역력히 드러난다. "특히 앨버트"였다!

이제 막 이성에 눈뜨기 시작한 열일곱의 공주에게 앨버트의 매력과 선량함, 기량, 크고 파란 눈과 아름다운 코, 사랑스러운 입과 가지런한 치아는 깊은 인상을 남겼다.

4

윌리엄 왕은 제수인 켄트 공작부인이 눈엣가시였고, 공작부인 역시 마찬가지였다. 두 사람의 상대적 위치는 상당한 눈치와 관용 없이는 악감정을 불러일으키기에 충분했는데, 공작부인에게는 눈치가 부족했고 국왕 폐하에게서는 관용을 찾아볼 수 없었다. 사관 같은 몸짓에 둥글고 두리번거리는 눈, 파인애플 같은 두상을 지닌 열성적이고 생기 넘치는 노신사였던 윌리엄 왕은 56년간 지극히 평범한 삶을 살다가 갑자기 왕좌에 오른 터라 거의 미칠 지경이었다. 타고난 활기를 주체하지 못해 기상천외한 방법으로 터무니없는 일을 벌이고, 흥과 공포를 사방으로 퍼트리며 쉴 새 없이 지껄이기에 바빴다. 같은 말을 되풀이하고 가문의 유행어("그건 다른 문제지! 완전히 다른 문제라고!")를 내뱉는가 하면 분별없이 시끄럽게 떠들고 기어이 할 말은 하고야 마는 모습은 분명 하노버 왕가의 핏줄다웠다. 가장 부적절한 순간에 되풀이되는 그의 연설은 순간순간 머릿속을 휘젓고 다니는 온갖 공상과 분노로 허겁지겁 채워졌기 때문에 그때마다 대신들은 얼굴이 하얗게 질렸다. 사람들은 왕의 4분의 1은 불한당이고 4분의 3은 어릿광대라고 말했지만, 그를 제대로 아는 사람들은 모두 그를 좋아했다. 좋게 보면 악의가 없고 쾌활하고 인정이 많은 사람이었고, 나쁘게 보면 공작부인에게처럼 위협적인 인물이 될 수 있었다.

공작부인은 왕을 어떻게 대해야 할지 갈피를 잡기는커녕 그를 조금도 이해하지 못했다. 자신의 위상과 책임과 의무와 딸에게 열중하느라 어리석고 평판도 좋지 못한 노인네의 성마른 감정에 관심을 내줄 여유가 없었기 때문이다. 그녀는 영국 왕위 계승자의 어머니였다. 그러니 왕은 이 사실을 인지하는 동시에 그녀에게 적절한 기반을 마련해주고, 미망인 웨일스 공비로 인정해 내탕금에서 상당액의 연금을 내주어야 했다.[34] 공작부인은 이런 암묵적인 요구가 합법적인 자식도 없고 그런 자식을 낳을 희망마저 모두 버린 왕을 분통 터지게 한다는 생각은 하지 못했다. 그녀는 스스로 설계한 길을 따라 힘차고 단호하게 나아갔다. 판단력이 부족하고 자만심이 넘치는 아일랜드 남자 존 콘로이 경이 옆에서 그녀를 부추겼다. 빅토리아가 영국 각 지방을 훤히 알고 있어야 한다는 조언에 따라 몇 해 여름 동안 서부와 중부, 웨일스로 순회 일정이 잡혔는데, 이 계획은 훌륭한 의도와 달리 불운한 결과를 가져왔다. 순회 일정이 언론에 보도되면서 열광적인 군중이 모여들고 공식 축하 연회까지 열렸다. 마치 왕의 행차를 보는 듯했다.

충성스러운 국민이 환영 연설을 하자 기쁨에 젖은 공작부인은 치렁치렁한 깃털 장식을 한껏 뽐내며, 자그마한 공주를 거의 망각한 채 콘로이 경이 준비한 품위 있는 답사를 독일어 억양으로 낭독했다. 콘로이 경은 부산하고 우스꽝스럽게 집사와 수상의 역할을 섞어 하고 있는 듯했다. 당연히 윈저궁의 왕은 신문을 보고 노발대발했다. "성가신 여자 같으니!" 왕이 소리쳤다. 낙담했으나 상냥한 가여운 애들레이드 왕비가 상황을 누그러뜨리려고 애쓰며 화제를 돌리고, 빅토리아에게 애정 어린 편지도 썼지만 모두 소용없었다. 켄트 공작부인이 솔런트해협을 항해할 때 자신이 탄 요트가 보일 때마다 모든 군함과 요새에서 왕예포를 쏘아 환영해야 한다고 고집을 부렸다는 소식이 도착했기 때문이다. 왕은 이런 난데없는 요구를 당장 중단하라고 선언했다. 수상과 해군성 장관은 머리를 맞댄 후 개인적으로 공작부인에게 서신을 보내 요구를 철회하라고 간청했다. 그러나 그녀는 들으려고 하지 않았다. 존 콘로이 경도 단호했다. "저는 공주 전하의 허물없는 조언자로서 이를 양보하라는 말씀은 드릴 수 없습니다." 결국 몹시 흥분한 왕이 의회에 특별 명령을 내려 현 군주나 그의 배우자가 타지 않은 배에는 왕예포를 쏠 수 없게 했다.[35]

윌리엄 왕이 휘그당 각료들과 언쟁을 벌이면서 상황은 더 격화되었다. 공작부인이 다른 결점들로도 모자라 이제는 왕의 적인 휘그당까지 지지했기 때문이다. 1836년 왕은 빅토리아 공주와 오라녀 공의 아들을 혼인시키고자 애쓰는 동시에 코부르크 출신의 젊은 왕족들이 켄징턴을 방문하지 못하게 막으려고 최선을 다했다. 하지만 두 시도 모두 실패로 끝났을 뿐 아니라 결국에는 벨기에 국왕의 분노만 키웠다. 레오폴드 왕은 잠시 왕으로서 신중함을 잊고 윌리엄 왕의 조치에 대해 분개하는 편지를 조카에게 보냈다. "저 늙은 왕의 행동에 놀라움을 금할 수가 없구나. 이번처럼 오라녀 공과 그 아들들을 불러들이고 다른 사람에게 자기 뜻을 강요하는 일은 정말 비상식적이다. (…) 어제는 네 친척들이 영국을 방문하는 일이 올해에 없길 바란다는 공식 전언까지 전해왔단다. 네 생각은 어떠냐? 이 말인즉슨, 왕비와 국왕의 친척은 떼로 몰려가서 영국을 좌지우지해도 되고 네 친척은 영국에 들어갈 수조차 없다는 말이구나. 네 친척 어느 누구도 영국 왕에게 불충한 적이 없거늘, 정말이지 이런 경우는 지금껏 듣지도 보지도 못했다. 이 일로 네가 느끼는 바가 조금은 있었으면 한다. 오늘날 노예제도는 영국 식민지에서조차 폐지되고 있는데, 왜 너 혼자만 영국에서, 널 사간 적도 없는 저들의 기쁨을 위해 노예나 다름없는 삶을 살고 있는지 이해할 수 없구나. 저들이 너에게 비용을 지불했다거나 왕이 널 위해 은화 한 푼 썼다는 소리는 들어본 적이 없다. (…) 아, 사람들이 정치적으로든 다른 식으로든 정직하고 일관되게 널 대해야 하건만!"[36]

얼마 후 레오폴드 왕이 직접 영국을 방문했다. 윈저궁의 반응은 냉랭했지만 켄징턴궁에서는 그를 따뜻하게 맞아주었다. 공주는 일기에 이렇게 적고 있다. "친애하는 외삼촌의 얘기를 듣는 일은 책을 읽는 것처럼 매우 유익하다. 외삼촌과의 담화는 탁 트여 있고 아주 명쾌하다. 외삼촌은 현존하는 정치가 중 첫손가락에 꼽히는 분으로 널리 알려져 있는데, 정치 얘기를 할 때 삼촌의 화법은 부드러우면서도 단호하고 편견이 없다. 외삼촌 말씀에 따르면 벨기에는 국가 구조와 산업, 발전 면에서 큰 모범이 되며 재정 상태도 완벽하다고 한다. 외삼촌은 국민에게 인기도 많고 큰 존경도 받는데, 그간 고생하신 데 대한 보상이 아닐까 생각한다."[37] 하지만 윌리엄 삼촌의 생각은 달랐다. 레오폴드는 와인에 입도 대지 않는 사람이었는데, 윌리엄 왕은 금주가를 참고 봐주는 성격이 못 되었다. 하루는 저녁 식사 자리에서 윌리엄이 레오폴드에게 물었다. "지금 마시는 게 뭡니까?" "물입니다." 그러자 윌리엄이 응수했다. "에이, 빌어먹을! 와인 좀 드십시오. 전 저희 집 식탁에서 누가 물만 마시는 꼴은 절대 못 봅니다."[38]

금방이라도 화약고가 터질 것 같은 분위기였다. 결국 무더운 8월에 일이 터졌다. 공작부인과 공주가 왕의 생일 축하연에 참석하기 위해 윈저궁에 가 있을 때 의회를 휴회하기 위해 런던에 있던 왕은 주인이 없는 켄징턴궁을 찾았고, 그곳에서 공작부인이 자신의 특별 명령을 어기고 열일곱 칸짜리 스위트룸을 개인 용도로 사용하고 있다는 사실을 알게 되었다.

몹시 분개한 왕은 윈저로 돌아와 다정하게 공주를 맞은 후 공작부인이 한 일을 공개적으로 꾸짖었다. 하지만 이것으로 끝나지 않았다. 다음 날 생일 연회가 열리고 하객 백 명이 자리했다. 켄트 공작부인은 왕의 오른편에 앉고 빅토리아 공주는 반대편에 앉았다. 만찬이 끝나갈 무렵, 자신의 건강을 기원하는 건배에 대한 답사로 왕이 일어나 장황하고 시끄러운 연설을 열정적으로 늘어놓으며 공작부인에게 폭포 같은 진노를 쏟아부었다. 그는 공작부인이 끊임없이 자신에게 심한 모욕을 줬다고 공언했고, 이에 공작부인은 무례하게 공주를 왕에게서 떨어뜨렸다. 왕은 사악한 조언자들에 둘러싸여 자신의 높은 신분에 걸맞은 예법조차 지킬 줄 모르는 공작부인을 더 이상 용납할 수 없었다. 공작부인에게 자신이 왕이라는 사실을 주지시키고 왕의 권위에 도전하지 못하게 해야 했다. 그래서 왕은 이후 열리는 모든 궁정 행사에 공주가 빠짐없이 참석해야 한다는 결정을 내렸으며 자신의 목숨이 6개월 더 붙어 있기를, 그래서 섭정을 거치지 않고 왕관이 바로 왕위 계승자에게 전달되기를, 나라의 운명이 "지금 자기 가까이 있는 사람"의 행동과 능력에 좌우되는 일이 없기를 하느님께 바랐다. 끝날 기미도 없이 질책이 쏟아지는 동안 왕비는 부끄러워 얼굴을 붉혔고, 공주는 울음을 터뜨렸으며, 백 명의 하객은 겁에 질린 채 앉아 있었다. 공작부인은 왕의 장광설이 끝나고 손님들이 자리를 뜰 때까지 한마디도 하지 않고 있다가 한바탕

분하고 억울한 마음을 터트리더니 마차를 불러 당장 켄징턴으로 돌아가겠다고 선언했다. 우여곡절 끝에 화해의 분위기가 다소 만들어졌고, 격분한 공작부인은 결국 다음 날까지 출발을 미루기로 했다.[39]

그러나 윈저궁의 먼지를 털고 나온 후에도 공작부인의 고통은 끝나지 않았다. 그녀는 집에서도 비통하고 괴로운 마음에 쫓겼다. 당시 켄징턴궁은 억눌린 불만으로, 오랜 세월 한집에 살며 쌓인 원한에 의해 맹독처럼 강렬해진 시기심과 적대감으로 들끓고 있었다.

존 콘로이 경과 레첸 남작은 견원지간이었다. 하지만 그게 다가 아니었다. 공작부인은 집사에게 지나치게 정을 주었는데, 여기에는 육체관계도 포함되어 있었다. 어느 날 이 사실을 알게 된 공주가 레첸 남작과 슈패트 부인에게 자신이 목격한 광경을 털어놓았다. 안타깝게도 슈패트 부인은 입을 가만히 두지 못하고 공작부인을 꾸짖는 어리석음을 범해 그 즉시 해고되었다. 하지만 남작을 처리하는 일은 쉽지 않았다. 신중하고 속마음을 드러내지 않는 남작은 흠잡을 데 없는 태도를 유지했을 뿐 아니라, 지위가 확고하고 왕의 지지까지 얻고 있어 콘로이 경으로서는 어찌해볼 도리가 없었다. 그럼에도 이후 켄징턴궁은 두 진영으로 나뉘었다.[40] 공작부인은 자신의 모든 권한으로 콘로이 경을 지지했지만, 남작에게도 무시할 수 없는 지지자가 있었다. 말은 하지 않았지만 빅토리아 공주는 슈패트 부인을 사랑했고 레첸을 흠모했다. 공작부인은 이 지독한 반목 속에서 딸이 자신의 반대편에 서 있다는 사실을 잘 알았다. 분함과 짜증, 도덕적 가책이 그녀를 흔들었다. 공작부인은 콘로이 경의 다정한 수다와 시녀 레이디 플로라 헤이스팅스가 레첸에 대해 내뱉는 모진 말로 마음을 달래려고 애썼다. 실제로 남작은 다른 사람이 놀려먹기 딱 좋은 상대였다. 딱딱하고 거만한 태도에도 불구하고 자신으로서도 어쩔 수 없는 습벽이 있었기 때문인데, 일례로 캐러웨이 씨앗을 향한 사랑을 멈추지 못했다. 캐러웨이 씨가 담긴 작은 자루들이 하노버에서 도착하면 남작은 빵과 버터, 양배추, 심지어는 로스트비프에도 캐러웨이 씨를 뿌려 먹었다. 레이디 플로라는 이런 모습을 보고 신랄한 평을 하지 않을 수 없었고, 이 같은 일이 반복될 때마다 남작은 입술을 삐죽거리며 분통을 터트렸다. 그렇게 사태는 커져갔다.[41]

♛ "여왕이 공작부인을 멀리하고 콘로이를 증오한 것은 분명 여왕이 둘의 친밀한 관계를 목격했기 때문이라고 (웰링턴) 공작은 말했다. 자신이 목격한 광경을 슈패트 남작부인에게 말하자 슈패트 부인이 혀를 가만두지 못하고 당사자인 공작부인에게 고언을 했고, 결국 두 사람이 슈패트 부인을 쫓아냈다. 할 수만 있다면 레첸도 처리하고 싶었지만 레첸은 상황이 어떻게 돌아가는지 잘 알았을 뿐만 아니라 자기 속내를 숨길 만큼 신중했고, 조지 4세와 윌리엄 4세의 강력한 보호까지 받고 있었기 때문에 감히 쫓아내려는 시도를 하지 못했다."

5

왕은 조카가 성년이 될 때까지 자신이 살아 있기를 기도했다. 공주가 법적으로 성년이 되는 열여덟번째 생일이 돌아오기 며칠 전 갑자기 병이 도져 목숨이 위태로워졌지만, 결국 병에서 회복해 공주는 생일날 대무도회와 접견회를 즐거움 속에서 무사히 치를 수 있었다. 공주는 일기에 이렇게 적었다. "지치 백작은 제복을 입으면 무척 멋있지만 사복을 입으면 별로다. 헝가리 제복을 입은 발트슈테인 백작은 놀랄 만큼 매력적이다."[42] 공주는 후자의 젊은 신사와 춤을 추고 싶었지만 극복할 수 없는 장애물이 있었다. "발트슈테인 백작은 카드리유를 출 줄 모르고, 유감스럽게도 내 신분으로는 왈츠와 갤럽을 출 수 없기 때문에 그와는 춤을 추지 못했다."[43] 왕이 공주에게 준 생일 선물은 기분 좋은 것이었지만, 고통스러운 가족 분란의 씨앗이 되었다. 공주는 벨기에 외삼촌의 분노에도 여전히 영국 삼촌과 사이좋게 지냈고, 늘 그녀에게 친절한 삼촌을 어머니와 앙숙이라는 이유로 싫어할 이유는 없다고 생각했다. 공주는 왕에 대해 이렇게 말했다. "특이한 분이다. 굉장히 특이하고 이상하지만 사람들의 오해와 달리 악의는 없으시다."[44] 이번에 왕은 공주에게 서한을 보내 어머니와 관계없이 공주가 마음대로 쓸 수 있는 돈을 해마다 1만 파운드씩 지급하겠다고 전했다. 시종장 커닝엄 경이 공주에게 직접 서한을 전달하라는 명을 받고 켄징턴궁에 도착했다. 공작부인과 공주에게 안내된 커닝엄 경이 서한을 꺼내 보이자 공작부인이 손을 내밀었다. 시종장이 공작부인에게 용서를 구하며 왕의 명을 일러주자 공작부인이 곧바로 뒤로 물러나고 공주가 서한을 받아 들었다. 그녀는 즉시 삼촌의 친절한 제안을 받아들이겠다는 답장을 썼다. 공작부인은 몹시 불쾌해했다. 부인은 빅토리아에게는 한 해 4000파운드면 충분하며 나머지 6000파운드는 자신이 갖는 게 적절하다고 생각했다.[45]

윌리엄 왕은 병을 떨쳐내고 일상으로 돌아왔다. 윈저궁의 왕실 사람들, 다시 말해 양 폐하와 늙은 공주들, 어느 불운한 여자 대사나 각료 부인이 몇 시간씩 마호가니 탁자 주위에 둘러앉아 있는 광경이 다시금 펼쳐질지도 모른다는 기대감이 자라는 동안, 왕비는 지갑을 만들고 왕은 이따금 잠에서 깨어나 "바로 그거예요, 부인. 바로 그겁니다!"라고 외쳤다.[46] 하지만 이번 회복은 오래가지 않았다. 늙은 왕은 돌연 무너져 내렸다. 몸이 극도로 쇠약해진 것 외에는 아무 특별한 징후가 없었지만 원기를 회복할 힘이 없어 보였다. 분명 죽음이 목전까지 와 있었다.

모두의 눈과 생각이 빅토리아 공주를 향했지만, 여전히 켄징턴궁에 고립된 그녀는 어머니의 큰 그늘에서 갈 길을 잃은 채 미지의 존재로 남아 있었다. 사실 지난해는 공주의 성장에 중요한 시기였다. 마음속의 부드러운 덩굴손이 처음으로 어른다운 것을 향해 뻗어나가기 시작했다. 레오폴드 왕은 이 점을 독려했다. 그는 브뤼셀로 돌아간 후 좀더 진지한 서신을 통해 해외 정치를 상세히 논하고 왕의 의무에 대해 얘기했으며, 언론이 얼마나 사악하고 어리석은지 지적했다. 실제로 언론에 대해서는 거친 표현도 마다하지 않았다. "언론의 자유가 존재하는 나라의 모든 신문사 편집인이 모인다면, 넌 네 명예와 평판은 물론이고 네가 소중히 여기는 개에 대해서조차 털어놓지 못할 것이다."[47] 레오폴드는 군주의 직분에 대해서도 나무랄 데 없는 의견을 제시했다. "한 나라의 지도자는 공명정대한 마음을 지니고 만인의 유익을 위해 정의를 실현한다는 정신으로 행동해야 한단다."[48] 이 무렵에는 공주의 심미안도 넓어지고 있었다. 여전히 승마와 춤에 열의를 보였지만, 음악에도 눈을 떠 열정적으로 이탈리아 오페라의 룰라드와 아리아에 귀를 기울였다. 심지어 시도 즐겨 읽었다. 적어도 월터 스콧 경의 시는.[49]

레오폴드 왕은 윌리엄 왕의 죽음이 임박했다는 소식을 듣고 조카에게 훌륭한 조언이 담긴 장문의 서신을 몇 차례 보냈다. "앞으로 계속 얘기하게 되겠지만, 지금까지 그랬듯이 결단력과 용기, 정직을 근본 원칙으로 삼기 바란다." 그 외에도 위기가 다가올 때는 두려워하지 말되 그녀의 "타고난 감각과 진실함"을 믿고 무슨 일이든 급하게 하지 말며, 다른 사람의 자존심을 다치게 하지 말고 휘그당 정부를 계속 신뢰하라고 조언했다.[50] 하지만 서신만으로는 부족하다고 여긴 레오폴드는 공주에게 개별 지도가 필요하다고 판단해 20년 전 샬럿 공주의 임종 자리에서 가까워진 믿음직한 친구를 보냈다. 이리하여 다시 한번, 미리 정해진 어떤 숙명에 끌려오기라도 한 것처럼 중대한 시점에 운명적으로 슈토크머라는 인물이 등장한다.

6월 18일 왕의 몸은 눈에 띄게 쇠약해졌다. 캔터베리 대주교가 곁을 지키며 위안의 기도를 했다. 경건한 말들은 반항적인 기질에 가닿지 않았지만, 오랫동안 왕은 독실한 신자로 지냈다. 한때 그는 공식 연회에서 이렇게 말했다. "난 젊었을 때 쾌락과 바보짓 외에는 아무것도 믿지 않았소. 전혀 믿는 게 없었지. 하지만 바다에 나가 강풍을 만난 후부터는 신앙이 생겼소. 그 후로 줄곧 진실한 그리스도인으로 살아왔지."[51] 그날은 워털루전투 기념일이었고, 왕은 죽어가면서도 이를 기억했다. 그날을 넘길 수 있어서 기쁘다고 말했지만, 또 한번 일몰을 보기는 어려울 듯싶었다. "폐하, 얼른 회복하셔서 앞으로 오래도록 일몰을 보셔야지요." 체임버스 박사가 말했다. "아, 그건 다른 문제지. 완전히 다른 문제라고." 왕이 대답했다.[52] 그는 하루를 더 넘겨 일몰을 본 후 다음 날 이른 새벽에 눈을 감았다. 1837년 6월 20일이었다.

왕이 임종하자 대주교와 시종장이 마차를 준비시키고 윈저에서 켄징턴까지 최대한 빨리 달려갔다. 새벽 5시에 켄징턴에 도착한 그들은 우여곡절 끝에 궁에 들어갔다.[53] 6시에 공작부인이 딸을 깨워 캔터베리 대주교와 커닝엄 경이 그녀를 보러 왔다고 전했다. 공주는 침대에서 일어나 나이트가운을 입고 전령이 도착한 방으로 혼자 들어갔다. 커닝엄 경이 무릎을 꿇고 공식적으로 왕의 죽음을 선언하자 대주교가 약간의 신상 정보를 덧붙였다. 허리를 굽히고 읊조리는 신하들을 바라보며 공주는 자신이 영국 여왕이 되었음을 알았다. 그날 그녀는 일기에 이렇게 적었다. "신의 섭리로 이 자리에 오게 되었으니 온 힘을 다해 조국에 대한 의무를 이행할 것이다. 비록 어리고 많은 부분에서 미숙하지만, 나만큼 합리적이고 올바르게 국무를 수행하겠다는 의지와 소망이 넘치는 사람은 없으리라고 확신한다."[54] 하지만 마음을 다지고 깊이 생각할 여유가 없었다. 당장 눈앞에 닥친 일이 넘쳤다. 슈토크머가 아침 시간에 와서 유익한 조언을 해주었다. 그녀는 벨기에 외숙에게 편지를 쓴 후 페오도라 언니에게 서둘러 짧은 서신을 보냈다. 멜버른 수상이 곧 도착한다는 전갈이 왔다. 9시에 궁중복을 완벽히 차려입은 수상이 내방해 여왕의 손등에 입을 맞추었다. 홀로 수상을 접견한 여왕은 아침에 충직한 슈토크머가 귀띔해준 게 분명한 말을 되풀이했다. "경을 비롯한 현 내각 대신들이 계속해서 국정을 맡아주길 바랍니다." 이 말에 멜버른 수상은 다시 여왕의 손에 입을 맞추고 켄징턴을 떠났다. 여왕은 애들레이드 왕비에게 조문 편지를 썼다. 11시에 멜버른 수상이 다시 왔고, 11시 반에 아래층으로 내려온 여왕은 붉은색 마차를 타고 첫 어전회의를 주관하러 떠났다.[55] 문들이 활짝 열리고 여러 경과 명사, 주교, 장군, 각료가 지켜보는 가운데 작고 날씬한 소녀가 깊이 애도하는 얼굴로 홀로 방에 들어와 보기 드물 정도로 우아하고 위엄 있게 자신의 자리로 걸어갔다. 여왕의 얼굴은 아름답지는 않지만 매력적이었고, 금발과 튀어나온 파란 눈, 작고 약간 굽은 코, 윗니가 보일 정도로 벌어진 입, 조그만 턱, 깨끗한 피부에 전체적으로는 천진함과 엄숙함, 젊음과 평정심이 기묘하게 어우러진 인상이었다. 여왕의 높고 흔들림 없는 목소리가 더할 나위 없이 명쾌하게 울려 퍼졌다. 회의가 끝난 후 여왕은 자리에서 일어나 들어올 때와 마찬가지로 매우 우아하고 위엄 있게 혼자서 신하들 사이를 지나갔다.[56]

3

멜버른 경

1

새로운 여왕을 아는 국민은 거의 없었다. 공식 석상에서 늘 그
녀의 어머니가 좌중을 압도한 까닭이었다. 그녀의 생활은 수
녀와 다를 바 없었기 때문에 바깥 세계 사람들은 그녀와 말을
섞어본 적이 없었고, 어머니와 레첸 남작을 제외하면 단둘이
방 안에 있어본 사람도 없었다. 때문에 그녀를 잘 모르는 사
람은 비단 일반 대중만이 아니었다. 정치인과 공직자, 상류층
부인 역시 여왕에 대해 전혀 아는 바가 없었다.[1] 여왕이 긴 무
명 생활에서 벗어나 일순간 모습을 드러냈을 때, 그 인상은 깊
고 즉각적이었다. 첫 어전회의에 참석한 내각 대신들은 여왕
의 태도에 놀라움과 감탄을 금치 못했다. 웰링턴 공작과 로버
트 필 경, 심지어 사나운 크로커와 냉정하고 신랄한 그레빌마
저도 완전히 넋을 잃었다. 이후 여왕이 보여준 행보에 대해서

도 한결같이 상서로운 내용들이 보고되었다. 여왕은 빠르게 인지해 합리적으로 결정을 내렸고, 신중하게 말을 골랐으며, 군주의 의무를 놀랍도록 척척 수행해냈다.[2] 대중은 몹시 열광했다. 감상과 낭만이 유행하기 시작했고, 순진하고 겸손하며 금발에 뺨이 발그레한 어린 여왕이 마차를 타고 수도를 지나가는 광경은 구경꾼의 가슴을 애정 어린 충성심의 환희로 물들였다. 무엇보다 빅토리아 여왕과 삼촌들의 대조적인 모습이 모두를 크게 감동시켰다. 고약하고 늙은 삼촌들은 방탕하고 이기적이며, 옹고집에 우스꽝스러웠고, 끝없는 빚과 혼란, 불명예 속에 살았다. 이들이 겨울의 눈처럼 사라지자 드디어 봄날이 왕관을 쓰고 밝게 빛나기 시작했다. 존 러셀 경은 유려한 연설을 통해 이런 일반적인 정서를 표현했다. 그는 빅토리아 여왕이 "압제 없는 엘리자베스, 나약하지 않은 앤"임을 입증해 보이기를 희망했고, 더없이 순수한 의도와 공정한 소망을 품고 이제 막 왕위에 오른 걸출한 공주가 노예제를 폐지하고, 범죄율을 낮추며, 교육을 개선해주기를 기도해달라고 영국 국민에게 요청했다. 또한 그는 앞으로 여왕의 국민이 높은 수준의 종교적, 도덕적 원칙으로부터 용기와 행동, 충성심을 얻고 빅토리아의 치세가 하늘을 찔러 후세와 이 세상 모든 국가의 찬양을 받으리라고 믿었다.[3]

그러나 기쁨에 젖은 대중이 꿈꾸는 것처럼 미래가 그리 간단히 장밋빛으로 바뀌지 않으리라는 것을 보여주는 징조들이 곧 나타났다. 어쩌면 "걸출한 공주"의 심중에는 교훈적인 동화 속의 품행 바른 여주인공이 꿈꾸는 단순한 미래와 잘 들어맞지 않는 부분이 있었는지도 모른다. 더없이 순수한 의도와 공정한 소망? 이는 틀림없는 사실이지만, 과연 그게 다였을까? 이를테면 여왕을 가까이서 지켜본 사람들은 그 작은 입의 기이한 윤곽선에서 어떤 불길한 징조를 읽지 않았을까? 그녀는 첫 어전회의를 마친 후 곁방을 지나가다가 자신을 기다리고 있는 어머니를 발견하고는 말을 걸었다. "어머니, 정말 제가 여왕이 된 건가요?" "그래, 딸아. 네가 이 나라의 여왕이란다." "그럼 어머니, 제가 여왕으로서 드리는 첫 부탁을 들어주세요. 한 시간 정도 혼자 있고 싶어요."[4] 한 시간 동안 홀로 시간을 보낸 여왕은 밖으로 나와 특별한 의미가 담긴 명령을 내렸다. 자신의 침대를 어머니 방에서 옮기라는 것이었다. 이는 켄트 공작부인의 피할 수 없는 운명이었다. 마침내 오랜 기다림이 끝나고 평생 고대하던 순간이 왔는데, 딸이 영국 여왕이 된 바로 그 순간에 그녀의 운명은 곤두박질쳤다. 공작부인은 자신이 권세와 신망, 권력에서 돌이킬 수 없이 철저하게 배제되었음을 깨달았다. 표면상으로는 존경과 배려를 보여주는 징표가 가득했지만, 이는 그녀의 허울뿐인 처지를 더 견딜 수 없게 만들 뿐이었다. 궁중 예법과 자식된 도리라는 격식만으로는 절대 빅토리아의 마음을 파고들 수 없었다. 그녀는 실망과 분노를 느꼈다. "내겐 아무 미래도 없어요. 난 아무것도 아니에요." 공작부인이 리벤 부인에게 말했다. 18년 동안 이 아이가 자신의 유일한 존재 이유이자 관심사이자 희망이었는데, 지금에 와서…… 이럴 수는 없지! 그 무엇도 공작부인을 위로할 수 없었다. 모든 것을 잃은 그녀는 몹시 불행했다.[5] 삶의 풍파에 굴하지 않고 용감하게 폭풍 속을 헤치며 부푼 돛에 깃발을 휘날리고 위풍당당하게 항구에 도착했는데, 그곳에는 아무것도 없었다. 그저 암울한 폐허만이 있을 뿐이었다.

여왕 즉위 후 한 달이 되지 않아 새로운 현실이 윤곽을 드러냈다. 모든 왕실 살림이 켄징턴궁에서 버킹엄궁으로 옮겨졌고, 켄트 공작부인은 딸의 침소와 멀찍이 떨어진 곳에 방을 배정받았다. 빅토리아는 이 변화가 무척 반가웠지만, 옛집을 떠나는 순간에는 아쉬움을 느꼈다. 그녀의 일기는 이렇게 적고 있다. "버킹엄궁전으로 들어가게 되어서 여러모로 기쁘지만, 고향 집에 작별을 고하려니 섭섭한 마음이 앞선다. 내가 태어나고 자란 이곳에 많은 애착이 간다!" 그녀의 기억은 잠시 과거의 그림자에 머물렀다. 언니의 결혼식, 즐거운 무도회와 유쾌한 연주회, 그 밖의 기억들이 떠올랐다. "이 집에서 고통스럽고 불쾌한 일들을 겪은 건 사실이지만, 그래도 여전히 나는 이 초라하고 낡은 궁전이 좋다." 그녀의 일기는 이렇게 끝을 맺는다.[6]

이와 함께 여왕은 또 한 번 단호한 조치를 취했다. 그녀는 더 이상 존 콘로이 경을 보지 않겠다고 선언했다. 여왕은 그동안 콘로이 경이 일한 대가를 후하게 지불해 준남작 지위와 함께 3000파운드의 연금을 허락했다. 콘로이 경은 여전히 공작부인의 식솔로 남았지만 여왕과의 직접적인 교류는 하루아침에 중단되었다.[7]

2

분명한 사실은 이런 내부 변화가 그 누구보다 어느 한 사람, 바로 레첸 남작의 승리를 의미했다는 것이다. 그녀의 적들은 눈앞에서 몰락해갔지만, 신중한 태도로 승리를 거머쥔 그녀에게는 여전히 활약할 무대가 남아 있었다. 남작은 어느 때보다 가까이서 주인이자 제자이자 친구인 여왕의 곁을 지켰고, 궁의 후미진 곳에서 드러나는 그녀의 은밀한 존재감은 눈에 띄지는 않으면서도 어디에나 있었다. 내각 대신들이 이 문으로 들어오면 남작은 저쪽 문으로 나갔다가 대신들이 물러가는 즉시 돌아왔다.[8] 그녀가 얼마만큼의 영향력을 어떤 식으로 발휘할 수 있는지 아는 사람은 아무도 없었고, 이후로도 없을 터였다. 그녀는 절대 여왕과 공무를 논하지 않고 개인 편지나 사생활 같은 사적인 문제에만 관심을 갖겠다고 직접 선언했다.[9] 확실히 빅토리아가 초창기에 주고받은 서신에서는 그녀의 흔적이 곳곳에서 묻어난다. 빅토리아의 일기는 소녀의 문체로 되어 있지만 서신은 그렇게 단순하지 않다. 소녀의 글에 최소의 교정을 가하되 뜻을 분간할 수 있도록 가정교사가 재정리한 작품이다. 게다가 이 가정교사는 바보가 아니었다. 편협하고 질투가 심하고 고루했을지는 몰라도 기이한 통찰력으로 기이한 실권을 차지한 예리하고 활력 넘치는 여인이었고, 그녀는 그 실권을 지킬 생각이었다. 남작은 공식적으로는 공무에 관여하지 않았지만 공과 사의 경계는 늘 미묘하기 마련이며, 앞으로 몇 년간 보게 되겠지만 군림하는 왕에게 그 경계는 상상 속에만 존재하기 쉽다. 당사자들의 성격과 시대적 특성을 고려했을 때 레첸 남작의 침실이 여왕의 침소 옆이었다는 사실은 단순히 사사로운 이익이 아닌, 이를 뛰어넘는 문제였다.

하지만 남작이 행사한 힘은 그 영향권 내에서는 대적할 사람이 없어 보였지만 무한정하지는 않았다. 그녀 외에도 다른 힘들이 작용하고 있었는데, 일례로 충직한 슈토크머가 궁정에 터를 잡았다. 샬럿 공주가 세상을 떠난 후 20년 동안 그의 경력은 다채롭고 비범해졌다. 아내의 죽음으로 날개가 꺾인 레오폴드 공의 숨은 조언자로서 슈토크머는 서서히 유럽 유력 인사의 자리에까지 올랐다. 주인에 대한 그의 헌신은 전폭적이었을 뿐만 아니라 신중하고 현명했다. 레오폴드 공이 아내를 잃고 위기의 시간을 보내는 동안 그를 영국에 남게 한 것도, 이로써 그가 선택한 벨기에에서 거점을 마련하는 데 필수적인 요건을 확보해준 것도 슈토크머의 조언이었다.[10] 또한 슈토크머의 신중함 덕분에 레오폴드 공은 그리스 왕위를 수락했다가 거절하면서 벌어진 난처한 상황을 수습할 수 있었다. 이어서 레오폴드 공이 벨기에의 입헌군주가 되도록 설득한 사람도 슈토크머였고,[11] 무엇보다도 슈토크머의 기지와 솔직함, 외교적 수완 덕분에 레오폴드 왕은 고되고 복잡한 오랜 협상을 통해 열강으로부터 벨기에의 중립을 다짐받을 수 있었다.[12] 레오폴드 왕은 그에게 독일 남작 작위를 내리고 그를 완전히 신임하는 것으로 이런 노고에 보답했다. 하지만 슈토크머에게 예우를 갖추고 귀를 기울인 것은 브뤼셀 사람들만이 아니었다. 그레이 경, 로버트 필 경, 파머스턴 경, 멜버른 경처럼 영국을 주무르는 정치인들도 슈토크머의 정직함과 지성을 높이 샀다. 멜버른 경은 슈토크머를 "내가 지금껏 만난 사람 중 가장 영리한 축에 속하며, 가장 신중한 사람이자 판단력이 탁월한 친구이고, 가장 침착한 사람이다"라고 말했으며,[13] 파머스턴 경은 슈토크머 남작을 일컬어 자신이 만나본 사람 중 유일하게 털끝만큼의 사심도 없는 사람이라고 치켜세웠다.[14] 주인에 대한 봉사를 마친 그는 마침내 코부르크로 낙향해, 그동안 한참 만에 한 번씩 고작 한두 달만 볼 수 있었던 아내, 자녀와 함께 몇 년간 즐거운 시간을 보냈다. 그러다가 1836년에 다시 중요한 협상을 맡았는데, 이 협상으로 레오폴드 왕의 조카인 작센코부르크의 페르디난트 공과 포르투갈의 여왕 마리아 2세의 결혼이 마침내 성사되었다.[15] 코부르크 왕가는 유럽으로 퍼져나가고 있었고, 1837년 남작이 버킹엄 궁에 자리를 잡으면서 좀더 중대한 진전의 서곡이 연주되기 시작했다.[16]

레오폴드 왕과 그 조언자의 이력은 인간의 야망이 기이할 정도로 다양함을 보여주는 예다. 사람의 욕망은 놀랍도록 다양하지만, 그런 욕망을 현실로 만드는 수단 역시 무척 다양하고 이로 인해 세상 만사가 이루어진다. 레오폴드의 진짜 속마음은 온전한 왕권을 누리는 것을 욕망했다. 미미한 권력은 그에게 아무런 매력이 없었다. 그는 실질적인 왕, 다시 말해 백성의 군주가 되어야 했다. 왕 노릇만으로는 부족했고 반드시 왕으로서 인정을 받아야 했다. 그렇지 않고서는 그 무엇을 이루어도 성에 차지 않을 터였다. 레오폴드가 처한 환경은 모든 면에서 그가 꿈꾼 위대함을 실현하기에 적합했다. 왕이 되기, 다른 군주들을 사촌으로 두기, 외교 목적으로 부르봉 왕가와 혼인하기, 영국 여왕과 서신 주고받기, 매우 강경하게 굴고 시간을 엄수하기, 왕조를 세우기, 대사 부인들이 까무러칠 만큼 막힘없이 말하기, 권력의 정점에서 공익에 헌신하는 모범적인 삶 살기 등이 모두 그가 세운 목표이자 실제로 이룬 업적들이었다. 조지 4세가 지어준 '무슈 조금씩'이라는 별명처럼[17] 그는 조금씩 자신이 원하는 바를 쟁취해나갔다. 하지만 이는 슈토크머의 야망이 그의 야망을 정확히 보완하는 형태가 아니었다면 절대 불가능할 일이었다. 남작이 추구한 권력은 결코 겉으로 드러나지 않았다. 슈토크머 본연의 존재는 무명 속에서 아무도 모르게 은밀한 입구를 통해 권력의 핵심부로 들어가, 전 세계의 바퀴에 시동을 거는 미묘한 줄을 조용히 당기는 데에서 만족을 얻었다. 요직에 앉은, 유달리 견문이 넓은 소수의 사람만이 슈토크머 남작이 아주 중요한 인물임을 눈치챘다. 그것으로 충분했다. 주인과 시종의 운은 긴밀하게 상호작용하며 함께 상승했다. 남작의 은밀한 기량은 레오폴드에게 나무랄 데 없는 왕국을 선사했고, 레오폴드는 시간이 흐르면서 더 많은 뒷문을 열 수 있는 열쇠를 남작에게 선물했다.

슈토크머가 버킹엄궁에 거처를 정한 것은 어느 정도 레오폴드 왕의 사절 역할을 수행하려는 목적도 있었지만, 그보다는 거의 아이나 다름없고 조언과 우정이 절실한 여왕의 친구이자 조언자가 되기 위해서였다. 레오폴드나 슈토크머가 저속한 이기심 때문에 이런 결정을 했다고 생각하면 오산이다. 실제로 레오폴드 왕은 어느 쪽이 자신에게 유리한지 잘 알고 있었을 뿐만 아니라, 진취적이고 파란만장한 삶을 통해 세상 이치에 대해 빈틈없는 지식을 얻었고 이 지식을 자신의 지위를 강화하고 영향력을 펼치는 데 사용할 충분한 준비가 되어 있었다. 그도 그럴 것이 그의 지위가 견고하고 영향력이 클수록 유립에 더 좋았고, 그 자신도 이 점을 꽤 확신했다. 게다

가 그는 입헌군주였다. 저속하거나 사적인 목적을 추구하는
것은 보기 흉한 일이었다.

슈토크머는 파머스턴 경의 말처럼 기본적으로 사심이 없
는 사람이었다. 일반적으로 책략가는 낙천적인 성격이지만,
슈토크머는 소화불량과 불길한 예감에 시달리는 선천적으로
우울한 사람이었다. 그는 의심할 여지 없는 책략가였지만 선
의를 위해 돌다리도 두들겨가며 까다롭게 책략을 세웠다. 선
의를 위해서라니, 이보다 더 숭고한 목표가 또 있을까? 그렇
다고 하더라도 책략을 짜는 일에는 큰 위험이 따르는 법이다.

레첸이 일거수일투족을 감시하고 슈토크머가 곁에서 지
혜와 경험을 나누어주며 레오폴드 외숙이 서신을 통해 끊임
없이 격려와 전반적인 조언, 귀중한 충고를 아끼지 않은 덕분
에 빅토리아에게는 개인적인 조언을 해줄 사람이 충분했다.
하지만 그녀에게는 또 한 명의 안내자가 있었다. 이 새로운 별
은 갑자기 수평선 위로 떠올라 즉각 그녀의 삶을 지배했고,
그녀를 둘러싼 나머지 영향력은 이 일등성 앞에 빛을 잃었다.

3

58세의 제2대 멜버른 자작 윌리엄 램은 지난 3년간 영국의 수
상을 지낸 인물로, 표면상 모든 면에서 운이 좋은 사람이었다.

부와 넘치는 재기를 가지고 권력의 한복판에서 태어났을 뿐만 아니라 매력적이고 총명한 그의 어머니는 휘그당의 훌륭한 안주인이었고, 그가 성장기를 보낸 시대는 명예혁명 이후 100년 동안 지켜져온 귀족 사회가 궁극적으로 완성 단계를 맞은 18세기의 마지막 분기였다. 그는 이 빛나는 사회의 일원으로 자라났다. 뿐만 아니라 자연으로부터 아름다움과 똑똑한 두뇌를 물려받았고 형의 예기치 않은 죽음으로 부와 귀족 신분, 큰 출세 기회를 얻었다. 아무리 개인적인 장애물이 있다 한들 이런 특권을 누리고도 실패하기는 쉽지 않다. 이 모든 이점을 선점한 그에게 성공은 피할 수 없는 일이었다. 아니나 다를까 그는 별 노력을 들이지 않고 정치적 명성을 얻었다. 그는 휘그당의 승리로 정부의 핵심 인사 중 한 명이 되었고, 그레이 경이 수상직에서 물러나자 조용히 그 자리를 차지했다. 운명의 호의는 눈에 보이지 않는 행운으로도 그를 찾아왔다. 손쉬운 성공이 예정되어 있던 그는 타고난 천성도 훌륭해서 성공과 떼려야 뗄 수 없는 관계였다. 유연하면서 풍부한 지성, 침착하면서 예민한 기질은 그가 별다른 노동을 하지 않고도 별 어려움 없이 품위 있게 권력을 누리며 살 수 있도록 해주었다. 그는 사람들 사이에서 단연 돋보이는 공론가이자 마음을 사로잡는 벗이며 매력적인 사람이었지만, 더 깊이 들여다보면 결코 평범한 인물은 아니었다. 예의 없이 말끝을 흐리고 돌발 질문을 하는가 하면 축 늘어져 빈둥거리고 수도 없이 많은 맹세를 했는데, 이런 말과 태도에서 느껴지는 통쾌함은 단순히 즐거움을 끌어내기 위한 장치가 아니라 그의 본바탕을 이루는 개성이 밖으로 표출된 것이었다.

이 개성은 모호하고 복잡하며 자기모순적이었기 때문에 정확한 특성을 알아내기가 무척 어려웠다. 멜버른 경의 은밀한 내력과 눈에 보이는 행운 사이에는 분명 역설적인 데가 있었다. 그가 누린 특혜는 모두 출생 덕분이었지만 그의 출생은 그리 떳떳하지 못했다. 그의 어머니가 에그러먼트 경을 열렬히 사랑했고 그의 친부가 초대 멜버른 자작이 아니라는 것은 잘 알려진 사실이었다.[18] 청춘의 열정이 절정에 이르며 열매를 맺는 듯 보였던 그의 결혼 생활도 기나긴 고통과 절망을 거쳐 실패로 끝이 났다. 그의 파멸을 가져온 장본인이나 다름없는 그 대단한 레이디 캐럴라인은 "너무 고상해서 기쁨을 주기 어렵고, 활기가 너무 넘쳐서 마음 편히 있어본 적이 없으며, 너무 약삭빨라서 가르칠 게 없고, 생각이 많아서 평범한 생각을 하지 못하는" 여자였다. 마침내 그녀의 어리석은 행동과 낭비, 분노와 절망, 강한 애착에서 벗어났을 때 그에게 남겨진 것은 희극과 비극이 얽혀 빚어내는 끝없는 추억과 지적 장애가 있는 외아들뿐이었다. 하지만 레이디 캐럴라인이 없었다면 얻지 못했을 게 또 있었다. 그녀가 사랑과 유행의 소용돌이 속에서 바이런을 만나고 다닐 때, 그는 냉소에 가까운 방종으로 집을 지키고 그 고독을 독서로 채웠다. 이런 식으로 공부 습관, 배움에 대한 사랑을 키우고 고대와 근대 문학에 대한 넓고 정밀한 지식을 쌓았는데, 이것이 뜻밖에도 정신적 소양의 일부를 형성했다. 독서를 향한 열정은 절대 그를 저버리지 않았다. 수상이 되어서조차 그는 짬을 내어 새로운 책을 독파했다.[19] 모순된 성격을 보여주기라도 하듯 그가 가장 좋아한 학문은 신학이었다. 그는 탁월한 고대 그리스 로마 전문가로서 교부에 조예가 깊었고, 두꺼운 주석서와 주해서를 꼼꼼하고 부지런히 검토했으며, 틈이 날 때마다 성경책을 들여다보았다.[20]♛ 특별히 호감이 가는 부인들에게는 손수 방주를 빼곡히 써넣은 묵시록에 관한 학술서나 래드너 박사의 『막달라 마리아의 개심에 대하여 유대인이 저지른 실수에 관한 고찰Observations upon the Jewish Errors with respect to the Conversion of Mary Magdalene』을 빌려주곤 했다. 이 가운데 신앙심이 깊은 사람들은 이 공부가 그를 바른길로 인도하리라는 큰 기대를 품었지만, 식후 대화에서는 그런 징후가 전혀 드러나지 않았다.[21]

멜버른 경의 정치 경력 또한 기이할 정도로 역설적이었다. 기질상 귀족이고 신념상 보수주의자였던 그는 변화를 추구하는 국민 정당의 지도자로 집권했으며, 선거법 개정안을 마음에 들지 않아 하면서도 결국 이를 필요악으로 받아들였

♛ "1835년 3월 1일. 멜버른 경을 내방했다. 그는 새뮤얼 존슨 소유의 4절판 그리스어 성서로 사도행전을 읽고 있었다."

다. 실제로 선거법 개정안은 그가 집권한 정부의 사활, 다시 말해 의미의 근간을 이루는 요소였다. 하지만 그는 어떤 식의 진보를 믿기에는 지나치게 회의적인 사람이었다. 지금 이 상태가 가장 좋거나 적어도 그나마 나았다. 그의 금언 중 하나는 "선의를 베풀려 하지 마라. 그럼 궁지에 빠질 일도 없다"였다. 아무리 낙관해도 교육은 헛되고 가난한 이들을 교육하는 일은 단연코 위험하다는 것이 그의 지론이었다. 그럼 공장 아이들은? "아, 제발 그 애들은 좀 내버려두시길!" 그에게 자유무역은 망상이고, 비밀투표는 터무니없는 것이며, 민주주의 따위는 없었다.

그럼에도 그는 반동주의자가 아니었다. 단순히 기회주의자였던 그는 "위법을 막고 규율을 바로잡는 것"이야말로 정부의 전적인 의무라고 말했다. 진정 바랄 수 있는 일은 앞으로 나아가는 것뿐이었다. 그 자신은 놀랄 만한 방식으로, 다시 말해 끝없이 타협하고 동요와 모순을 넘나들며 온갖 나약함을 끌어안고, 그러면서도 약삭빠르고 점잖고 심지어 성실하게 그리고 인간과 사건을 대수롭지 않게 꿰뚫어 보면서 앞으로 나아갔다. 그는 기이할 정도로 태연하게 업무를 수행했다. 주요 인사가 심각한 면담을 위해 찾아와도 책과 서류가 어질러진 어수선한 침대에 누워 있거나 화장실에서 멍하니 면도하고 있기 일쑤였다. 그 와중에도 손님들은 떠날 때 실컷 털린 기분을 맛보았다. 그는 사절단을 맞을 때에도 격에 맞는 진지한 태도를 갖추지 못했다. 수지 양초 제조업자 대표단이나 사형제도폐지협회는 수상이 대화 중에 깃털을 부는 데 정신이 팔리거나 불쑥 부적절한 농담을 던지는 탓에 괴로움과 굴욕감을 맛봐야 했다. 그러니 수상이 전날 밤 면담 준비에 열을 올렸다는 사실을 어떻게 짐작이나 할 수 있겠는가? 그는 후원을 하거나 약속을 잡는 일이라면 질색을 했는데, 이는 다른 수상들에게서 찾아보기 힘든 면이었다. "주교란 사람들은 죽어서도 날 성가시게 할 게 뻔해!" 그는 이렇게 소리를 질러댔지만, 정작 약속을 잡는 안목은 예리했다. 동료들은 그에게서 다른 증상도 발견했다. 무책임한 것인지 아니면 현명한 것인지 알 수 없었지만 그는 내각에서 잠이 들었다.[22]

좀더 일찍 태어났더라면 수상은 더 단순하고 행복한 삶을 살았을지도 모른다. 사실 그는 까다롭고 매정한 새 시대에 던져진 18세기의 아이, 다시 말해 가을 장미였다. 우아한 생활을 즐기고, 유머 감각이 뛰어났으며, 태평한 스타일이었음에도 깊은 불안이 그의 내면을 지배했다. 그는 감상적인 냉소주의자이자 회의적인 신자로 어디에도 마음을 두지 못하고 우울해했다. 무엇보다도 마음이 단단하지 못해 그 섬세한 꽃잎들이 산들바람에도 몸을 떨었다. 한 가지 확실한 사실은 그가 언제나 인간적이었다는 것이다. 멜버른 경은 지극히 인간적이었다. 어쩌면 너무 인간적이었는지도 모른다.[23]

그런데 말년에 그의 인생이 휙 방향을 틀었다. 어느 날 눈을 떠보니 그는 하루아침에 놀이방에서 옥좌로 자리를 옮긴 소녀의 친밀한 조언자이자 매일 보는 친구가 되어 있었다. 그의 여자관계는 그를 둘러싼 모든 것처럼 모호했다. 그의 결혼 생활이 얼마큼 감정적으로 변화무쌍하고 복잡했는지 가늠할 수 있는 사람은 아무도 없었다. 레이디 캐럴라인은 사라졌지만 그의 기이한 감수성은 그대로였다. 그는 어떤 식으로든 여자의 세계를 필요로 했기 때문에 그 세계에 아낌없이 시간을 투자했다. 실제로 매일 대부분의 시간을 거기에 쏟아부었다. 그의 여성적인 면모 때문에 수많은 여자의 친구가 되는 일은 쉽고도 자연스럽고 불가피했지만, 그는 남성다운 면모도 강했다. 상황이 이렇다 보니 이 여자들과 단순히 친구 관계로 끝나지 않았는데, 이 또한 쉽고 자연스럽고 심지어 불가피하기까지 했다. 무성한 소문과 몇 번의 소동이 있었다. 실제로 멜버른 경은 두 번이나 이혼 소송의 공동 피고로 법정에 섰지만 모두 승소했다. 법은 아름다운 레이디 브랜던과 불행하지만 재기 넘치는 노턴 부인에게 무죄를 선언했고, 그 내막은 불가해한 베일에 가려졌다. 이런 전력이 적어도 버킹엄 내에서 수상의 입지를 어렵게 하리라라는 것은 분명했지만, 미묘한 상황에 익숙한 사람답게 그는 이 난국을 훌륭히 타개해나갔다. 그의 행동은 처음부터 흠잡을 데가 없었다. 어린 여왕을 대하는 태도에는 정치가와 신하의 신중함과 존경심, 부모의 애정 어린 배려가 훌륭하게 어우러져 있었다. 그는 공손하면서 다정했고, 하인이면서 인도자였다. 그러면서 그의 습관들도 놀랍게 변화했다. 시간을 어기고 편한 대로 하던 날들은 궁의 고정된 일과에 예속되었다. 더 이상 소파에 대자로 눕는 일도 없었고 한 번도 '제기랄'이 입에서 새어 나오지 않았다. 바이런과 섭정공의 친구였던 처세의 달인, 역설로 휘그당의 살롱인 네덜란드관을 매혹시킨 공론가, 음담패설로 수많은 술잔치를 흥겹게 만든 냉소주의자, 부드러운 말로 아름다움과 열정과 재치를 정복한 사랑꾼은 이제 저녁마다 침묵과 엄격한 궁중 예법에 에워싸여 한없이 공손한 자세로 어린 소녀와 담소를 나누게 되었다.[24]

4

빅토리아는 즉시 멜버른 경에게 매료되었다. 그렇잖아도 슈토크머를 좋게 평가한 일로 호감을 느끼고 있었는데, 그는 현명하게 레첸의 비위까지 맞출 줄 알았다. 처음의 이 호감은 이후로도 바뀌지 않았다. 그는 완벽했다. 빅토리아의 눈에는 변함없이 완벽했다. 그녀는 당연한 수순처럼 그를 무조건적이고 노골적으로 흠모했다. 일반적인 상황에서도 순진한 소녀가 이런 남자의 매력과 헌신적인 사랑에 저항하기는 힘든 법인데, 빅토리아가 처한 특수한 상황은 그녀의 마음에 이상한 흥분까지 더해주었다. 그녀는 오랜 세월 공허와 답답함, 억압 속에 살다가 청춘이 꽃을 피우는 시기에 갑자기 자유와 권력을 얻었다. 자신은 물론 광활한 영토와 궁전을 다스리는 안주인이 된 것이다. 이제 영국의 여왕이 되었으니 당연히 막중한 책임과 어려움이 따르겠지만, 기쁨이 다른 감정을 모두 지배하고 흡수했다. 그녀는 모든 게 즐거웠다. 아침부터 밤까지 흥이 났다. 나이가 들어 죽음을 향해가고 있던 크리비는 브라이턴에서 여왕을 보고는 "어린 빅토리아"의 천진난만하고 쾌활한 모습에 몹시 즐거웠다고 고백했다. 그는 이를 자기 식으로 예리하게 표현했다. "평소 여왕의 모습은 더할 나위 없이 편안해 보인다. 어떻게 하면 더 편안할까 궁리하는 사람처럼. 여왕은 입을 최대한 크게 벌리고 그다지 예쁘지 않은 잇몸을 드러내며 진심을 다해 웃는다. 웃을 때처럼 먹을 때도 최선을 다한다. 게걸스럽게 먹는다고 하는 게 맞을 것이다. 또한 매순간 너무 자연스럽게 얼굴을 붉히며 웃어 사람들을 무장해제시킨다."[25] 하지만 여왕은 단지 웃거나 게걸스럽게 먹을 때만 즐거웠던 게 아니었다. 공무를 수행하는 만족감도 컸다. 즉위하고 며칠 후 그녀는 일기에 다음과 같이 적었다. "할 일이 산더미처럼 많다. 대신들이 수많은 문건을 들고 오지만, 그래도 나는 이 일이 즐겁다."[26] 일주일 뒤 일기에는 이렇게 썼다. "전에도 말했듯이 대신들이 수많은 문건을 들고 오고 내가 그들에게 보내는 문건도 많다. 매일 서명해야 할 서류가 얼마나 많은

지 할 일이 줄어들지 않는다. 그래도 이 일이 즐겁다."[27] 소녀의 미숙함을 지나, 여인에게 예정된 강렬한 감각이 왕성한 속도로 힘차게 싹을 틔우려 하고 있었다.

빅토리아가 누린 이 행복의 한 요소는 특별히 언급할 가치가 있다. 그녀는 화려한 사회적 지위와 막중한 정치적 지위 외에도 어마어마한 부를 거머쥐었다. 의회가 소집되자마자 여왕에게 매년 38만 5000파운드의 연금을 지급하라는 결정이 내려졌는데, 궁전 관리 비용을 빼고도 그녀 몫으로 매년 6만 8000파운드가 남았다. 또한 랭커스터의 봉토에서 나오는 수익도 해마다 2만 7000파운드에 달했다. 그녀는 이 수입을 다분히 전형적인 용도로 처음 사용했다. 먼저 아버지의 빚을 갚았는데, 다른 문제 못지않게 금전 문제에서도 정확하자는 결심에서였다. 그녀에게는 사업가 기질이 있었기 때문에 앞으로 경제적으로 불안한 상황에 처할 일은 없을 터였다.[28]

순간순간이 젊음과 행복으로 밝게 빛나며 하루하루가 즐겁게 지나갔다. 매일매일이 멜버른 경의 상태에 따라 다르게 흘러갔다. 빅토리아의 일기에 시종일관 명쾌하게 그려진 첫 몇 달 동안의 삶은 즐거운 업무가 가득한 나름 규칙적인 시간이었다. 단순한 기쁨, 이를테면 승마와 식사와 춤같이 대체로 물질적인 기쁨이 있는 삶이었고, 쏜살같고 편안하며 소박하고 그 자체로 만족스러운 삶이었다. 그 위로 아침 햇살이 비치고 '멜버른 경'의 형체가 장밋빛 광채에 싸인 채 지고의 모습으로 아름답게 등장했다. 빅토리아가 이야기의 여주인공이라면 그는 남주인공이었다. 그리고 이 둘은 단순한 남녀 주인공이 아니었다. 두 사람 외에는 다른 등장인물이 전혀 없었기 때문이다. 레첸과 남작, 레오폴드 외숙은 실체 없는 그림자이자 작품의 엑스트라에 불과했다. 그녀의 낙원에는 두 사람만이 살았고, 그것으로 충분했다. 지금으로부터 80년 전, 새벽녘의 황홀한 빛을 받으며 단출하고도 기이한 조합을 보여준 두 사람의 모습이 아른거린다. 희끗한 머리와 수염, 짙고 검은 눈썹, 자유자재로 움직이는 입술, 감정이 풍부한 큰 눈이 특징인 세련된 신사 옆으로 금발에 날씬하고 우아하며 의욕적인 여왕이 수수한 소녀의 드레스에 작은 모피 목도리를 두르고 입을 반쯤 벌린 채 툭 튀어나온 파란 눈으로 진지하게, 홀딱 빠진 듯 그를 올려다보고 있다. 이렇듯 두 사람의 이야기는 일기 곳곳에 등장한다. 멜버른 경이 말을 걸고 즐거움과 가르침, 기쁨과 애정을 선사하는 동안 빅토리아는 넋을 잃은 채 그 달콤한 말에 귀를 기울이고 잇몸이 드러날 때까지 웃으며 기억하려고 애쓰다가, 혼자 남겨지면 곧장 방으로 뛰어와 모든 내용을 적어 내려간다. 이들의 긴 담소는 다양한 주제를 넘나든다. 멜버른 경은 책 비평을 하다가 영국 헌법에 대해 한두 마디 내뱉고 사람 목숨에 대해 잠시 숙고한 후, 18세기 위인들에 대해 차례대로 이야기한다. 그때쯤 캐나다의 더럼 경이 보내온 긴급 공문이 도착하고, 이를 멜버른 경이 읽어 내려간다. 하지만 그 전에 여왕에게 약간의 보충 설명을 해야 한다. "멜버른 경은 캐나다가 원래 프랑스 영토였다가 1760년에 울프 장군이 이끄는 정규군이 승리를 거두면서 영국으로 넘어온 것을 꼭 알아야 한다고 설명해주었다. 경은 이를 '아주 대담한 계획'이라고 했다. 당시 캐나다는 전적으로 프랑스의 땅이었고 영국인은 나중에야 도착했다. 멜버른 경은 이를 아주 명료하게(나보다 훨씬 더 훌륭하게) 설명하고 이에 얽힌 많은 이야기를 해주었다. 그런 뒤 더럼 경의 공문을 읽었는데, 다 읽는 데 반 시간이 걸릴 정도로 상당히 길었다. 멜버른 경은 솜털처럼 부드러운 목소리로 풍부한 감정을 담아 아름답게 편지를 읽어 내려갔다. 때문에 나는 두말할 필요도 없이 그 내용에 큰 흥미를 느꼈다."[29] 그런 뒤 대화는 개인사로 흘러간다. 멜버른 경의 유년 시절 이야기를 들으면서 빅토리아는 그의 새로운 면을 알게 된다. "경은 당시 또래 남자애들처럼 열일곱 살 때까지 장발이었다고 한다(상당히 미남이었을 게 분명하다!)."[30] 아니면 왜 유별나게 회중시계를 갖고 다니지 않는지 같은 기이한 취향과 습관을 알게 된다. "멜버른 경의 대답은 이러했다. '전 시도 때도 없이 하인에게 시간을 물어봅니다. 그럼 하인도 아무렇게나 대답해주죠.'"[31] 또는 "곧 비가 오려는지" 떼까마귀들이 나무 주위를 빙빙 돌 때면 한 시간 동안 앉아서 떼까마귀들을 쳐다볼 수 있다고 멜버른 경은 말한다. "내가 떼까마귀를 싫어한다고 하자 경은 깜짝 놀라며 '떼까마귀는 제 즐거움입니다'라고 대답했다."[32]

런던에 있든 윈저궁에 있든 하루의 일과는 거의 똑같았다. 오전 시간은 공무와 멜버른 경에게 할애했고 오후에는 궁 전체가 승마를 나갔다. 벨벳 승마복을 입고 챙에 베일이 드리워진 실크해트를 쓴 여왕이 대열의 맨 앞에 섰고 멜버른 경이 그 옆을 지켰다. 의욕 넘치는 일행이 빠른 속도로 멀리까지 달리는 통에 빅토리아는 몹시 흥분하곤 했다. 그리고 궁으로 돌아오면 저녁 식사 전까지 약간의 여유 시간이 있었기 때문에 배틀도어 앤드 셔틀콕 게임을 하거나 아이 몇 명과 복도를 따라 뛰어다녔다.[33] 그러다가 식사 시간이 되면 격식이 무척 엄격해졌다. 지위가 제일 높은 신사가 여왕의 오른편에 앉고, 왼편에는 멜버른 경이 앉았다(이는 곧 예규가 되었다). 귀부인들이 자리를 뜬 후 신사들이 너무 오랫동안 식탁을 지키는 일도 허락되지 않았다. 실제로 식후 와인을 마실 시간이 너무 짧다는 게 수상이 여왕에게 품은 몇 안 되는 불만 가운데 하나라는 소문이 돌았다.♛ 하지만 결국 여왕의 결정에 승리의 무게

♛ 베드퍼드 공작은 그레빌에게 다음과 같이 전했다. "여왕과 멜버른 사이에 다툼이 있었던 게 분명하네. (…) 만찬 후 남자들이 식탁에 남아 있는 관행이 다툼의 불씨가 된 듯 보이더군. 여왕이 화를 내며 '그건 진저리 나는 관습이에요'라고 말했다지. 하지만 귀부인들이 식탁을 떠난 후 (수상과 같은 식탁에 앉았던) 남자들에게는 5분 더 그대로 있으라는 지시가 떨어졌다네." [Greville, February 26, 1840(unpublished).]

가 실리면서 식사 후 술에 취하는 문화는 한물가기 시작했다. 손님들이 응접실에 다시 모였을 때에도 예법은 딱딱했다. 여왕은 손님 한 명 한 명에게 짧게 안부를 건넸는데, 이 불편한 대화가 이어지는 동안 왕실 일원의 표정은 보기 딱할 정도로 무미건조해졌다. 하루는 추밀원 서기인 그레빌이 참석해서 곧 그의 차례가 다가왔다. 이 무감각한 중년의 도락가에게 어린 여왕이 물었다. "오늘 말을 타셨는지요, 그레빌 씨?" "아뇨, 타지 않았습니다." 그레빌이 대답했다. "날씨가 맑았는데요." "맞습니다. 아주 화창했죠." "그래도 좀 춥긴 했어요." "꽤 추웠습니다." "누이이신 레이디 프랜시스 에저턴께선 말을 타는 것 같던데, 맞나요?" "네, 가끔씩 탑니다." 잠시 정적이 흐른 후 그레빌이 감히 화제를 바꾸지는 못하고 조심스럽게 대화의 고삐를 쥐었다. "폐하께선 오늘 말을 타셨습니까?" "오, 그럼요. 아주 실컷 탔답니다." 여왕이 활기차게 대답했다. "좋은 말을 타셨나 보군요?" "오, 아주 좋은 말이었죠." 대화가 끝이 났다. 여왕이 미소를 지으며 살짝 고개를 숙이자 그레빌도 공손히 인사했고, 다음 신사에게 대화의 바통이 넘어갔다.[34] 여왕이 모든 손님과 대화를 마치자 켄트 공작부인이 휘스트 게임을 시작했고 다른 사람들이 원탁에 둘러앉았다. 멜버른 경은 여왕 옆에 앉아 취침 시간인 11시 반이 될 때까지 끈덕지게 수다를 이어나갔는데, 때마침 원탁을 덮고 있는 커다란 판화집들 가운데 하나의 내용이 자주 입에 올랐다.[35]

95

가끔 가벼운 오락거리도 있었다. 저녁에 오페라나 연극을 관람하면 다음 날 아침 왕실 평론가가 조심스럽게 여왕의 감상을 적어 내려갔다. "작품은 셰익스피어의 비극 「햄릿」이었다. 우리는 공연이 시작될 때 들어갔다. 명배우 에드먼드 킨의 아들 찰스 킨이 햄릿을 연기했는데, 무척 훌륭했다. 나로선 이해하기 힘든 이 어려운 캐릭터를 찰스 킨은 감탄스러울 정도로 잘 해석했고, 길고 멋진 대사를 무척 아름답게 전달했다. 얼굴이 잘생기지는 않았지만 몹시 우아하고 행동과 태도가 모두 마음에 들었다. 연극이 끝나자마자 바로 극장을 나왔다."[36] 나중에 그녀는 윌리엄 찰스 매크리디가 연기한 「리어 왕」도 감상했다. 「리어 왕」은 그녀에게 완전히 새로운 작품이었다. 작품에 대한 아무 정보도 없었기 때문에 여왕은 처음에는 무대에서 벌어지는 사건에 큰 흥미를 느끼지 못하고 시종장과 웃고 떠들었다. 하지만 연극이 진행되면서 그녀의 분위기가 사뭇 달라졌다. 눈과 귀가 무대에 고정되더니 얼굴에서 웃음기가 싹 사라졌다. 그럼에도 이야기가 이상하고 끔찍했기 때문에 고개를 갸우뚱하는 것은 어쩔 수 없었다. 멜버른 경의 생각은 어땠을까? 그는 「리어 왕」이 꽤 괜찮지만 확실히 "당대에 맞게 등장인물을 과장해서 쓴 거칠고 조악한 작품"이라고 생각했다. "그 연극을 보셨다니 기쁘군요." 멜버른이 덧붙였다.[37] 하지만 뭐니 뭐니 해도 빅토리아에게 가장 즐거운 저녁은 춤과 함께하는 저녁이었다. 그녀는 사촌의 방문,

생일, 젊은 사람의 모임 등 어떤 핑계를 대서라도 춤의 장을 마련할 준비를 했다. 악단이 연주를 시작하고 무용수의 몸이 음악에 맞춰 흔들리면 그녀의 몸도 따라 흔들렸고, 젊음의 활기가 사방을 에워쌌다. 그러다가 행복감이 절정에 달하고 두 눈이 반짝일 때면 새벽 한두 시까지 쉬지 않고 달렸다. 그 순간만큼은 멜버른 경도 잊었다.

5

몇 달이 쏜살같이 지나가며 여름이 끝났다. "내 평생 가장 즐거운 여름이었다. 여왕이 되고 처음 맞은 이 여름을 결코 잊지 못할 것이다."[38] 놀랍도록 빠른 속도로 또다시 여름이 찾아오고, 대관식이 마치 희한한 꿈처럼 지나갔다. 예스럽고 복잡하고 한없는 의식은 나사 하나가 빠진 거대하고 복잡한 기계처럼 어떻게든 최선을 다해 굴러갔다. 이날 주인공은 고생이 이만저만이 아니었다. 앉았다가 걷고 기도하고, 너무 무거워서 들어올리기조차 힘든 보주를 들고 다녀야 했다. 캔터베리 대주교가 그녀의 손가락에 맞지 않는 반지를 억지로 끼워 넣을 때는 금방이라도 고통으로 울부짖을 것 같았다. 고령의 롤 경이 경의를 표하는 중에 자기 망토에 걸려 계단을 구르기도 했다. 이어서 여왕은 부속 예배당으로 안내되었다. 식탁보가 깔린 제단 위에 샌드위치와 와인 병이 잔뜩 놓여 있었고, 위쪽 박스석에 레첸이 앉아 있었다. 여왕은 왕관과 예복 차림으로 레첸과 미소를 교환하며 참회왕의 왕좌에 앉았다. "난 오늘을 내 생애 가장 자랑스러운 날로 기억할 것이다." 하지만 곧 이 자부심은 젊음과 소박함 속으로 다시 녹아들었다. 마침내 모든 행사가 끝나고 버킹엄궁으로 돌아온 여왕은 피곤한 기색도 없이 개인 방까지 뛰어 올라가 화려한 의장을 벗고 반려견 대시에게 저녁 목욕을 시켜주었다.[39]

삶은 다시 평소처럼 순탄하게 흘러갔다. 물론 이 순탄한 흐름이 방해를 받는 경우도 있었다. 일례로 레오폴드 외숙의 행동이 몹시 거슬렸다. 벨기에 국왕은 자신의 외교적 목적을 위해 어떻게든 일가친척이라는 지위를 이용하려고 들었다. 하기야 그렇다고 문제될 것은 없었다. 이러한 행동은 유혹이기는커녕 "마땅히 그래야 하는 일"이었다. 헌법상의 장애를 뛰어넘어 국외 정치에 관여할 수 없다면, 왕실 간의 결혼이 존재할 이유가 없지 않은가? 더 높은 이상을 위해 이러한 간섭은 용인되었다. 영국 여왕은 레오폴드에게 단순한 조카 이상으로 거의 딸 같은 존재였다. 게다가 레오폴드의 밀사가 여왕의 측근 자리에 올라 있었으니, 이런 상황에서 개인적인 영향력을 이용해 영국 각료들 뒤에서 영국의 외교정책에 손을 뻗지 않는다는 것은 가당치 않을 뿐더러 온당치도 않았다.

레오폴드는 그 일을 위해 적절한 사전 정책을 펼쳤다. 우선은 여왕에게 훌륭한 조언이 담긴 서한을 꾸준히 보냈다. 그녀가 즉위하고 며칠이 되지 않았을 때는 가능한 한 모든 경우에 영국 태생을 강조하고 영국 국민을 칭찬하라고 독려했다. "저 또한 영국국교회를 강력히 추천합니다. 특별히 다짐한 바가 있지 않고서는, 이 주제에 대해 입이 닳도록 얘기하는 게 좋을 듯합니다." 그리고는 "중요한 일을 결정하기 전에 이 외숙과 의논해준다면 기쁘겠고 그러면 전하께서도 시간을 벌 수 있는 이점이 있을 것"이라고 하며 자신도 모르는 사이에 잘못된 결정을 하는 과오를 저지르지 말라고 덧붙였다. 조카의 답장이 곧 도착했다. 평소처럼 애정이 듬뿍 담겨 있었지만, 서둘러 쓴 티가 났고 답변은 다소 모호했다. "외숙의 조언은 언제나 제게 가장 중요하답니다."[40]

혹시 자신이 도를 넘은 것일까? 레오폴드는 확신할 수 없었다. 아마 빅토리아의 입장에서는 성급해 보였을지도 모른다. 어떤 상황에서든 신중해야 한다. 이제 한발 물러서자. "이보 전진을 위한 일보 후퇴지." 그는 빙긋 웃으며 중얼거렸다. 그래서 이후 서신에는 자신과 의논하라는 말을 전혀 꺼내지 않았고, 그저 일반적으로 중요한 문제는 즉석에서 결정하지 않는 게 현명하다고만 조언했다. 여왕은 이 조언을 어느 정도 받아들였고, 실제로 그런 상황이 닥칠 때면 대개는 즉답을 피했다. 이는 멜버른 경과도 마찬가지였다. 그가 어떤 주제에 대해 여왕에게 의견을 구하면 그녀는 생각해보겠다고 말한 후

다음 날 자신의 결정을 말해주었다.[41]

　레오폴드 왕의 조언은 계속되었다. 그는 러시아 대사의 아내인 리벤 부인이 자신과 상관도 없는 일을 캐려고 드는 위험한 여자라고 경고하며, 그렇게 생각하는 데에는 다 이유가 있으니 빅토리아도 조심해야 한다고 말했다. "절대 사람들이 전하나 전하의 일에 대해 함부로 입을 놀리도록 두어서는 안 됩니다. 이는 아무리 강조해도 지나치지 않습니다." 만일 그런 불상사가 생긴다면 "얼른 말을 돌려 그 사람이 말실수를 했다고 자책하게 만들어야 합니다". 여왕은 이 조언도 받아들였다. 외숙이 예견한 일이 실제로 일어났기 때문이다. 리벤 부인과의 접견 중에 대화가 은밀한 화제로 흘러가려고 하자 살짝 당황한 여왕이 일상적인 얘기 외에는 입을 다물어버렸고, 그러자 부인도 자신이 실수했음을 깨달았다.[42]

　레오폴드 왕의 다음 편지에는 왕실 간에 오가는 서신 대부분이 염탐을 당한다는 놀랄 만한 경고가 담겨 있었다. 이는 분명 불편한 사실이었지만, 잘만 이용하면 뜻밖의 효과를 거둘 수도 있었다. "예를 하나 들어보겠습니다. 벨기에는 요새要塞 문제로 아직까지 프로이센으로부터 시달림을 받고 있습니다. 그래서 공식적으로 프로이센 정부에 할 수 없는 말을 긴급 공문에 적어 베를린에 있는 우리 대신에게 발송하지요. 그럼 분명 프로이센이 그 서신을 염탐할 것이고, 이로써 저들은 우리 의중을 알게 됩니다. 이와 비슷한 일이 영국에도 충분히 일어날 수 있습니다. 제가 **수법**을 알려드릴 테니 이런 일을 당하지 않도록 조심하십시오." 입헌군주제는 이 정도로 교묘했다.[43]

이제 다음 단계를 밟을 때가 온 듯했다. 왕의 다음 편지는 스페인과 포르투갈의 상황, 루이 필리프의 성격 등 국외 정치 얘기로 가득했고 여왕의 답변도 호의적이었다. 먼저 빅토리아는 외숙의 편지 가운데 정치 관련 부분을 멜버른 경에게 보여줬다고 밝힌 뒤 외교 문제에 관한 논의로 넘어갔다. 이런 문제로 외숙과 의견을 주고받는 일이 껄끄럽지 않은 모양이었다.[44] 아직까지는 좋다. 그러나 레오폴드 왕은 여전히 신중을 기했고, 벨기에의 외교에 위기가 임박했지만 섣불리 나서지 않았다. 그러던 중 더는 침묵을 지킬 수 없는 상황이 찾아왔다. 프랑스와 네덜란드를 구워삶으려면 무슨 수를 써서든 영국의 지원을 얻거나 최소한 얻는 것처럼 보여야 했다. 하지만 영국 정부는 중립적인 태도를 취하는 듯 보였다. 이보다 나쁠 수는 없었다. 벨기에를 지원하지 않겠다는 것은 곧 그와 등을 지겠다는 뜻인데, 정녕 그것을 모른단 말인가? 어쩌면 영국 대신들이 망설이고 있는 중인지도 모르니, 이때 빅토리아가 조금만 압력을 넣어주면 아직 모두를 구할 기회가 있을 것이다. 레오폴드는 조심스럽게 힘을 실어 이 얘기를 해보기로 결심하고, 있는 그대로 자신의 생각을 전했다. "제가 전하께 바라는 것이라고는 간혹 대신들에게, 특히 멜버른 경에게 전하의 뜻을 전해달라는 것뿐입니다. 영국의 이익을 해치지 않는

선에서 당분간 외숙의 가족과 나라를 슬프게 하는 일에 영국 정부가 나서는 일은 없기를 바란다고요."[45] 그러나 결과는 뜻밖이었다. 일주일이 넘도록 쥐 죽은 듯한 침묵이 이어지다가 마침내 빅토리아의 답장이 도착했다. 편지에는 삼촌에 대한 애정이 풍부하게 묻어 있었다. "친애하는 외숙, 만약 외숙을 향한 제 온정과 헌신, 사랑의 마음이 변할 수 있다고 생각하셨다면 정말 단단히 오해하신 겁니다. 이 마음을 바꿀 수 있는 것은 세상 어디에도 없습니다." 하지만 해외 정치에 대한 언급은 비록 길고 정성 들여 썼지만 대단히 어정쩡했다. 거의 공식적이고 외교적인 발언에 가까웠다. 빅토리아는 대신들이 이 문제에 대해 자신의 의견에 적극 공감했다고 말했다. 외숙이 처한 상황의 어려움을 이해하고 동정한다고 언급하며 "멜버른 경과 파머스턴 경은 벨기에의 번영과 안녕을 늘 염려한다"고 확신을 주었지만 그게 다였다. 레오폴드 왕은 답장을 보내 기쁨을 표하며 조카의 애정 어린 의견을 재확인했다. "친애하는 전하, 보내주신 아주 소중한 장문의 편지는 잘 읽었습니다. 편지를 받고 얼마나 기쁘고 흡족했는지 모릅니다." 그는 거절당했다는 사실을 받아들이려고 하지 않았다.[46]

몇 달 후 위기가 닥쳤다. 레오폴드 왕은 이번에는 대담하게 왕의 박력과 외숙의 권위를 앞세워 빅토리아를 자기편으로 끌어들이기로 했다. 갑작스럽고 위압에 가까운 서신에 그는 다시 한번 자신의 입장을 담았다. "겪어보셔서 아시겠지만 전 전하께 무언가를 부탁드리는 사람이 아닙니다. 허나 전에도 말씀드렸듯이 신중을 기하지 않으면 우리 모두에게 심각한 결과를 초래할지도 모릅니다. 전하와 제가 가장 걱정할 일이 바로 이런 일입니다. 사랑하는 전하, 전 여전히 전하의 다정한 외숙입니다. 레오폴드."[47] 여왕은 즉시 이 편지를 멜버른 경에게 보냈다. 멜버른 경은 말을 고르고 고르면서 그녀가 외숙에게 어떠한 것도 약속해서는 안 된다는 뜻을 내비쳤다. 여왕은 그대로 따랐다. 정형화된 문구를 그대로 베껴 쓰며 사이사이에 "친애하는 외숙"을 수시로 끼워 넣었고, "루이즈 외숙모와 아이들에게 안부를 전해달라는" 메시지로 편지를 마쳤다. 그러자 레오폴드 왕도 마침내 현실을 받아들일 수밖에 없었다. 그는 다음 서신에 정치에 관한 내용은 일절 담지 않았다. "작년보다 브라이턴이 더 좋아지셨다니 저도 기쁩니다. 이맘때 브라이턴 날씨가 참 좋지요. 동풍이 시작될 때까진 말입니다. 게다가 로열파빌리온궁이 편안하다는 건 부정할 수 없는 사실이지요. 제가 결혼 전 섭정공을 만난 곳이 바로 그곳이랍니다. 샬럿 공주는 나중에 할머니이신 샬럿 왕비와 함께 합류했죠. 몸은 멀리 있지만, 이 모든 게 마치 엊그제 일처럼 생생합니다." 가여운 리벤 부인처럼 레오폴드도 자신의 실수를 깨달았다.[48]

　그럼에도 그는 희망의 끈을 완전히 놓지 못하고 기회가 찾아오자 다시 공을 들였다. 하지만 그다지 큰 확신이 없었던 데다 이번 시도 역시 곧바로 좌절되었다. "친애하는 외숙, 보내주신 서신은 일요일에 잘 받았습니다. 정말 감사드립니다. 외숙께서는 제 안에 정치적 불꽃을 일으키고 싶으신 듯하지만, 그러다가 정말 불이라도 붙으면 큰일이니 더는 자극하지 않는 편이 좋겠습니다. 특히나 이번 문제처럼 저희의 뜻이 서로 다를 때는요. 저로서는 벨기에의 안녕과 번영을 기원하는 일밖에 더는 해드릴 것이 없을 듯하군요."[49] 이 이상 얘기해봤자 소용없다는 사실이 분명해졌다. 이후 왕의 서신에서는 몹시 애수적인 어조가 느껴진다. "사랑하는 전하, 전하의 반가운 편지가 방금 도착했습니다. 편지를 읽고 가슴에 화살을 맞은 듯한 기분을 느꼈지요. 전하의 뜻은 잘 알겠습니다! 하지만 전하를 사랑하는 제 마음만큼은 진심입니다. 제 욕심을 채우고자 전하를 사랑하는 게 아닙니다. 제가 애지중지 보살피고 행복을 빌어드렸던 어린 시절의 전하 그대로 사랑합니다." 그는 많은 일을 겪었다. 하지만 인생에는 실망이 있으면 만족도 있는 법이다. "전 누구나 꿈꾸는 명예도 얻었고 정치적 토대도 견고합니다." 하지만 정치 외에도 이룬 것이 많았고, 가슴에는 낭만적인 동경도 자리했다. "제게 유일한 열망이 있다면 언젠가 동양에 가서 제 인생을 끝마치는 거랍니다. 그럼 서쪽에서 떠올라 동쪽으로 지게 되겠지요." 조카에 대한 헌신적인 사랑도 결코 마르지 않았다. "전 결코 전하께 제 뜻을 강요할 생각도, 제 자문을 강권할 생각도 없습니다. 하늘이 정한 기이한 운명 때문에 정치적으로든 개인적으로든 제 경험치가 남다른 것은 사실이지만요. 전 언제 어디서든 전하께 도움이 될 준비가 되어 있습니다. 다시 한번 말씀드리지만 제가 전하께 바라는 것이라곤 전하의 진심 어린 애정뿐입니다."[50]

6

레오폴드 왕과의 서신 왕래는 빅토리아의 성격 가운데 감춰져 있던 많은 부분을 드러내 보여주었다. 외숙을 향한 그녀의 태도는 한순간도 흔들리지 않았다. 그가 어떤 식으로 나오든 그녀는 단호한 태도를 고수했다. 영국의 외교정책은 벨기에 왕이 관여할 일이 아니라 여왕 자신과 영국 대신들이 결정할 문제였으므로, 레오폴드의 아부와 간청과 분투는 모두 헛된 것이었다. 레오폴드 왕도 이를 알아야 했다. 여왕의 입장은 예의와 애정을 담고 있었기 때문에 더욱 단호해 보였다. 냉정한 여왕은 시종일관 헌신적인 조카로 남았다. 레오폴드는 분명이 완벽한 품행을 부러워했겠지만, 이런 자질은 연륜 있는 정치가에게 있을 때나 감탄의 대상이 되지 열아홉 숙녀에게 있으면 오히려 두려운 법이다. 아니나 다를까, 지척에서 여왕을 모시는 사람들은 이런 두려움을 느꼈다. 천진한 태평함과 확고한 의지, 솔직함과 과묵함, 유치함과 자부심이 기묘하게 섞인 여왕의 성정은 혼란스럽고 위험이 가득한 앞날을 보여주는 것 같았다. 시간이 흐르면서 이 복잡한 성정의 어두운 면이 더 자주, 더 심각하게 모습을 드러냈다. 고압적이고 독단적인 태도, 똘똘 뭉친 이기주의가 두드러졌고, 궁정 예법은 완화되기는커녕 점점 경직되었다. 이는 어느 정도 레첸의 영향력이 작용한 탓이었지만, 그렇다 치더라도 여왕 자신이 이를 의욕적으로 받아들였다. 규칙과 존대의 엄혹한 규칙을 조금만 어겨도 여왕의 매섭고 거만한 눈초리가 여지없이 날아들었으니 말이다.[51] 하지만 여왕의 눈이 아무리 참담해도 입보다는 덜했다. 작고 툭 튀어나온 치아와 작고 후퇴한 턱에 고인 아집은 그 어떤 강인한 턱이 예고하는 것보다 더한 낭패감을 주었다. 그것은 쉽게 동요하지 않고 불가해하며 우둔한 아집, 다시 말해 옹고집과 위험할 정도로 흡사한 아집이었다. 군주의 옹고집은 일반인과 차원이 다른 법이다.

즉위 후 2년이 채 되지 않아, 처음부터 수평선에 희미하게 걸려 있던 먹구름이 쌓이고 쌓여 마침내 폭발했다. 빅토리아와 어머니의 관계는 나아질 기미를 보이지 않았다. 켄트 공작부인은 억울하게도 외관상 자식의 온갖 배려를 받는 듯 보였지만, 실은 버림받은 사람처럼 아무 힘 없이 슬픔에 잠긴 채 버킹엄궁에 머물러 있었다. 또한 여왕에게 쫓겨난 존 콘로이 경이 여전히 공작부인의 살림을 관장하고 있었을 뿐 아니라 켄징턴 시절의 반목이 새로운 환경에서도 전혀 수그러들 줄 모르고 이어졌다. 레이디 플로라 헤이스팅스는 여전히 악의적인 농담을 즐겼고, 레첸 남작의 적대감은 잠잠해질 틈이 없었다. 그러던 어느 날 레이디 플로라는 남작이 아닌 자신이 사람들의 입방아에 오르내리고 있다는 사실을 알게 되었다. 그녀는 1839년 초, 켄트 공작부인을 따라 스코틀랜드를 여행한 후 존 경과 같은 마차를 타고 돌아왔는데, 헤이스팅스의 몸에 변화가 생겼다고 사람들이 수군대기 시작했다. 소문은 점점 퍼져 심각한 문제로 불거졌다. 플로라가 임신을 했다는 은밀한 이야기가 오갔고,[52] 그녀의 건강 상태가 의심을 더욱 부추겼다. 결국 레이디 플로라는 왕실 의사인 제임스 클라크 경에게 진찰을 받았는데, 제임스 경이 혀를 잘못 놀리면서 논란은 하늘을 찌를 듯이 증폭되었다. 모두가 이 얘기를 떠들었지만 남작은 놀라지 않았다. 공작부인이 발 벗고 나서서 시녀를 감쌌고, 여왕에게도 이 소식이 전해졌다. 결국 다시 진찰을 받는 수밖에 없었다. 레이디 플로라는 아주 친절했던 두번째 의사와 달리 제임스 경은 진찰하는 동안 잔인하고 무례했다고 주장했다. 마침내 두 의사가 그녀의 결백을 입증하는 서류에 서명했지만, 사건은 여기서 일단락되지 않았다. 영국에서 엄청난 영향력을 지닌 헤이스팅스 가문이 짓밟힌 자긍심과 부당한 누명에 분노를 터트리며 싸움에 뛰어들었다. 헤이스팅스 경은 여왕에게 접견을 요청하고, 신문에 투서를 보냈으며, 제임스 클라크 경을 해임하라고 요구했다. 여왕은 레이디 플로라에게 사과했지만 제임스 경의 해임은 받아들이지 않았다. 여론이 여왕과 지지자들에게서 맹렬히 등을 돌렸다. 상류사회는 버킹엄궁의 치부에 진저리를 쳤고, 대중은 레이디 플로라가 당한 학대 행위에 분개했다. 3월 말, 즉위와 함께 시작된 어린 군주의 찬란하고 드높은 인기는 순식간에 자취를 감추었다.♛

궁의 처신이 대단히 신중하지 못했다는 것은 의심할 수 없는 사실이었다. 즉시 싹을 잘라야 했던 악의적인 소문을 불미스러운 일로 번지도록 허용했고, 여왕 자신이 궁의 개인적인 불상사에 휘말리고 말았다. 특히 곤란했던 문제는 제임스 클라크 경의 해임 건이었다. 상류사회에서 큰 어려움이 생길 때 기대도록 되어 있던 웰링턴 공작은 이 문제로 상담 요청을 받자 공개 조사 없이 제임스 경을 내보내는 일은 불가능하므로 직책을 그대로 유지시켜야 한다는 의견을 내놓았다.[53] 틀린 말은 아니었지만 헤이스팅스 가문은 잘못을 저지른 의사가 계속 여왕을 모신다는 사실을 받아들이지 않았고, 대중 또한 수치스러운 잘못을 뉘우치지 않는다며 탐탁지 않아 했다. 빅토리아는 아직 어린 데다 경험이 부족했기 때문에 그녀에

♛ "아무도 여왕을 친애하지 않는다. 그녀의 인기는 바닥에 떨어졌고, 충성심도 휴지 조각이 되고 말았다." (Greville, March 25, 1839; *Morning Post*, September 14, 1839.)

게 이런 미묘한 상황을 제대로 통제하지 못한 데에 대한 책임을 묻기는 어렵다. 이는 분명 멜버른 경의 일이었다. 그는 세상 물정에 밝은 사람이었기 때문에 추문의 불씨가 밖으로 새어 나가지 않았을 때 조심스럽고 용의주도하게 그 불씨를 조용히 꺼트릴 수 있었을 터였다. 하지만 그러기는커녕 그는 태만하고 태평했다. 레첸 남작은 고집을 꺾지 않았고 그는 상황을 방관했다. 하지만 수상이라고 쉬운 자리는 아니었다. 궁 안의 분위기는 격해질 대로 격해졌고, 빅토리아는 아직 어린 데다 고집불통이었다. 수상이라고 그 불같은 말을 제어할 마법의 굴레가 있었을까? 확신할 수 없었다. 그러던 중 또 다른 일대 위기가 찾아와, 멜버른 경이 다루어야 할 여왕의 기질을 그어느 때보다 더 명백하게 드러냈다.

7

여왕은 멜버른 수상과 이별해야 하는 날이 올지도 모른다는 공포에 오랫동안 시달렸다. 선거법 개정안이 통과된 이후 휘그당 정부는 꾸준히 힘을 잃어갔고, 1837년 총선에서 토리당에 바짝 추격당한 후로는 줄곧 국내외와 아일랜드에서 부진을 면치 못했다. 급진주의자의 적개심은 날로 커졌고, 휘그당이 언제까지 정권을 잡을 수 있을지 점치기 어려워졌다. 여왕은 사태의 추이를 걱정스럽게 지켜보았다. 그녀는 태어날 때부터 휘그당원이었고, 성장 과정에서도 공적으로든 사적으로든 온통 휘그당원에 둘러싸여 지냈다. 혹여 그런 배경이 없었더라도 멜버른 경이 휘그당의 수장이라는 단순한 사실만으로도 자신의 정치색을 그렇게 정했을 터였다. 휘그당의 몰락은 멜버른 경에게 애석한 패배를 의미하겠지만, 여왕에게는 훨씬 더 끔찍한 결과가 될 수 있었다. 그렇게 되면 매일 매시간 그녀의 삶에 없어서는 안 될 존재인 멜버른 경이 그녀 곁을 떠나야 했다. 즉위 후 6개월이 지났을 때 그녀는 일기에 이렇게 적었다. "단 하루라도 멜버른 경을 볼 수 없다면 무척 슬플 것이다."**54** 수상에 대한 여왕의 개인적인 의존도는 날이 갈수록 커졌다. 이런 상황에서 그녀가 휘그당의 열렬한 지지자가 된 것은 너무도 자연스러운 일이었다. 그녀는 정치 문제가 갖는 대의에 대해서는 아무것도 몰랐다. 그저 자기편이 지금 보직에서 자기 옆을 지키고 있고, 더 이상 그렇게 할 수 없으면 무척 끔찍하리라는 사실밖에는 볼 수 없었다. 위태로운 이별이 임박했을 때 여왕은 다음과 같이 썼다. "(물론 우리 편의 승리를 확신하지만) 멜버른 경처럼 훌륭하고 다정한 사람이 더 이상 내 대신이 아니라고 생각하면 얼마나 기분이 처지고 슬퍼지는지 모른다! 하지만 그동안 많은 곤경 속에서도 날 훌륭하게 지켜준 경이 이제 와서 날 저버리는 일은 없으리라 믿는다! 내 걱정스러운 마음을 멜버른 경에게 전하고 싶었지만 경의 얼굴을 보는 내내 말보다 눈물이 앞서 나오고 목이 메어 아무 말도 할 수 없었다."[55] 멜버른 경은 언제 어느 때라도 반대당의 지도자를 대신으로 받아들여야 하는 입헌군주에게 이런 심리 상태가 얼마나 바람직하지 않은지 분명히 인지했다. 그래서 여왕의 격정을 식히고자 최선을 다했지만 모두 허사로 돌아갔다.

멜버른 경에게는 선견지명이 크게 부족했기 때문에 이 불운한 사태를 자초할 수밖에 없었다. 여왕이 즉위한 순간부터 그는 여왕의 주변에 휘그당 시녀들을 포진시켰다. 여왕의 수석 시녀부터 침실 시녀까지 모두 휘그당원이었기 때문에 여왕이 일과 중에 토리당원을 만나는 일은 전혀 없었다. 결국 그녀는 어떠한 상황에서도 굳이 토리당원을 만나려고 하지 않았고, 토리당을 싸잡아 싫어하며 이 사실을 공공연하게 드러냈다. 특히 차기 수상으로 거론되는 로버트 필 경을 싫어했는데, 태도가 가증스러운 데다 멜버른 경을 쫓아내고 싶어했기 때문이었다. 그의 지지자들 또한 하나같이 불쾌했는데, 제임스 그레이엄 경이 특히 꼴 보기 싫었다. 그는 꼭 존 콘로이 경 같았다.[56]

레이디 플로라 사건은 이런 평판을 더욱 부채질했다. 헤이스팅스 집안이 토리당이었기 때문에 토리당 언론은 터무니없는 말로 멜버른 경과 왕실에 공세를 퍼부었고, 여왕의 정치적 당파심도 이에 비례해 깊어졌다. 하지만 우려했던 시간은 빠르게 다가오고 있었다. 5월 초 여왕 측 대신들은 눈에 띄게 휘청거렸고, 휘그당이 밀어붙인 주요 법안이 하원에서 고작 다섯 표 차로 과반을 얻어내는 데 그치면서 멜버른 내각은 사퇴하기로 결정했다. 빅토리아는 이 소식을 듣고 눈물을 쏟았다. 정말 이렇게 끝나는 것인가? 이제 두 번 다시 멜버른 경을 볼 수 없는 것인가? 멜버른 경이 찾아왔다. 그런데 이상하게도 이렇게 고통과 불안이 최고조에 달한 순간에조차 엄격한 여왕은 사랑하는 대신의 도착 시간과 출발 시간을 정확히 언급했다. 두 사람의 대화는 감동적이고 오래 시간을 끌었지만, 결국 여왕이 웰링턴 공작을 부르는 데서 끝이 났다. 다음 날 아침, 여왕을 접견한 공작은 로버트 필 경을 부르라고 조언했다. 그녀는 "말할 수 없이 비통"했지만 눈물을 꾹 삼키고, 끔찍하고 혐오스러운 면담을 위해 굳은 다짐으로 전의를 가다듬었다.

필은 선천적으로 내성적이고, 자존심이 강하며, 수줍은 성격이었다. 사람을 대하는 태도가 서툴렀고 자신도 그 점을 잘 알았다. 별것 아닌 일에도 당황하기 일쑤였고, 그런 순간에는 평소보다 태도가 더 딱딱해지고 격식에 얽매이는 한편 두 발이 기계적으로 카펫 위에서 일정한 동작을 그렸다. 필은 여왕의 은총이 몹시 간절했지만 그 간절함이 오히려 목표 달성을 더 어렵게 만들었다. 거만하고 적대적인 여왕과는 한 발짝도 더 가까워질 수 없었다. 여왕은 필 경에 대해 불운하고

"불쾌한" 사람 같다고 냉정하게 평가했으며, 그가 불안한 듯 발끝을 바닥에 붙이고 붙박이처럼 고통 속에 서 있는 모습을 보고는 가슴이 철렁했다. "아! 얼마나 다른가. 솔직하고 열려 있으며 자연스럽고 상냥하고 따뜻한 멜버른 경의 태도와는 얼마나 몸서리치게 다른가." 그럼에도 면담은 재앙 없이 지나 갔다. 다만 한 가지 사항에서 다툼의 불씨가 살짝 드러났다. 필은 왕실 시녀를 대대적으로 교체해야 한다고 보았다. 휘그 당원의 부인과 누이가 여왕 주변에 진을 치는 일은 이제 용납 할 수 없었다. 적어도 침실 시녀 중 몇 명은 토리당 사람으로 교체해야 했다. 이 얘기가 나오자 여왕은 절대 시녀를 바꾸지 않을 것이라고 넌지시 말했고, 이에 로버트 경은 나중에 논의 하자고 한발 물러난 후 곧바로 자신이 꾸릴 내각에 대한 세부 사항 얘기로 넘어갔다. 로버트 경이 앞에 있는 동안 빅토리아 는 본인 스스로도 말했듯이 "아주 침착하고 정중하며 콧대 높 게 어떤 불안도 드러내지 않았다". 하지만 로버트 경이 나가자 마자 완전히 허물어졌다. 그러다가 다시 기운을 차리고 멜버 른 경에게 로버트 경과 있었던 일과 자신의 비참한 기분에 대 해 편지를 썼다. "짐이 의지하고 존경하는 사람들을 두고 적 에게 둘러싸인 기분이 어떨지 경도 이해하리라 생각합니다. 하지만 무엇보다 불행한 사실은 경을 볼 수 있는 예전과 같은 기회를 빼앗겼다는 것입니다."

　　멜버른 경은 아주 현명한 답장을 보냈다. 그는 여왕을 달래 새로운 상황을 순순히 받아들이도록 설득하려 했고, 토리 당 지도자들을 아낌없이 칭찬했다. 하지만 시녀 문제는 여왕 개인의 일이므로 쉽게 뜻을 굽히지 말라고 조언하면서 "하지만 로버트 경이 이를 받아들이지 않는다면 무조건 고집을 부리기보다는 잘 협상을 해보는 편이 현명할 것"이라고 덧붙였다. 이 점에 대해서는 분명 멜버른 경의 판단이 옳았다. 이는 복잡하고 미묘한 문제인 데다 처음 있는 일이었다. 이후 시녀 문제는 여왕이 수상의 뜻에 따르는 게 헌법상의 관례가 되었다. 그러나 멜버른 경의 고언도 소용없었다. 여왕은 진정될 기미를 보이지 않았고 충고를 받아들일 생각도 없었다. 자신에게서 시녀들을 빼앗아가려는 토리당원들이 괘씸해 그날 밤 여왕은 로버트 경이 뭐라고 하든 시녀를 단 한 명도 내보내지 않겠다고 다짐했다. 그래서 다음 날 필이 다시 찾아왔을 때 그녀는 대응할 준비를 마친 상태였다. 그가 내각 인사를 상세히 열거한 후 '시녀 문제'를 꺼내자 여왕이 재빨리 끼어들었다. "전 지금 이대로가 좋습니다." "진심이십니까, 폐하. 그럼 한 명도 내보내지 않으시겠다는 겁니까?" "그렇습니다." 로버트 경의 얼굴이 기이하게 실룩거렸다. 그는 마음의 동요를 숨길 수 없었다. "수석 시녀부터 침실 시녀까지요?" 그가 겨우 말을 꺼냈다. "그렇습니다." 여왕이 대답을 되풀이했다. 로버트 경이 애원하고 간청해도 소용없었다. 헌법과 여왕과 공공 이익에 대해 호언장담을 하고 불안을 내비쳐도 소용없었다. 카펫 위에서 갈 곳을 잃은 애처로운 발짓도 아무 소용이 없었다. 여왕은 요지부동이었다. 하지만 로버트 경 역시 난처한 상황 속에서도 항복할 기색을 전혀 보이지 않았다. 결국 접견이 끝날 때까지 아무것도 결정되지 않았고, 정부 전체가 바람에 나부끼는 형국이 되었다. 그 순간 빅토리아는 흥분의 도가니에 휩싸였다. 그동안 로버트 경이 그녀의 허점을 찔러 친구들을 빼앗고 자신의 뜻을 강요하려 한다고 여기며 분개했는데, 보이는 게 다가 아니었다. 가여운 로버트 경이 앞에서 안절부절못하며 서 있는 동안 여왕은 자신이 간절히 바라 마지않던 한 가지를 일순간 알아차렸다. 바로 빠져나갈 구멍이었다. 그녀는 펜을 붙잡고 멜버른 경에게 짧은 편지를 휘갈겨 썼다.

"로버트 경의 행동은 불쾌하기 짝이 없습니다. 내게 시녀들을 쫓아내라고 종용했지만, 난 절대 그럴 수 없다고 했습니다. 그때 로버트 경의 경악한 표정이란. (…) 난 아주 침착하고 단호했답니다. 평정심을 잃지 않고 단호하게 대처하는 내 모습을 봤더라면 경도 분명 흡족했을 겁니다. 영국 여왕은 그 따위 농간에 넘어가지 않습니다. 곧 경을 부를 테니 준비하고 계세요." 편지를 마치자마자 웰링턴 공작의 도착을 알리는 소리가 들렸다. "여왕 폐하. 난처한 일이 있으시다니 송구스럽습니다." 그가 안으로 들어오며 말했다. "아! 그 일이라면 로버트 경이 먼저 시작한 거예요." 여왕이 바로 받아쳤다. 지금 그녀에게 필요한 것은 오직 하나, 단호한 태도였다. 실제로도 그녀는 흔들림이 없었다. 나폴레옹군을 물리친 장군도 시종일관 평정을 유지하는 십대 소녀 앞에서는 기를 펴지 못했다. 웰링턴 공작은 여왕의 마음을 조금도 움직이지 못했고, 급기야 여왕은 그에게 반격까지 가했다. "시녀 문제에까지 개입할 만큼 로버트 경의 입지가 빈약한가요?" 이에 공작은 변변찮은 간언을 짧게 내뱉은 후 정중히 인사하고 나갔다.

그녀가 이긴 것일까? 시간이 지나면 알게 될 일이었다. 그 사이 여왕은 또 다른 편지를 휘갈겨 썼다. "경께서는 내 행동이 성급했다고 생각하지 않겠지요? (…) 이번 기회를 통해 내가 상황을 이끌 수 있을지, 아니면 아이처럼 끌려다니며 조련을 당할지를 판가름할 수 있으리라 생각합니다." 토리당은 사악할 뿐만 아니라 터무니없게 굴기까지 했다. 처음에는 여왕 측 의원들만 내보내겠다고 하더니 이제는 시녀들까지 내쫓으려 했다. "의회에 내 시녀들의 자리라도 마련해줄 생각인지 궁금하군요." 여왕은 기세등등하게 멸시감을 드러냈다.

위기의 끝은 빠르게 다가왔다. 로버트 경이 다시 찾아와 여왕이 뜻을 꺾지 않으면 내각을 구성할 수 없다고 통보하자 여왕은 최종 결정을 서면으로 보내겠다고 대답했다. 다음 날 아침, 사퇴했던 휘그당 내각 대신들이 모였다. 멜버른 경이 여왕의 편지를 읽어주자 노정치가들은 보기 드물게 열광의 분위기에 휩싸였다. 그들은 아무리 눈 가리고 아웅 해도 여왕의 행동이 헌법에 어긋남을, 여왕이 멜버른 경의 충고를 무시하는 처신을 했음을, 자신들의 사임 결정을 번복할 공적인 이유는 하나도 없음을 잘 알았다. 하지만 이런 것도 빅토리아의 격한 열정 앞에서는 문제가 되지 않았다. 그들은 여왕의 강한 투지와 욕망에 휩쓸렸고, 결국 만장일치로 "이런 여왕, 이런 여인을 저버릴 수는 없다"는 데 뜻을 모으고는 전례 없는 길을 선택했다. 자신들이 더 이상 여왕의 대신이 아님을 잊고 여왕에게 로버트 경과의 협상을 끝내라는 편지를 보낸 것이다. 여왕은 그대로 따랐고 모든 게 끝이 났다. 결과는 여왕의 승리였다. 그날 저녁 궁에서 무도회가 열렸고 모두가 참석했다. "필과 웰링턴 공작은 체면이 깎인 얼굴로 나타났다." 여왕은 더없이 행복했다. 멜버른 경이 다시 수상으로서 그녀 옆을 지키고 있었다.[57] ♛

♛ "날 어린애처럼 다루려고 하는 자들에게 이 몸이 영국 여왕임을 보여주겠습니다!"라는 절규는 종종 여왕이 한 말로 인용되지만, 실은 출처가 불분명하다. 이는 멜버른 경에게 보낸 편지 두 통을 그레빌이 요약한 것의 일부에 지나지 않는다(*Letters*, 162~163). "영국 여왕은 그따위 농간에 넘어가지 않습니다"라는 말은 『소녀 시절』에는 빠져 있으며(*Girlhood*, 169), 일반적으로 두 책에 실린 여러 일기와 편지는 서로 언어적 불일치를 보인다.

8

멜버른 경이 돌아오면서 행복도 돌아왔지만, 이는 불안 속의 행복이었다. 모녀의 갈등은 해결될 기미를 보이지 않았다. 이에 내각 인사에서 제외되었던 웰링턴 공작이 이 가문의 오랜 도덕적 구제자 자격으로 다시 불려 나왔다. 그가 존 콘로이 경에게 켄트 공작부인의 집사 자리를 내놓고 영원히 궁을 떠나라고 설득하면서 해결의 실마리가 보였고, 여왕을 설득해 어머니에게 다정한 편지를 쓰게 하면서 더 큰 실마리가 나타났다. 화해의 장이 열리는가 싶었지만, 공작부인은 여전히 노발대발했다. 그녀는 딸의 친필이 아니었기 때문에 빅토리아가 직접 편지를 썼다고 믿지 않았고, 공작을 불러 그렇게 말했다. 그는 여왕이 쓴 편지가 맞다고 확인해주며 과거 일은 잊으라고 간청했다. 하지만 그렇게 쉬운 일이 아니었다. "멜버른 경이 찾아오면 내가 어떻게 해야 하죠?" "어떻게 하다니요? 당연히 정중히 맞아들이셔야죠." 흠, 노력은 해볼 수 있었다. "하지만 빅토리아가 레첸과 화해의 악수를 하라고 하면요?" "어떻게 하다니요? 당연히 두 팔로 껴안고 입도 맞춰야지요." "뭐라고요!" 공작부인이 발끈하더니 한바탕 크게 웃었다. 공작도 웃으며 대꾸했다. "아뇨, 부인. 제 말은 레첸을 껴안고 입을 맞추라는 게 아니라 여왕께 그렇게 하시라는 겁니다."[58] 양쪽을 화해시키려는 공작의 노력은 빛을 보는 듯했으나, 뒤이어 일어난 비극적 사건으로 물거품이 되었다. 레이디 플로라가 중한 질병을 앓으며 상태가 급속도로 나빠지고 있었다. 그녀는 의심할 여지 없이 죽어가고 있었다. 여왕의 인기가 곤두박질쳤고, 여왕은 여러 번 공개적인 모욕을 당했다. 여왕이 발코니에 나오면 "멜버른 부인"이라는 외침이 들렸으며 애스컷에서는 몬트로즈 공작부인과 레이디 세라 잉거스트리가 지나가는 여왕에게 야유를 터트렸다. 스캔들이 더욱 격렬한 양상으로 터져 나왔고, 궁에서는 두 당 사이에 절대 넘을 수 없는 칠흑 같은 심연이 생겨났다.[59]

그럼에도 멜버른 경은 복귀했고, 그의 존재와 말이 내뿜는 황홀감에 모든 문제가 빛을 바랬다. 하지만 멜버른 경은 많은 일을 치른 데다 자신의 결점들을 자각하면서 한층 격렬한 고통을 느꼈다. 그는 자신이 적절한 순간에 개입했더라면 헤이스팅스 추문 사건을 피할 수 있었으리라는 사실을 분명히 인지했다. 또한 시녀 문제가 불거졌을 때는 사사로운 감정과 빅토리아의 성급함에 떠밀려 자신의 판단이 무시되고 행동이 흔들리도록 자초했음을 깨달았다.[60] 하지만 그는 양심의 가책 때문에 고통에서 헤어 나오지 못하는 사람이 아니었다. 단조롭고 딱딱한 궁중 생활에도 불구하고 여왕과의 관계는 그의 삶에서 우위를 차지하는 관심사였고, 이를 빼앗긴다면 몹시 슬플 터였다. 방법이야 어떻든 이 두려웠던 사태를 피했으니 되었다! 승리라면 승리랄 수 있는 이 일 덕분에 다시 한

번 수상직에 복귀했으니 잠시나마 이 즐거움을 만끽하자! 이렇듯 군주의 극진한 대우와 소녀의 따뜻한 흠모에 취한 가을 장미는 1839년 가을, 놀랍도록 활짝 피어나 꽃잎들이 마지막으로 아름답게 기지개를 켰다. 어울리지도 않고 믿을 수도 없는 이 뜻밖의 교제에서 늙은 식도락가는 마지막으로 로맨스의 절묘함을 맛보았다. 어린 여왕을 곁에서 지켜보고, 가르치고, 저지하고, 격려하는 일은 굉장했다. 그녀의 지체 없는 애정과 빛나는 활력이 가져오는 효과를 이렇게 변함없이 친밀하게 느끼는 일은 더 굉장했다. 무엇보다도 익살맞은 생각과 진부한 감정 표현을 모호하게 맛보는 일, 단편적인 이야기를 나누는 일, 사과나 옷자락 주름에 대해 사소하게 농담하는 일, 꿈을 꾸는 일이 좋았다. 그의 안에 꽁꽁 숨겨져 있던 감수성이 봄처럼 넘쳐흘렀다. 수상은 허리를 숙여 여왕의 손에 입을 맞출 때면 종종 자신이 눈물을 흘리고 있음을 깨달았다.[61]

당연한 결과겠지만 이런 동반자 관계는 빅토리아의 철옹성 같은 성격에도 불구하고 끝내 그녀에게 영향을 미쳤다. 그녀는 이제 2년 전의 멋모르던 소녀가 아니었다. 공개적인 자리에서도 태도가 눈에 띄게 변화했다. 자세히 들여다보면 한때 "천진하고 고요했던" 그녀의 표정은 이제 "대담하고 불만스러워" 보였다.[62] 그동안 권력이 주는 기쁨과 고통에 대해 배운 바가 있었지만 그게 다는 아니었다. 멜버른 경은 자신의 가르침으로 여왕을 지혜와 절제의 길로 조용히 인도하고자 했지만, 그의 무의식적인 성격 변화가 그녀를 전혀 다른 방향으로 흔들었다. 서서히 덮쳐오는 파도에 오랫동안 쉬지 않고 시달린 끝에 결국 단단하고 투명했던 조약돌은 기이한 부식을 겪었다. 실제로 조약돌은 약간 무뎌지고 흐려진 듯했다. 인간다움과 불완전함은 전염병이라는데, 레첸의 고지식한 제자가 이 병에 걸린 것일까? 여왕에게 세이렌의 목소리가 들리게 된 것일까? 자기표현, 어쩌면 방종이라는 은밀한 충동이 그녀의 삶을 지배하고 있는 것일까? 새 시대의 아이는 잠시 고개를 돌리고 18세기를 향해 비틀거렸다. 이 시기는 여왕의 생애에서 가장 중대한 순간이었기 때문에 이런 영향력이 지속되었다면 그녀의 성격 발달과 인생사는 완전히 달라졌을 것이다.

그렇다면 이 영향력이 지속되지 않은 이유는 무엇일까? 여왕 자신은 이 상태가 계속되기를 간절히 바랐다. 그녀의 바람대로 계속 휘그당원에 둘러싸여 전권을 휘두르고 멜버른 경이 곁에 있었다면 어땠을까? 아마 그녀는 더없이 행복했을 것이고, 조그만 변화도 나쁜 것이었을 테다. 그리고 누가 뭐래도 최악의 변화는…… 아니, 생각할 것도 없었다. 어차피 그녀 자신이 받아들이지 않을 테니까. 그녀가 결혼하는 순간 모든 게 틀어질 것이다. 그럼에도 일반 대중과 각료들, 작센코부르크 친척들까지 모두 그녀의 결혼을 원하는 듯했다. 이야기는 늘 똑같았다. 물론 그럴 만한 이유가 있다는 것은 그녀도 잘 알았다. 일례로, 그녀가 자식 없이 죽게 되면 지금 하노버의 왕인 컴벌랜드 숙부가 영국 왕위를 계승하게 될 터였다. 이는 분명 불쾌하기 짝이 없는 일이었고, 다른 사람들처럼 그녀역시 이런 불상사가 없기를 바랐지만 서두를 필요는 없었다. 당연히 결혼은 할 테지만 지금은 아니다. 앞으로 3, 4년은 이대로도 괜찮다. 짜증 나는 사실은 레오폴드 외숙이 그녀의 결혼을 종용하는 것으로도 모자라 사촌 앨버트를 남편으로 맞이하게 하려고 작정한 것이었다. 쓸데없이 참견하기 좋아하는 레오폴드 외숙다운 결정이었다. 물론 즉위하기도 전인 까마득한 옛날에 그녀가 외숙에게 편지를 써서 그러한 뜻을 내비친 것은 사실이었다. 그녀는 앨버트가 "자신의 삶을 더없이행복하게 해줄 모든 자질"을 갖췄다고 말하며 "이 소중한 사람의 건강을 보살펴달라고, 외숙께서 특별히 그를 보호해달라"고 간청했고, "제게 무척 소중한 이 일이 방해 없이 순조롭게이어지기를 바라고 또 믿는다"고 덧붙였다.[63] 하지만 이는 오래전 그녀가 철부지였을 때 한 얘기인 데다, 어투를 보건대 레첸이 받아쓰게 한 편지가 분명했다. 어찌 되었건 지금은 그녀의 마음도 그렇고 상황도 완전히 바뀌었다. 앨버트는 완전히그녀의 관심 밖이었다.

만년에 여왕은 자신이 앨버트 외의 누군가와 결혼한다는 것은 잠시도 꿈꿔보지 못한 일이라고 밝혔지만,[64] 그녀의편지와 일기에는 전혀 다른 이야기가 적혀 있다. 1837년 8월

26일, 그녀는 일기에 이렇게 썼다. "오늘은 친애하는 사촌 앨버트의 열여덟번째 생일이다. 사랑스러운 그에게 하늘의 무한한 축복이 함께하길 기도한다!" 그러나 이후 몇 년 동안은 사촌의 생일에 대한 언급이 없다. 그러다가 슈토크머가 앨버트 공의 이탈리아 여행에 함께하면서 잠시 여왕 곁을 떠나게 되었다. 충직한 남작은 젊은 동행인을 호의적으로 묘사한 편지를 여러 통 보냈지만, 그때까지도 그녀는 결심을 굳힌 상태였다. 앨버트를 많이 좋아하고 존경하지만 그와 결혼할 마음은 없었다. 1839년 4월, 그녀는 멜버른 경에게 이렇게 말했다. "지금은 결혼할 마음이 조금도 없어요."[65] 사촌의 이탈리아 여행이 끝나가자 그녀는 점점 초조해졌다. 정해진 일정에 따라 앨버트의 다음 행선지가 영국임을 알고 있었기 때문이다. 그가 가을쯤 영국에 도착할 예정이었으므로 7월에 여왕의 불안은 극에 달했다. 그녀는 자신의 입장을 분명히 하기 위해 외숙에게 편지를 쓰기로 했다. 그녀는 먼저 "저희가 **결혼을 약속한 사실이 없다**"는 점을 이해해달라고 말했다. 앨버트가 마음에 들더라도 "올해는 최종 약속을 드릴 수 없습니다. 아무리 **빨라도** 지금으로부터 2, 3년은 결혼할 일이 없을 테니까요"라고 전하며, 자신의 현재 입장을 바꾸려는 사람들에게 "강한 반감"을 느낀다고 말했다. 또한 앨버트가 마음에 들지 않으면 자신은 "아무 약속도 한 적이 없기 때문에 그와 결혼하지 않는다고 해서 죄책감을 느낄 필요가 **없다**는 점을 이해해주셨으면” 한다고 적었다.**66** 그녀는 멜버른 경에게 더 솔직한 마음을 털어놓으며 “결혼 생각만으로도 너무 끔찍해서 앨버트를 만날 마음이 딱히 생기지 않는다”고 말하고는, 결혼 여부를 결정해야 한다는 사실이 너무 싫고 앨버트를 만나는 일이 “내키지 않는다”고 다시 한번 못을 박았다.**67** 하지만 그 진저리나는 일을 피할 길은 없었다. 앨버트의 방문이 이미 정해져 있기 때문에 안 보려야 안 볼 수가 없었다. 여름이 슬그머니 다가왔다가 물러갔다. 10월 10일 저녁, 앨버트가 형 에른스트와 함께 윈저궁에 도착했다.

앨버트가 도착한 후 여왕을 떠받치던 존재가 카드로 만든 집처럼 와르르 무너졌다. 앨버트의 멋진 모습에 그녀는 숨이 턱 막혔다. 다른 것은 아무래도 좋았다. 그 순간 천 가지 수수께끼가 그녀 앞에 짠 하고 모습을 드러냈고, 과거와 현재가 새로운 의미를 띠며 몰려왔다. 오랜 착각이 사라지고, 저항할 수 없는 놀라운 확신이 어느덧 그 파란 눈빛과 아름다운 입가의 미소에 가 있었다. 이렇듯 황홀감에 젖어 있는 사이 몇 시간이 지나갔다. 이윽고 더 세밀한 요소들이 그녀의 눈에 들어왔다. “아름다운 코”와 “우아한 콧수염과 가느다란 구레나룻”과 “아름다운 몸과 넓은 어깨, 날렵한 허리” 같은 것들이었다. 그녀는 그와 함께 말을 타고, 춤을 추고, 이야기를 나누었다. 모든 게 완벽했다. 그녀는 일말의 의심도 품지 않았다. 앨버트가 도착한 때가 목요일 저녁이었는데, 돌아오는 일요일 아침에 여왕은 멜버른 경에게 "결혼에 대한 생각이 크게 바뀌었다"고 말했다. 그러고는 다음 날 아침 앨버트와 결혼하기로 마음을 정했다고 하더니 그다음 날 아침 사촌을 불렀다. 여왕은 혼자서 앨버트를 접견했다. "몇 분 후 나는 그에게 왜 내가 단둘이 보자고 했는지 알아주었으면 좋겠고, 내 바람(나와 결혼하는 것)에 따라준다면 너무 행복할 것이라고 말했다." 그런 뒤 "우리는 서로 포옹했다. 그는 너무나 다정하고 애정이 넘쳤다". 그녀는 자신이 그에게 많이 부족하다고 말했고, 그는 "당신과 인생을 함께할 수 있다면" 무척 행복할 것이라고 속삭였다. 두 사람이 헤어지고 빅토리아가 "인간이 느낄 수 있는 가장 행복한 감정"에 젖어 있을 때 멜버른 경이 들어왔다. 처음에 그녀는 말을 빙빙 돌리며 날씨와 중요하지 않은 얘기를 늘어놓았다. 웬일인지 오랜 친구가 옆에 있으니 살짝 긴장되었다. 그러다가 마침내 용기를 내어 말했다. "저, 앨버트와 얘기 잘 끝냈어요." "아! 그러셨군요." 멜버른 경이 대답했다.**68**♛

♛ "여왕은 결혼 문제를 처음부터 끝까지 혼자서 결정했다. 멜버른과는 일절 상의하지 않았고 자신의 의사를 전달조차 하지 않았다"는 그레빌의 진술(1839년 11월 27일)은 사실상 근거가 없다. 여왕의 일기에는 그녀가 멜버른과 그 일을 일일이 상의했다고 적혀 있다.

4

결혼 생활

1

이는 분명 가문 내 혼사였다. 작센코부르크고타의 앨버트 공 (본명 프란츠 알브레히트 아우구스트 카를 에마누엘)은 사촌 빅토리아보다 딱 3개월 늦게 태어났으며, 두 사람 다 같은 산파가 출산을 도왔다. 앨버트의 친할머니이자 빅토리아의 외할머니인 코부르크의 미망인 공비는 처음부터 이 둘의 결혼을 몹시 기다렸고, 두 사람이 성장하면서 코부르크의 에른스트 공과 켄트 공작부인, 레오폴드 왕도 이 결혼을 바라게 되었다. 앨버트는 세 살 때 보모에게서 장차 "영국의 5월 꽃"을 신부로 맞이하게 되리라는 얘기를 들은 후로 줄곧 다른 누군가와 결혼한다는 생각은 해본 적이 없었다. 마침내 슈토크머 남작까지 이 혼사에 동의하면서 두 사람의 결혼은 사실상 확정된 것이나 마찬가지였다.[1]

코부르크의 에른스트 공에게는 자식이 한 명 더 있었는데, 앨버트보다 한 살 형으로 공국을 상속할 에른스트였다. 그리고 형제의 어머니인 공비는 활기가 넘치고 눈이 파란 금발 미인으로 자신을 빼닮은 앨버트에 대한 애정을 공공연하게 드러냈다. 하지만 다섯 살 때 앨버트는 어머니의 품에서 영원히 떨어져야 했다. 코부르크 왕가의 정조 관념이 엄격하지 않은 데다 공작이 밀통을 즐겼기 때문에 공비도 남편의 본보기를 따랐다는 소문이 돌았는데, 공비를 둘러싼 추문 가운데 하나에는 유대인 혈통에 매력적이고 교양 있는 궁궐 시종 한 명도 연루되어 있었다. 결국 에른스트 공 부부는 별거 끝에 이혼했고, 공비는 파리에 칩거하다가 1831년 불행하게 세상을 떠났다. 앨버트는 어머니에 대한 기억을 평생 소중하게 간직했다.[2]

앨버트는 영리하고 씩씩한 미소년으로 자랐다. 대체로 품행이 발랐지만 이따금 감정이 격해지기도 했으며, 의지가 강하고 자기 뜻을 굽히지 않았다. 반면 형은 열정과 목적의식이 부족했기 때문에 언쟁이 벌어지면 이기는 쪽은 늘 앨버트였다. 두 소년은 대부분 아버지의 시골 저택 한두 곳에 머물며 예쁜 언덕과 숲과 시내에 둘러싸여 지냈고, 앨버트는 채 네 살도 되지 않았을 아주 어린 나이부터 부모에게서 떨어져 대학교에 들어갈 때까지 가정교사의 보살핌을 받았다. 에른스트 공은 재산이 많지 않은 데다 공국도 작고 볼품없었기 때문에 두 아들을 소박하고 수수하게 길렀다. 오래지 않아 앨버트는 모범생이라는 평을 얻었다. 총명하고 근면했던 그는 당대의 도덕적 열성에 감명받았고, 열한 살의 나이에 "선량하고 쓸모 있는 사람"이 되고 싶다고 말해 아버지를 놀라게 했다. 그렇다고 지나치게 진지한 것도 아니었다. 비록 유머는 찾아보기 힘들었지만 장난기가 다분해 짓궂은 장난과 흉내 내기를 즐겼고, 사내아이답게 말을 타고 총을 쏘며 펜싱을 했다. 무엇보다 야외 활동을 좋아해서 형과 함께 고향 로제나우의 야생을 오래도록 헤집고 다니며 사슴 뒤를 밟고, 경치를 감상하고, 자신의 박물학 컬렉션에 집어넣을 표본을 잔뜩 들고 돌아올 때 가장 행복해했다. 뿐만 아니라 음악에 대한 열정도 대단했다. 한 가지 특기할 점이라면 아버지를 닮지 않았다는 것인데, 양육 방식이 특이해서인지 아니면 근본적으로 성격이 별난 것인지 이성에 대한 혐오감을 뚜렷하게 드러냈다. 다섯 살엔가 아이들끼리 춤을 출 때 어떤 여자아이를 춤 상대로 짝지어주자 그는 혐오감과 분노감에 비명을 질렀다. 나중에는 이런 감정을 숨기는 법을 터득했지만, 감정은 그대로 남아 있었다.[3]

두 형제는 코부르크에서 인기가 높았다. 때문에 두 사람이 견진성사를 받을 때가 되자, 오랜 관습에 따라 성의 '자이언츠 홀(리젠잘Riesensaal)'에서 공개적으로 치러지는 예비시험에 공직자와 성직자, 공국의 마을 대표를 비롯한 열혈 구경꾼이 떼로 모여들었다. 에른스트 공과 미망인 공비 외에 뷔르템베르크의 알렉산더 공과 에른스트 공, 라이닝겐 대공, 호엔로에랑겐부르크 공주, 호엔로에실링스퓌르스트 공주도 참석했다. 궁정 사제인 야코비 박사가 홀 끝에 놓인, 소박하지만 걸맞게 꾸며진 제단 앞에서 시험을 주관했고 성가대가 찬송가 「성령이여, 오소서」 1절을 부르면서 의식이 시작됐다. 얼마간의 개회사 후 야코비 박사가 시작을 알렸다. 오늘날 우리에게 전하는 이야기에 따르면 "두 사람의 위엄 있고 예의 바른 태도, 신중하게 문제에 임하는 자세, 솔직하고 결단력 있고 정확한 답변은 많은 관중에게 깊은 인상을 남겼다". 가장 눈길을 끈 답변은 신념의 깊은 감정과 내적 힘에 대해 두 사람이 내놓은 증거였다. 시험관이 제시한 문제는 단순히 "네"와 "아니요"로 답할 수 있는 것이 아닌, 관중이 그들의 견해와 감정을 분명하게 이해할 수 있도록 신중하게 낸 것이었다. 특히 감동적인 순간은 시험관이 공국의 상속자에게 복음교회를 끝까지 고수할 생각인지 물었을 때였다. 그는 "네"라고 답했을 뿐만 아니라 분명하고 단호한 어조로 다음 말을 덧붙였다. "저희 형제는 깨달은 진리에 충실하기로 굳게 다짐했습니다." 한 시간 동안 시험이 치러진 후 야코비 박사가 최종 의견을 내놓았고 이어서 짧은 기도를 했다. 성가대가 개회 찬송가의 2절과 3절을 부르면서 의식이 끝났다. 형제가 제단에서 내려와 에른스트 공과 미망인 공비에게 안겼고, 코부르크의 충직한

주민들은 그날의 구경거리에 크게 만족하며 해산했다.[4]

앨버트의 지적 발달은 빠른 속도로 진행되었다. 열일곱 살에 독일 문학과 독일 철학을 세밀하게 공부하기 시작한 그는 개인 교사에게 "위대한 클롭슈토크의 사상을 깊이 이해하기" 시작했다고 말하며, "대부분은 이해하지 못했지만"이라고 겸손하게 덧붙였다. 또한 '독일인의 사유 방식 및 개략적인 독일 문명사'에 관한 논문을 썼는데, "대략적인 개요를 잡을 때, 그 주제 자체를 논할 때 필요한 분류법을 활용"했고 "우리 시대의 폐단을 돌아보고 한 사람 한 사람이 각자의 상황에서 이를 바로잡음으로써 타인에게 모범이 되어야 한다"고 결론지었다.[5] 또한 브뤼셀의 레오폴드 왕에게 가 있는 몇 달 동안 수학자 아돌프 케틀레의 영향을 받았다. 케틀레는 확률 법칙을 정치와 도덕적 현상에 적용하는 데 특별히 관심을 기울였던 학자로, 이 연구 분야에 마음을 뺏긴 앨버트는 죽을 때까지 그와의 우정을 유지했다.[6] 그 후 앨버트는 브뤼셀을 떠나 본대학에 입학해 지적, 사회적 활동 양쪽에서 빠르게 두각을 나타내며 형이상학과 법학, 정치경제학, 음악, 펜싱, 아마추어 연극에 힘을 쏟았다. 30년 뒤 앨버트 공의 동창들은 그가 낸 흉내에 자지러지게 웃었다고 기분 좋게 회상했다. 특히 일렬로 늘어선 사진 속 베네치아 집들을 가리키며 "저게 리알토 다리라네"라고 말하던 교수와, 경주 때 말에서 떨어져 안경을 찾아 더듬던 또 다른 교수의 말투와 몸짓을 모사할 때 앨버트

가 보였던 재능을 칭찬했다.[7]

앨버트는 본에서 1년을 보낸 후 외국 여행길에 올랐다. 영국에 있던 슈토크머 남작이 앨버트의 이탈리아 여행에 동행하기 위해 찾아왔다. 남작은 이미 2년 전에 레오폴드 왕이 앨버트와 빅토리아의 결혼에 대해 상담할 때 놀라운 답변을 내놓은 바 있었다. 슈토크머는 특유의 예지력과 염세적 기질, 도덕관념으로 두 사람의 결혼을 성사시키는 데 필요한 조건이 무엇인지 짚어냈다. 그는 앨버트가 나이에 비해 아주 잘 자란 훌륭한 젊은이로 여왕의 남편 자리에 어울리는 귀중한 자질을 갖추고 있으며, 분명 몇 년 후면 친절하고 소박하면서도 위엄 있는 건장한 미남으로 성장할 것이라고 썼다. "앨버트 공의 외모는 전 세계 언제 어디서나 여인에게 호감을 살 만한 모든 조건을 갖추고 있습니다." 따라서 빅토리아도 이 결혼을 마다하지는 않으리라 가정하고, 한발 더 나아가 앨버트의 지성이 여왕의 남편 자리에 적합한지 고민할 필요가 있었다. 이 점에 대해 남작은 앨버트가 신중하고 총명하다는 평판이 자자하지만, 이는 어디까지나 편파적인 평가일 수 있으므로 자신이 직접 그를 지켜보고 신뢰할 만한 결론에 도달할 때까지 판단을 유보하기로 했다. 그러고는 이렇게 덧붙였다. "그러나 이것만으로는 충분하지 않습니다. 능력이 출중하기만 하면 되는 것이 아니라 올바른 야망과 뛰어난 의지력 또한 겸비해야 합니다. 그렇게 정치적으로 힘든 자리에 오르려면 힘과 성향을 뛰어넘는 자질이 요구되며, 또한 진정으로 유용한 일을 위해 언제든지 자발적으로 순전한 즐거움을 포기할 수 있는 성실한 마음 상태가 필요합니다. 유럽에 큰 영향력을 행사하는 자리에 올랐다는 생각에 본인 스스로 만족하지 못한다면 장차 자신의 선택을 되돌리고 싶은 마음이 얼마나 자주 들겠습니까! 이 소명을 얼마나 잘 수행하느냐에 앨버트 공의 명예와 행복이 달려 있기에, 애초에 이 일을 막중한 책임감이 따르는 소명으로 받아들이지 않는다면 밝은 앞날을 기대하기 힘들 것입니다."[8]

슈토크머는 앨버트 공이 집안에서 정해놓은 운명을 실현하려면 이와 같은 자질을 가져야 한다고 보았다. 그래서 함께 이탈리아를 여행하는 동안 그가 그 자질을 어느 정도까지 갖추고 있는지 결론지을 수 있기를 바랐다. 한편 앨버트는 손에 꼽을 정도이긴 하나 이미 몇 번 본 적 있던 남작에게 깊은 감명을 받았다. 또한 자신과 동행하게 된 영국 청년 프랜시스 시모어 중위를 이때 처음 만나, 이 수더분한 청년과 둘도 없는 친구가 되었다. 앨버트는 피렌체의 미술관과 경치에 푹 빠져들었지만 로마에는 별 감흥을 느끼지 못했다. "하지만 몇몇 아름다운 궁전은 독일 여느 도시에 있어도 괜찮을 듯하다." 그는 교황 그레고리우스 16세와 면담하는 중에 박식함을 드러내기도 했다. 교황이 그리스의 예술은 에트루리아인에게서 빼앗은 것이라고 말하자 앨버트는 그리스 예술은 이집트인에게서 빌려온 것이라고 대답했고, 교황은 정중하게 동의했다. 앨버트는 어디를 가든 지식을 쌓는 데 열을 올렸다. 피렌체의 한 무도회에서는 여인들에게 전혀 관심도 주지 않고 학식이 넓은 카포니 씨와 대화하는 데 여념이 없었다. "우리가 자랑스럽게 여길 사람이 여기 있군요. 아름다운 무용수가 기다리는데 학자와 대화하는 데 푹 빠져 있으니 말이오." 가만히 지켜보던 토스카나 대공이 말했다.[9]

슈토크머가 독일로 돌아와 레오폴드 왕에게 전한 평가는 여전히 비판적이었다. 앨버트는 총명하고 친절하며 싹싹한 데다 선의와 숭고한 결의가 넘치고 많은 면에서 나이를 뛰어넘는 판단력을 보여주었지만, 불굴의 노력에는 맞지 않는 사람이었다. 너무 몸을 사리는 듯 보였고, 자신을 바꾸려는 결심이 수포로 돌아가는 경우가 빈번했다. 특히 정치에 조금도 흥미가 없고 신문을 전혀 보지 않는 점이 아쉬웠다. 뿐만 아니라 태도 면에서도 개선할 점이 보였다. "앨버트 공은 여자보다 남자와 있을 때 더 편해 보입니다. 여자들 세계에 지나치게 열성을 보이지 않으며 굉장히 무관심하고 숫기가 없습니다." 남작의 예리한 눈에는 또 다른 결점도 들어왔다. 앨버트는 튼튼한 체질이 아니었다.[10] 그럼에도 전반적으로는 여왕과 결혼해도 괜찮을 듯싶었다. 그러나 또 다른 곳에 가장 큰 장애물이 놓여 있었다. 정작 빅토리아가 어정쩡한 태도를 보인 것이다. 그래서 앨버트는 영국에 갔을 때 이 일에서 완전히 발을 빼야겠다고 결심했다. 이도 저도 아닌 상태로 마냥 기다리지 않겠다고, 즉시 다 관두겠다고 한 친구에게 고백했다. 하지만 윈저궁이 베푼 환대로 상황이 완전히 달라졌다. 운명의 수레바퀴가 갑자기 방향을 틀었고, 앨버트는 빅토리아의 품에서 거부할 수 없는 운명에 대한 돌이킬 수 없는 확신을 느꼈다.[11]

2

앨버트는 빅토리아와 사랑에 빠지지는 않았다. 생기 넘치는 사촌이자 여왕인 빅토리아가 보여주는 전폭적인 헌신에 자연스럽게 한없는 애정과 고마움을 느꼈지만, 상대에 대한 열정이 솟아오른 것은 아니었다. 빅토리아를 무척 좋아하긴 했지만, 입장이 입장이니만큼 당장은 그녀보다 자기 자신에게 관심이 갔다. 화려한 윈저궁에서 말을 타고 춤을 추고 노래하고 웃으며 황홀감과 기쁨에 젖어 있는 사이, 그의 가슴에 야망이라는 새로운 감정이 깨어났다. 자신은 모두가 부러워해 마지않는 높은 자리에 오를 것이다! 하지만 그것도 잠시, 또 다른 생각이 찾아들었다. 종교적 가르침과 슈토크머의 훈계, 마음속 깊이 자리한 신념이 모두 같은 말을 했다. 이 자리는 그의 기쁨을 채우기 위한 자리가 아니고 전혀 다른 목적, 즉 선의를 베풀기 위한 자리가 될 것이라고. 그는 "매사에 고결하고 명예를 존중하며 위엄을 갖춰야" 할 뿐 아니라 "새로운 조국을 위해 몸 바쳐 일하고 자신의 힘과 노력을 대의, 즉 국민의 안녕을 지키는 데 사용해야" 했다. 이렇듯 진지한 생각이 꼬리에 꼬리를 물고 이어졌다. 그리고 영국 왕실의 부와 활기는 당장은 매력적이었지만 결국 그의 마음이 향하는 곳은 코부르크였다. 그는 할머니에게 다음과 같이 썼다. "제가 앞으로 몸담게 될 나라, 제게 이렇듯 높은 자리를 내준 나라를 위해 쉬지 않고 일하겠지만 전 영원히 진정한 독일인, 코부르크고타 사람으로 남을 겁니다." 이제 코부르크와 영원히 이별해야 한다! 슬픔에 잠긴 채 진지해진 그는 형 에른스트 곁에서 위안을 찾았다. 두 형제는 방 안에 틀어박혀 피아노 앞에 앉고는 하이든 이중주의 달콤하고 친숙한 흥에 젖어 현재와 미래로부터 도피했다.[12]

형제는 독일로 돌아갔다. 앨버트가 마지막으로 고향에서 행복한 시간을 보내며 이별을 준비하는 몇 달 동안, 빅토리아도 마지막으로 런던과 윈저에서 예전 생활을 재개했다. 매일 독일어와 영어를 유려하게 섞어가며 장래 남편과 편지를 주고받았지만, 어느덧 익숙한 일상이 다시 활기를 띠었고 그날그날의 업무와 즐거움에 어떤 방해물도 끼어들지 못했다. 멜버른 경이 다시 그녀 옆에 찰싹 달라붙었고, 토리당은 여전히 이를 못 견뎌했다. 실제로 그 정도가 더 심해진 탓에 오랜 반목이 마침내 분기탱천하여 터져 나왔다.♛ 충동적인 여왕은 주요 정당의 공공연한 적이 되면 얼마나 불리한지를 깨닫고 원통해했다. 토리당이 두 번이나 여왕이 열망한 일에 즉각 훼방을 놓은 것이다. 한번은 여왕이 남편의 지위를 법령으로 명확히 정하기를 희망하자 반대하고 나섰고, 또 한번은 남편에게 연금으로 5만 파운드를 지급하기를 바란다는 뜻을 비치자 다시 걸고넘어지며 3만 파운드만 허용했다. 정말 너무한 처사였다. 이 문제가 논의될 당시 영국 국민 대부분이 엄청난 빈곤에 시달리고 있었고 3만 파운드는 코부르크의 총 세입에 해당하는 금액이었지만, 레오폴드 외숙은 5만 파운드를 받았는데 앨버트에게 더 적은 액수를 준다는 것은 말도 안 되는 일이었다. 아마 로버트 필 경이 뻔뻔스럽게 이 의견을 주도하고 표결에 넘겼을 것이다. 화가 머리끝까지 난 여왕은 토리당원 한 명을 결혼식 하객 명단에서 빠뜨리는 것으로 앙갚음하기로 결심했다. 특별히 고령의 리버풀 경이 희생양으로 선택됐지만 웰링턴 공작 역시 초대장을 받지 못했다. 웰링턴 공작이 여

♛ "나는 레이디 쿠퍼와 왕실에 대해 많은 얘기를 나눴다. 그녀는 여왕의 완강한 기질이 장차 엄청난 악으로 드러날 것이라며 통탄했다. 또한 여왕의 반감과 선입견은 깊고 강하며 성격은 전혀 융통성이 없다고 지적했다. 필 경을 향한 여왕의 증오와, 이 해묵은 싸움에서 자신보다는 그와 한편이 된 공작에 대한 분개가 조금도 수그러들지 않았다." [Greville, November. 13, 1839(unpublished).]

왕의 결혼식에 불참하는 것은 국가의 수치라는 의견이 제기되자 여왕은 더욱 화가 치밀어 이렇게 분통을 터뜨렸다. "뭣이! 내가 그 걸림돌 같은 영감탱이를 초대할 것 같아!" 결국 주변의 설득에 못 이겨 초대장을 보냈지만 여왕은 비통한 감정을 고스란히 드러냈으며, 공작 자신도 그간의 내막을 너무 잘 알고 있었다.[13]

여왕은 토리당에만 짜증이 난 게 아니었다. 결혼식이 다가올수록 그녀의 성질은 더욱 날카롭고 제멋대로가 되었다. 애들레이드 왕비도 거슬렸고 레오폴드 왕도 "무례한" 서신을 보내왔다. 그녀는 앨버트에게 이런 편지를 보냈다. "외숙은 모든 일에 당신이 나서야 한다고 생각해요." 그러고는 퉁명스러운 말을 덧붙였다. "하지만 꼭 그러실 필요가 있나요?"[14] 앨버트에게도 문제가 없지는 않았다. 그는 코부르크 안에만 파묻혀 있던 까닭에 영국의 사정이 어떻게 복잡하게 돌아가는지 제대로 인식하지 못했다. 왕실을 꾸리는 데에도 여러 문제가 있었다. 앨버트는 사나운 휘그당을 주변에 포진시키지 않겠다는 생각을 품고 있었다. 아주 그럴싸한 생각이었지만 그는 사나운 휘그당의 유일한 대안이 사나운 토리당이라는 사실은 인지하지 못하고 있었다. 그를 지지하는 대신들이 여왕의 대신들에게 불리한 표를 던진 게 드러나기라도 한다면 얼마나 황당무계하겠는가. 또한 개인 비서가 필요했지만 어떻게 적임자를 골라야 할지 몰랐다. 이런 일을 정하는 데 가장 적격이었던 멜버른 경은 충실한 휘그당원 조지 앤슨을 앨버트의 비서로 정해버렸다. 앨버트가 항의해도 소용없었다. 빅토리아는 이미 결정된 사안이라고 딱 잘라 말하고는 레첸에게 지시해 그에게 이 일에 대해 세세히 알려주도록 했다. 그러자 앨버트는 걱정스러운 마음에 다시 펜을 들어 왕실에 도덕적 오점이 생기지 않도록 주의해야 한다고 전했다. 이에 멜버른 경의 제자는 앨버트가 너무 예의를 따진다고 여기고 딱딱한 영독어 편지에 자신의 생각을 적어 보냈다. "전 레이디 A를 무척 좋아해요. 다만 송곳처럼 좀 엄한 데가 있고 다른 사람들에게 너무 가혹해서 탈이죠. 전 타인에게 늘 관대해야 한다는 입장이거든요. 만일 적절한 보살핌이 없었다면 우리도 어떻게 잘못된 길로 들어섰을지 모를 일이잖아요. 제 생각은 그래요. 누가 봐도 잘못된 일을 다그치는 건 문제가 되지 않지만, 너무 가혹하게 사람을 몰아붙이는 일은 위험할 수 있어요. 일반적으로 젊은 시절에 신중하지 못했던 사람들이 뒤늦게 후회하고 그런 엄격함을 보이지요. 서투른 설명과 글 솜씨 때문에 행여 제 뜻이 잘못 전달될까 두렵군요."[15]

또 다른 문제에서도 빅토리아는 고집을 꺾지 않았다. 레이디 플로라 헤이스팅스 사건 이후 제임스 클라크 경에게는 슬픈 운명이 닥쳤다. 한때 융성했던 진료실은 맥없이 주저앉았고 더 이상 그를 찾는 환자는 없었다. 하지만 여왕은 여전히 신의를 지켰다. 아무리 세상이 못마땅해하는 일이라도 자신은 별로 신경 쓰지 않는다는 것을 보여주고자 했고, 그래서 앨버트에게 "가여운 클라크 경"을 주치의로 써주길 바란다고 전했다. 앨버트는 아내가 시키는 대로 했지만, 나중에 밝혀졌듯이 이런 인사 결정을 불만스럽게 여겼다.[16]

결혼식 날짜가 정해지고, 앨버트에게 이별의 시간이 다가왔다. 이제 가족과 어린 시절 추억이 서린 곳을 떠나야 했다. 그는 자신이 자주 다니던 곳, 그러니까 토끼 사냥과 식물 표본 수집을 하며 행복한 시간을 보냈던 숲과 계곡을 에이는 가슴으로 다시 찾았다. 그리고 깊은 우울감에 빠진 채 궁에서 열리는 송별연 자리를 끝까지 지키며 왕실 악단이 연주하는 「마탄의 사수」를 감상했다. 이제 떠날 시간이었다. 앨버트의 마차가 지나가는 거리마다 사람이 붐볐다. 끝없이 펼쳐지는 독일 군중의 상냥한 얼굴을 보자 짧은 순간 두 눈에 환희가 차올랐고, 점점 성량을 높여가는 기분 좋은 후음이 두 귀에 울리자 기쁨이 밀려왔다. 앨버트는 마차를 세우고 할머니에게 마지막 작별 인사를 고했다. 가슴이 찢어지는 순간이었다. "앨버트! 앨버트!" 할머니가 힘껏 외쳤다. 그녀는 손자의 마차가 떠나가자 수행원들의 품에서 기절했다. 운명의 소용돌이가 빠르게 휘몰아쳤다. 프랑스 칼레에 도착하자 기선 한 척이 기다리고 있었다. 앨버트는 실의에 젖은 채 아버지, 형과 함께 배에 올랐다. 잠시 후 그의 실의는 더욱 심해졌다. 바다를 건너는 일은 아주 험난한 여정이었다. 에른스트 공은 황급히 아래쪽 선실로 피신했지만 두 형제는 선실 계단 양편에 "거의 속수무책 상태로" 누워 있었다고 전한다. 배가 도버에 닿자 많은 군중이 부두에 모였다. "마지막 순간까지 갖은 고생을 한 앨버트 공은 초인적인 힘으로 몸을 일으켜 사람들에게 인사했다." 그의 사명감이 승리를 거둔 것이다. 이는 묘한 전조였다. 앞으로 그의 삶이 어떻게 펼쳐질지는 그날 그가 영국 땅을 밟았을 때 예고된 셈이었다.[17]

한편 빅토리아는 점점 커지는 불안감에 툭하면 성질을 부리고 신경을 곤두세웠다. 여왕이 갈수록 더 안절부절못하자 결국 제임스 클라크 경이 홍역에 걸릴 징후라고 진단했다. 하지만 제임스 경의 진단은 또다시 빗나갔다. 여왕을 괴롭히고 있는 병은 홍역이 아니라 완전히 다른 것이었다. 그녀는 갑자기 불안과 후회, 의심에 몸을 가누지 못했다. 지난 2년 동안 그녀는 자유의 몸이었다. 단연코 태어나서 가장 행복한 2년이었다. 그런데 이제 그 모든 게 끝을 맞으려 했다! 이제부터는 다른 사람의 구속을 받아야 했다. 자신의 뜻을 꺾고 반대할지도 모르는 누군가에게…… 영광을 베풀고 순종하겠다고 약속해야 했다. 이 얼마나 끔찍한 일인가! 어쩌자고 이 위험한 일을 자청하고 나섰을까? 어째서 멜버른 경만으로 만족하지 못했을까? 그녀는 분명 앨버트를 사랑했지만 권력 또한 사랑했다. 어쨌건 한 가지는 분명했으니, 그녀는 앨버트의 아내가 되어서도 변함없이 영국의 여왕이었다.[18] 하지만 아름다운 제복을 입은 앨버트를 다시 본 순간 빅토리아의 망설임은 햇볕에 눈 녹듯 사르르 녹아내렸다. 1840년 2월 10일에 결혼식이 치러졌고 여왕 부부는 마차를 타고 윈저로 향했다. 물론 둘만이 아니었다. 수행원들과 함께 슈토크머 남작과 레첸 남작이 함께 타고 있었다.

3

앨버트는 이 결혼 생활이 결코 순탄하지 않을 것이라고 예견했지만, 자신이 마주해야 할 문제가 이토록 중대하고 복잡하리라고는 전혀 생각지 못했다. 그는 정치적으로 보잘것없는 존재였다. 수상이자 사실상 빅토리아의 개인 비서나 다름없는 멜버른 경이 여왕의 정치 활동을 전적으로 통제했기 때문이다. 여왕의 남편은 영국 헌법에서 실체가 없는 존재였다. 그가 국정에 참여할 자리는 없는 듯했고 빅토리아도 이를 당연시했다. 약혼 기간에 앨버트에게 귀족 작위를 수여해야 한다는 의견이 나왔을 때 그녀는 이렇게 자신의 의사를 밝혔다. "영국인들은 외국인이 자국 정치에 개입하는 일을 무척 경계해요. 이미 일부 언론에선 당신이 영국 내정에 간섭하지 않길 바란다고 보도했죠. 물론 당신이 그럴 리 없다고 생각해요. 하지만 당신에게 귀족 작위가 수여되면 사람들은 당신이 정치에 간섭하려 든다고 생각할 거예요.[19] 전 당신이 절대 그럴 리 없다고 확신하지만요!" 사실 그녀는 그다지 크게 확신하지 못했지만 앨버트가 자신의 생각을 이해해주기를 바랐다. 완벽한 남편이 되어주는 것은 좋지만, 나라를 통치하는 일만큼은 그녀와 멜버른 경이 그의 도움 없이 잘 꾸려갈 수 있음을 알아주기를 바랐다.

하지만 앨버트 공은 정치 외의 일에서도 자신의 역할이 미미하다는 사실을 깨달았다. 심지어 남편으로서의 역할도 극히 제한적이었다. 빅토리아의 모든 사생활은 레첸 남작이 관장했는데, 그녀는 이 힘을 조금도 나눠줄 마음이 없었다. 여왕의 즉위 이후 레첸의 권력은 크게 늘어났다. 여왕의 개인 서신을 관리하는 일을 통해 무한하고 막대한 영향력을 행사했을 뿐만 아니라, 이제는 왕실 관리인으로서 내탕금까지 주물렀다.[20] 이내 앨버트는 자신이 왕실의 주인이 아님을 알아차렸다.[21] 그와 아내의 일거수일투족이 제삼자의 감독을 받았고, 무슨 일을 하든 먼저 레첸의 동의를 구해야 했다. 레첸에게 변함없이 깊은 존경심을 보였던 빅토리아는 이를 전혀 이상하게 여기지 않았다.

앨버트는 사교 활동에서도 만족을 얻지 못했다. 숫기 없는 외국 청년이었던 그는 여자가 옆에 있으면 불편해하고, 사람들에게 마음을 터놓지 못하고, 아집이 세기 때문에 큰 호감을 사지도 못했다. 인기가 없는 데에는 외모도 한몫했다. 빅토리아의 눈에는 앨버트가 남성미의 모범이었지만, 보는 눈이 게르만족과 달랐던 영국 국민은 그렇게 생각하지 않았다. 특히 평소 앨버트와 자주 마주치는 명문가 출신 신사 숙녀는 그의 얼굴과 체격, 태도에서 영국인 같지 않은 모습을 즉시 알아차리고 못마땅해했다. 이목구비가 균형 잡힌 것은 의심할 여지가 없었지만, 거기에는 뭔가 번지르르하고 새치름한 데가 있었다. 또한 키가 컸지만 몸이 전체적으로 어색했고 약간 구부정한 자세로 걸었다. 아무리 봐도 외국의 테너 가수 같은 느낌이었다. 이는 심각한 단점이었지만, 그가 영국에 도착한 순간부터 보여준 행동들은 이런 단점을 불식시키기 위한 계산과는 거리가 멀었다. 그의 태도는 보기 드물 정도로 딱딱하고 격식이 배어 있었다. 이는 타고난 미숙함, 과도한 친밀감에 대한 두려움, 절대 틀리지 않겠다는 갈망이 복합적으로 작용한 결과였다. 그는 사람들 틈에 있을 때마다 골치 아픈 예의범절로 스스로를 칭칭 감싸고 있는 듯 보였다. 절대 일상적인 사교 모임에 나가지 않았고, 런던 거리를 걷지 않았으며, 말을 타거나 마차를 몰 때는 늘 시종 무관을 대동했다. 그는 흠잡을 데 없는 모습을 원했고, 설사 이 때문에 친구가 없더라도 어쩔 수 없는 일이라고 여겼다. 게다가 그는 영국인들을 전혀 높이 평가하지 않았다. 그가 보기에 영국 사람들은 여우 사냥과 주일을 지키는 것 말고는 도통 신경 쓰는 일이 없었고, 지나친 경박함과 침울함 사이를 왔다 갔다 했다. 편안한 즐거움에 대해 얘기하면 무슨 말이냐는 듯이 빤히 쳐다보았고, 사고의 법칙과 독일 대학의 지성을 이해하지 못했다. 그런 사람들과 공통점이 있을 리 만무했기 때문에 그들을 위해 예절 규칙을 느슨하게 할 이유는 전혀 없었다. 엄격한 사생활을 유지할 때 앨버트에게서는 자연스러운 매력이 뿜어져 나왔다. 그는 자신에게 헌신적인 시모어와 앤슨의 애정에 화답했다. 하지만 이들은 어디까지나 부하들, 그러니까 그의 신임을 받는 대상이자 의지를 대행하는 사람들에 불과했기 때문에 그는 진실한 우정이 주는 지지와 위안으로부터 완전히 고립되었다.[22]

친구가 있긴 했지만, 사실 친구보다는 조언자에 가까웠다. 영국 왕실에서 다시 한번 발판을 다진 슈토크머 남작은 20년도 더 전에 앨버트의 숙부를 위해 일한 것처럼 이번에도 아무 사심 없이 앨버트 공을 위해 일하기로 결심했다. 그때와 지금의 상황은 많은 점에서 비슷했지만 다른 부분도 많았다. 두 사람 다 넘어야 할 산이 많았지만 이번 문제는 더 복잡하고 흥미로웠다. 오래전 무명에 보잘것없는 존재로 자신의 지력과 힘없는 레오폴드의 우정밖에는 기댈 데가 없었던 젊은 의사는 이제 세월과 명성, 연륜의 지혜가 무르익어 여러 왕과 대신의 훌륭한 벗이 되어 있었다. 그는 아버지와 같은 애정 어린 권위로 앨버트를 대할 수 있었지만, 앨버트는 레오폴드가 아니었다. 남작도 잘 알고 있듯이 그에게서는 숙부가 지닌 확고한 야망, 위대한 사람이 되고자 하는 오만한 충동을 전혀 찾아볼 수 없었다. 그는 도덕적이고, 의도가 순수하고, 영리하고, 견문이 넓었지만 정치에 관심이 없는 데다 사람들을 호령할 만한 성격도 못 되었다. 홀로 남겨진 그는 고고하지만 보잘것 없는 존재, 목적 없이 문화생활만 하는 호사가, 아무 권력도 영향력도 없는 궁의 부속물로 주저앉았다. 하지만 그는 외톨이가 아니었다. 슈토크머가 그렇게 놔두지 않았다. 남작은 줄곧 제자 뒤에 몸을 숨긴 채, 오래전 레오폴드가 밟았던 그 길을 따라 줄기차게 앨버트를 앞으로 밀었다. 하지만 이번 여정의 끝에 놓인 목표는 레오폴드가 달성한 일개 왕족 일원이 되는 것 이상이었다. 슈토크머가 사심 없는 헌신을 모두 쏟아부어 앨버트의 것으로 만들어야겠다고 결심한 대상은 진정 어마어마한 것이었다.

일단은 일에 착수하는 것부터가 무척 고되었다. 앨버트는 쉽게 낙담했다. 남작 외에는 아무도 그에게 바라지 않는 일, 정작 본인도 지루해하는 일을 하려고 애써봤자 무슨 소용인가? 그냥 일이 흘러가는 대로 내버려두는 편이 더 속 편했고 엄청난 수고를 덜어주었다. 하지만 슈토크머는 이를 용납하지 않고[23] 앨버트의 사명감과 개인적인 자긍심에 대해 쉬지 않고 지겹도록 읊어댔다. 공께서는 생을 바쳐 이루어야 할 고귀한 목표를 잊었습니까? 자신과 아내, 가족, 자신의 일거수일투족을 레첸 남작이 통제하도록 내버려두시겠습니까? 후자가 앨버트의 마음에 크게 와닿았다. 앨버트는 항복하는 일에 익숙하지 않았다. 특히나 지금 그런 모습을 보인다면 굴욕적일 터였다. 레첸이 궁 전체를 좌지우지하는 것도 늘 짜증났지만, 그의 화를 돋우는 요소는 또 있었다. 사실 이 부분이 훨씬 더 심각했다. 그는 자신이 지적인 면에서 아내보다 월등하다는 사실을 잘 알았지만, 그럼에도 자신이 어찌지 못하는 심적인 부분이 그녀에게 있다는 것을 깨닫고 짜증이 치밀어 올랐다. 슈토크머의 격려로 빅토리아와 정치를 논하려고 하면 그녀는 화제를 돌리며 어느덧 일반적인 화제로 빠지더니 다른 얘기를 하기 시작했다. 그녀는 한때 레오폴드 외숙을 대하듯 남편을 대하고 있었다. 이에 앨버트가 불만을 표시하자 그녀는 자신이 게을러서 그런 것뿐이라고, 정치처럼 따분한 얘기로 머리를 혹사시키고 싶지 않다고 대답했다. 자신을 소외시키는 것보다 이렇게 변명을 늘어놓는 행동이 더 기분 나빴다. 그가 아내이고 그녀가 남편인가? 거의 그렇게 보였다. 하지만 슈토크머 남작은 모든 잘못의 근원은 레첸이고 여왕이 비밀을 갖게 한 것도 그녀라고 말했다. 레첸의 악영향은 거기서 그치지 않았다. 그녀는 빅토리아의 타고난 솔직함을 억눌렀을 뿐만 아니라 빅토리아가 자신의 행동을 해명할 때 무의식적으로 거짓 이유를 늘어놓도록 유도했다.[24]

사소한 의견 충돌은 문제를 더 악화시켰다. 여왕 부부는 취향이 달랐다. 스파르타식의 간소한 생활 방식과 아침형 생활 습관이 몸에 밴 앨버트에게 주요 궁정 행사는 참을 수 없을 만큼 지루했다. 그래서 10시 반이 되면 그는 어김없이 소파에서 꾸벅꾸벅 졸았다. 반면 여왕은 밤새도록 춤을 춘 뒤 주랑현관에 나가 세인트폴성당과 웨스트민스터사원 탑들 뒤편으로 떠오르는 해를 감상하는 일을 아주 좋아했다.[25] 그녀는 런던을 사랑했지만 앨버트는 몹시 싫어했다. 그의 숨통이 트이는 곳은 윈저뿐이었다. 하지만 윈저에도 나름의 공포는 있었다. 낮 동안에는 그림을 그리고 산책을 하고 피아노를 칠 수 있었지만, 저녁 식사가 끝나면 암담한 지루함이 검은 벨벳처럼 내려앉았다. 앨버트는 저명한 과학자나 문학가를 불러 예술과 학문에 대해 활발히 토론하고 싶었지만, 불행하게도 빅토리아는 "그러한 사람들을 독려할 마음이 전혀 없을뿐더러" 자신이 이들의 대화에 끼어들 역량이 안 된다는 사실을 알았기 때문에 저녁 일과를 바꿀 수 없다고 고집을 부렸다. 그래서 여왕과 만찬 손님들이 의례적인 진부한 대화를 주고받은 후 평소처럼 판화집이 늘어진 원탁에 둘러앉을 때, 앨버트는 수행원한 명과 연달아 더블체스를 뒀다.[26]

권력과 열정, 자긍심의 요소가 그토록 희한하게 배분된 기이한 상황에서 때때로 단순한 짜증 이상이 끓어오르는 것, 다시 말해 성난 의지들이 서로 충돌하는 것은 지극히 당연했다. 빅토리아는 앨버트만큼이나 들러리를 서는 일에 취미가 없었고, 제멋대로 하는 그녀의 기질은 순간적으로 튀어나왔다. 그러니 그녀의 활기와 고집, 자기 지위에 대한 자만심 앞에서 그의 우월성과 권리가 무너진 것도 무리는 아니었다. 하지만 빅토리아에게는 불리한 조건이 있었다. 그녀는 더 이상 자신의 오롯한 주인이 아니었다. 그녀를 지배하는 깊은 집착이 마음 깊숙이 자리한 생각까지 집어삼키며 목적을 달성하려 들었다. 그녀는 미칠 듯이 사랑에 빠져 있었다. 두 사람이 구체적으로 어떻게 이 기이한 싸움을 치렀는지는 알려져 있지 않지만, 몇 달간 동생 곁에 머물렀던 에른스트는 친근하면서도 놀란 듯한 말투로 이에 대해 언급했다.[27] 한 일화가 지금까지 전하는데, 진위 여부가 불확실하고 가공의 이야기일 가능성이 크지만 이런 일화들이 종종 그러하듯이 사건의 핵심을 잘 압축해 보여준다. 어느 날, 화가 난 앨버트가 방문을 걸어 잠그고 나오지 않자 못지않게 화가 난 여왕이 문을 두드리며 들어가게 해달라고 했다. "누구시오?" 그가 물었다. "영국 여왕입니다." 하지만 문은 열리지 않았고 여왕은 다시 문을 쾅쾅 두드렸다. 동일한 질문과 대답이 수차례 반복되었다. 그러다 마침내 침묵이 흐르고, 다시 문을 가볍게 두드리는 소리가 났다. "누구시오?" 앨버트가 끈질기게 물었다. 이번에는 다른 대답이 돌아왔다. "당신 부인이에요, 앨버트." 그러자 즉시 문이 열렸다.[28]

아주 서서히, 앨버트의 입지가 바뀌었다. 정치 공부가 생각보다 재미있다는 것을 깨달은 그는 윌리엄 블랙스톤 경의 저서를 읽고 영국 법을 공부했으며, 각료 회의에 이따금 참석했고, 멜버른 경의 제안에 따라 외교 문제에 관한 모든 공문을 확인했다. 가끔은 종이에 자신의 생각을 적어 수상에게 읽어주었는데, 수상은 한없이 다정하고 정중한 태도로 주의 깊게 귀를 기울였지만 이렇다 할 반응은 보이지 않았다.[29] 마침내 프린세스 로열(영국 왕실에서 군주의 큰딸에게 관례로 주는 칭호 — 옮긴이)이 태어나기 전에 중요한 조치가 취해졌다. 앨버트 공은 의회의 반대 없이 여왕의 부고 시 통치를 대신할 수 있는 섭정의 자격을 얻었다.[30] 슈토크머가 나서서 토리당과의 협상을 잘 이끌어낸 덕분이었다. 슈토크머는 이제 마음 편히 코부르크에 있는 가족과 휴가를 보낼 수 있겠다고 느꼈지만, 제자를 염려하는 마음에 먼 휴가지에서도 쉬지 않고 서신을 보냈다. "전하, 보내주신 서신을 읽고 내심 흡족했습니다. 상대가 사사건건 걸고넘어져서 생기는 실수와 오해, 장애는 늘 있는 그대로, 다시 말해 인생의 자연스러운 현상으로 받아들여야 합니다. 이러한 현상은 인생의 어두운 단면을 상징하죠. 이 요소들을 지혜롭게 극복하려면 정신을 연마하고 단련하며 깨우쳐야 합니다. 또한 힘과 인내, 굳건한 마음도 키워야 합니다." 앨버트는 지금까지도 잘해왔지만, 앞으로도 계속 정도를 걸어야 했다. 무엇보다 "절대 안심해서는 안" 되었다. "스스로의 도량을 시험하는 일에서도, 중요하고 필수적인 것과 사소하고 대수롭지 않은 것을 분별하는 일에서도, 스스로를 높은 기준에 맞추는 일, 즉 한결같고 인내하며 용기를 내겠다고 매일 다짐하는 일에서도 절대 긴장의 끈을 놓아서는 안 됩니다." 스물한 살 청년에게 이는 무척 힘든 주문이었지만 그럼에도 그 이면에는 영혼의 깊은 곳을 건드리는 무언가가 있었다. 앨버트는 한숨을 지으면서도 신의 진리를 들이마신 영적 지휘자의 목소리에 귀를 기울였다. 그 목소리는 계속 얘기했다. "지금, 그리고 앞으로 한동안 전하께 필요한 이상은 사랑과 정직, 진실입니다. 마음이 비뚤어지거나 진실한 감정이 결여된 사람들은 걸핏하면 전하를 오해하고 지금 전하의 모습, 또는 앞으로의 모습이 진짜가 아니라고 그들 자신과 세상 사람들을 속일 것입니다. 그러니 사방에 눈을 열어놓은 채 빈틈없이 경계하도록 하십시오. 전하께 위대하고 고귀하며 따뜻하고 진실한 마음이 함께하기를 소망합니다. 이 마음은 인간의 본성을 고귀한 눈으로 바라보기 위한 귀중하고 확실한 근간이자, 그 안목을 발전시키기 위한 확고한 결의로서 제 역할을 다할 것입니다."[31]

머지않아 결정적인 순간이 왔다. 총선 결과 토리당의 집권이 확실시되었다. 여왕은 여전히 토리당이라면 끔찍해했지만 큰 표 차이로 하원을 차지한 토리당은 이제 자신들의 뜻을 강행할 수 있었다. 가능한 한 마찰을 최소화하며 불가피한 변화를 받아들여야 한다는 사실을 처음 인지한 사람은 멜버른 경이었다. 그의 동의로 앨버트 공은 앤슨을 통해 로버트 필경과 교섭을 시작하고 섭정법 건으로 시작된 관계 회복을 계속 추진해나갔다. 수차례 밀담이 오간 결과, 골치 아팠던 여왕의 시녀 문제가 최종 합의에 이르렀다. 이 문제와 관련된 헌법 내용은 건드리지 않되, 토리당 내각이 구성되면 여왕 주변의 휘그당 시녀를 직무 해지하고 로버트 경이 새로운 시녀를 임명하기로 합의했다.[32] 이로써 비록 서면상은 아니지만 여왕은 1839년의 요구들을 단념했으며, 다시는 이 문제를 거론하지 않았다. 이 거래는 앨버트의 정치 인생에서 전환점이 되었다. 그는 중요한 협상을 노련하고 빈틈없이 이끌었고 새 수상과 친밀한 관계를 다져나갔다. 누가 봐도 정치적으로 승승장구할 일만 남아 있었다. 빅토리아는 깊은 감동과 감사를 느꼈다. 다음은 그녀가 레오폴드 왕에게 전한 내용이다. "천사 같은 남편 덕분에 얼마나 큰 위안이 되는지 모릅니다. 그는 모든 일에 큰 관심을 가지며 저를 동정하고 가엾게 여깁니다. 그러면서도 제가 편견에 사로잡히지 않게 도와준답니다. 외숙께서 수없이 말씀하셨듯이, 그의 판단은 선하고 관대합니다."[33] 빅토리아에게는 앨버트의 위로와 지지가 절실히 필요했다. 멜버른 경은 곧 곁을 떠날 것이고 그녀 혼자서는 필과 대화하는 것조차 불가능했기 때문이다. 그렇다. 이제 그녀는 모든 것을 앨버트와 논의하게 될 터였다!

영국으로 돌아온 슈토크머는 멜버른 경이 떠나는 모습을 흡족한 눈으로 지켜보았다. 이대로만 간다면 앨버트가 빅토리아에게 막대한 정치적 영향력을 발휘하는 것도 시간문제였다. 하지만 복병이 있었다. 예상치 못한 난관에 남작은 소스라치게 놀랐다. 마침내 사랑하는 대신을 떠나보낼 시간이 되자 여왕이 고통스러워하며 앞으로 자주 만날 수는 없어도 계속 서신을 주고받자고 다짐했기 때문이다. 멜버른 경의 모순된 성격은 이후 행보에서 가장 극명하게 드러난다. 떠나기 전 그가 필 경에게 보인 태도는 흠잡을 데 없었다. 내각이 순조롭게 교체될 수 있도록 지원을 아끼지 않았고, 심지어 여러 통로를 통해 새 수상이 된 경쟁자에게 여왕의 호감을 사는 비법에 대해 은밀히 조언했다.[34] 하지만 그는 야권이 되자마자 본심을 드러냈다. 빅토리아에게 조언할 수 있는 특권과 기쁨을 완전히 내준다고 생각하니, 또 오랫동안 차고 넘칠 정도로 독차지했던 권력과 친밀감으로부터 완전히 고립된다고 생각하니 견딜 수 없었던 것이다. 여왕에게 보내는 서신에 완벽하게 신중을 기하겠다고는 말했지만, 이 좋은 기회를 어떻게든 이용하고 싶어 미칠 지경이었다. 그래서 여러 공적인 문제를 상세히 논했고, 특히 임명 문제에 대해 여왕에게 조언을 아끼지 않았다. 여왕은 조언을 그대로 따랐다. 심지어 유능한 헤이츠버리 경을 빈 대사로 임명해야 한다는 멜버른의 의견에, 여왕은 일주일 뒤 외무장관에게 헤이츠버리 경을 "주요 사절로" 기용하라는 서신을 보냈다. 위기감을 느낀 슈토크머는 멜버른의 행동이 헌법에 어긋나며 이 사실을 필 경이 알았을 때 여왕이 곤란한 입장에 처할 수 있다는 내용의 메모를 작성한 뒤 앤슨을 시켜 전 수상에게 전달했다. 멜버른 경은 소파에 늘어진 채 입술을 굳게 다물고 메모를 꼼꼼히 읽은 후 말했다. "꽤나 모범적인 의견이군." 야당의 당수가 군주와 친밀한 관계를 유지하는 것은 꼴사나운 짓이라고 앤슨이 조심스럽게 타이르자 그가 발끈했다. "웃기고 있네!" 멜버른 경은 소파에서 벌떡 일어나 소리치더니 방 안을 왔다 갔다 했다. "그런 말을 듣고도 참을 내가 아니지!" 그는 보란 듯이 계속 여왕에게 편지를 보냈다. 하는 수 없이 슈토크머는 멜버른 경이 말을 알아들을 때까지 두 번이나 맹공격을 펼쳤다. 그러자 점차 편지가 뜸해지면서 공적 관심사에 대한 언급이 줄었고 마침내는 편지의 내용이 아무런 위협이 되지 않을 수준이 되었다. 멜버른 경은 어쩔 수 없이 현실을 받아들였고, 슈토크머는 미소 지었다.[35]

휘그당 내각이 물러난 것은 1841년 9월이었지만 다음 목표인 레첸을 쫓아내기까지는 1년 이상을 더 기다려야 했다. 하지만 결국에는 이 수수께끼 같은 가정교사도 제거되었는데, 빅토리아가 어떤 과정을 거쳐 레첸의 퇴출을 담담하고 편안하게 받아들이게 되었는지는 알려져 있지 않다. 하지만 자녀들이 태어나면서 앨버트의 입지가 크게 높아진 것만은 확실하다. 프린세스 로열이 태어난 데 이어 1841년 11월에는 웨일스 공(영국 왕세자의 칭호—옮긴이)이 태어났고 얼마 지나지 않아 빅토리아는 셋째를 임신했다. 이 가족에게 남다른 애정을 품었던 레첸 남작은 가까이에서 이 기쁨을 함께할 수 없었다. 그녀의 기반이 눈에 띄게 무너지고 있었기 때문이다. 왕실이 여행을 떠날 때 한두 번 윈저궁에 남겨진 일이 그런 조짐의 시작이었다.[36] 앨버트는 무척 신중했다. 내각이 교체될 때 멜버른 경으로부터 이 기회에 과감한 조치를 취하라는 조언을 들었지만, 그보다는 기다리는 편이 더 현명할 것이라고 판단했다.[37] 시간은 그의 편이었고 돌아가는 상황도 그에게 유리했다. 하루가 다르게 그의 우세가 분명해졌고, 마침내 그는 더 이상 주저할 필요가 없음을 깨달았다. 이제 그가 품고 있는 소망과 단순한 바람을 빅토리아가 함께해주기만 하면 되었다. 결국 그가 입을 열었고 레첸은 눈앞에서 영원히 사라졌다. 그녀는 더 이상 여왕의 마음과 왕실을 좌지우지할 수 없었다. 아부하는 무리에 둘러싸여 테라스를 걷고 있는 여왕을 윈저궁 창가에서 의기양양하고 자애로운 눈으로 좇는 일도 더는 없었다.[38] 고향 하노버로 쫓겨 간 그녀는 벽 전체가 여왕의 초상화로 덮인 뷔케부르크의 작고 안락한 집에 정착했다.[39] 소화불량에 시달리던 슈토크머는 미소를 되찾았고 앨버트는 절정기를 맞이했다.

4

초기의 불화는 완전히 사라지고 결혼 생활은 차츰 완벽하게 조화를 이루어갔다. 빅토리아는 상상도 못했던 새로운 사실에 취해 남편에게 온전히 마음을 내주었다. 그녀를 첫눈에 사로잡았던 앨버트의 아름다움과 매력은 단지 밖으로 드러난 부분에 지나지 않았다. 그는 내면도 아름답고 눈부셨다. 예전에는 눈이 어두워 어렴풋하게만 느끼고 있었는데, 지금은 몸과 마음으로 오롯이 느낄 수 있었다. 앨버트는 좋은 남자였다. 훌륭했다! 나는 어떻게 그의 지혜에 맞서 의지를 불태우고, 그의 지식에 맞서 무지를 내세우며, 그의 완벽한 취향에 맞서 공상을 펼치겠다는 꿈을 꿀 수 있었을까? 정말 자신이 한때 런던과 저녁형 생활 습관, 유흥을 사랑했던 사람이 맞던가? 이제 그녀는 전원생활이 행복하기만 했고 매일 아침(세상에, 이렇게나 일찍!) 침대에서 벌떡 일어나 앨버트와 단둘이서 아침 산책을 나섰다! 앨버트에게 가르침을 받는 일도 무척 즐거웠다! 이 나무가 무슨 나무인지 설명을 듣고 벌에 대한 모든 것을 배웠으며, 그가 헨리 핼럼의 『영국 헌법사The Constitutional History of England』를 낭독하는 동안 앉아서 십자수도 떴다! 또는 그의 새 오르간 연주를 듣거나(앨버트는 "오르간이 모든 악기 중 가장 으뜸"이라고 말했다), 간혹 음을 틀리면서도 박자와 호흡에 신경 쓰며 그에게 멘델스존의 노래를 불러줄 때도 무척 행복했다. 그리고 저녁을 먹고 나면…… 아, 그는 얼마나 좋은 남편인가! 더블체스까지 포기하다니! 덕분에 원탁에 모여 라운드게임을 하거나 다 같이 반지 돌리기 놀이를 하며 저녁 시간을 즐길 수 있었다.[40] 아이들이 태어나자 더 행복한 나날이 이어졌다. 푸시(장녀 프린세스 로열의 애칭 — 옮긴이)는 무척 영리한 아이였다(한번은 화를 내며 이렇게 소리쳤다. "전 푸시가 아니에요! 프린세스 로열이라고요!"). 그러면 버티(장남 웨일스 공의 애칭 — 옮긴이)는 어땠을까? 어린 웨일스 공에 대해서는 그저 "모든 면에서, 육체적으로나 정신적으로나 그의 천사 같은 아버지를 닮아가기"를 더없이 간절히 기도할 뿐이었다.[41] 여왕의 어머니도 다시 가족의 일원으로 돌아왔다. 앨버트가 중재를 잘해준 데다 레첸이 떠나면서 과거의 앙금을 해소할 수 있었던 덕분이었다.[42] 이제 빅토리아의 눈에 인생은 목가 생활과 같았다. 그리스의 목가 시인 테오크리토스가 들으면 황당해할지 모르지만 목가 생활의 기본 요소가 행복, 사랑, 소박함이라면 빅토리아의 삶이 바로 거기에 해당되었다. 여왕은 일기에 이렇게 적었다. "앨버트가 귀여운 푸시를 방에 데려와 내 침대에 앉히고는 자신도 그 옆에 앉았다. 할머니가 선물해준 가장자리가 파란 말쑥한 하얀 메리노 드레스를 입고 예쁜 모자를 쓴 푸시는 무척 사랑스럽고 착했다. 사랑스러운 아이를 사이에 두고 소중한 남편 앨버트와 함께 앉아 있으니 가슴이 벅차오를 만큼 행복하고 하느님께 감사했다."[43]

빅토리아는 불과 3년 전만 되돌아봐도 그 과거가 너무 멀고 낯설게 느껴졌다. 이 과거는 일종의 망상, 즉 불행한 실수였다고밖에는 설명할 길이 없었다. 그녀는 예전에 쓴 일기를 들추어보다 이런 구절을 발견했다. "하느님은 '여왕의 신뢰'가 누구를 향해 있는지 알리라! 지금까지 어떤 대신이나 친구도 멜버른 경만큼 믿음이 가지 않았다!" 가슴이 찌릿해진 여왕은 펜을 쥐고 여백에 이렇게 적었다. "이 부분을 다시 읽으니 당시 내가 가짜 행복에 젖어 살았다는 말을 하지 않을 수 없다. 하지만 지금은 사랑하는 남편을 만나 어떤 정치도, 세속의 좌절도 바꾸어놓지 못할 진정한 행복을 느끼고 있으니 이 얼마나 행운인가. 어차피 그때의 감정은 오래가지 못했을 것이다. 멜버른 경이 아무리 유능하고 내게 잘해주었어도 그것은 단지 사회생활의 즐거움일 뿐이었다. 나는 그때 그 얄팍한 감정이 행복이라고 믿으며 안주했다! 감사하게도 이제 상황이 바뀌어 진정한 행복을 알게 되었다. 빅토리아."**44** 그녀가 그것을 어떻게 알까? 진정한 행복과 감정적인 행복의 차이는 무엇일까? 어느 철학자(아마도 멜버른 경)는 이렇게 물었을지도 모른다. 하지만 그녀는 철학자가 아니었고, 멜버른 경은 유령이나 다름없었으며, 그녀 옆에는 앨버트가 있으니 그것으로 충분했다.

빅토리아는 분명 행복했고 모두가 그 사실을 알기를 바랐다. 레오폴드 왕에게 보낸 편지에는 그런 황홀감이 듬뿍 묻어 있다. "아! 친애하는 외숙, 제가 지금 얼마나 행복하고 축복받은 느낌인지 아시나요? 이토록 완벽한 남편을 두어 얼마나 뿌듯한지 모릅니다." 이런 황홀감은 그녀의 펜에서 쉬지 않고 거의 자발적으로 흘러나오는 듯했다.[45] 어느 날 레이디 리틀턴이 별생각 없이 누군가를 가리켜 "여왕님만큼 행복하다"고 묘사한 뒤 살짝 당황했을 때 여왕이 말했다. "정정할 필요 없어요, 레이디 리틀턴. 여왕은 아주 행복하니까요."[46]

하지만 이 행복은 로터스(먹으면 속세의 고통을 잊고 즐거운 꿈을 꾸게 된다는 상상의 열매─옮긴이)가 선사하는 꿈과는 달라서, 편히 쉬게 해주기보다는 기운을 북돋았다. 지금까지 빅토리아는 이토록 강렬하게 자기 본분에 대한 책임감을 느껴본 적이 없었다. 전에 없이 꼼꼼하게 국정을 살폈고 아이들을 돌볼 때에도 늘 경계를 늦추지 않았다. 또한 많은 서신을 쓰고 처리했으며 아침부터 밤까지 개인 농장과 일기, 온 집안 살림에 열중했다. 앨버트의 황새걸음을 쫓아 윈저궁의 복도와 가로수 길을 바삐 오가는 빅토리아의 활동적이고 분주한 작은 몸은[47] 그녀의 정신을 그대로 보여주는 듯했다. 순수한 기쁨에서 나오는 부드러움과 유쾌함, 온화함, 고갈될 줄 모르고 흘러나오는 감정 속에서도 그녀의 타고난 엄격함은 그대로였는데, 왕실 가정교사로 여왕을 지척에서 지켜보았던 레이디 리틀턴은 "철의 피가 여왕의 기질 한복판을 흐르고 있다"고 말했다.[48] 때로는 즐거운 가족 일과가 일시적으로 중단

되기도 했다. 의회를 열거나, 공식 인사를 만나거나, 간혹 성을 찾은 외국 귀빈을 즐겁게 해줄 목적으로 윈저궁과 버킹엄궁을 맞바꿔야 했기 때문이다. 그때가 되면 그동안 조용했던 궁전이 갑자기 화려함을 뽐냈고 해외 군주, 즉 루이 필리프나 프로이센 왕, 작센 왕은 윈저궁에서 왕실의 여흥을 맛보았다. 반짝이는 다이아몬드로 치장하고 빛나는 제복을 차려입은 귀빈이 가득한 워털루 연회장, 영웅들의 위풍당당한 초상화가 걸려 있는 긴 벽들, 영국 왕들의 아름다운 금식기류가 잔뜩 놓인 식탁만큼 사람들의 감탄을 자아내는 구경거리는 유럽에서 찾아보기 힘들었다.[49] 하지만 그 화려함의 향연 속에서도 단연 눈길을 끄는 것은 여왕이었다. 전날 아이들과 산책을 하고 가축을 점검하며 피아노 트릴을 연습하고 남편에 대한 사랑으로 일기를 빼곡히 채우던 주부는, 어느새 아무 어려움 없이 있는 그대로 자연스럽게 여왕의 자태를 뽐내며 빛을 뿜어내고 있었다. 러시아 황제조차 큰 감명을 받았는데, 정작 빅토리아는 위풍당당한 니콜라스 황제에게 은밀한 경외의 시선을 보냈다. 다음은 그녀가 레오폴드 외숙에게 전한 내용이다. "황제가 자리한 것만으로도 대단한 사건이자 큰 영광이었답니다. 이곳에 모인 사람들이 얼마나 으쓱했는지 모릅니다. 황제는 아주 돋보이는 엄청난 미남이었죠. 옆얼굴은 얼마나 아름답고 태도는 또 얼마나 위엄 있고 우아하던지요. 배려와 예절이 몸에 배어 있어 절로 호감이 갔답니다. 하지만 사람을 노려보는 눈매는 무섭기 그지없었습니다. 제 평생 그런 눈초리는 처음이었어요."[50] 마침 그 자리에 함께 앉아 있던 빅토리아와 앨버트, "잘난 체하지 않는 작센의 착한 왕"은 무시무시한 독수리 앞에 선 농장의 가금류마냥 하나로 단결했다. 러시아 황제가 떠나자 세 사람은 그의 얼굴과 불행, 수백만 백성 위에 군림하는 독재 권력에 대해 의견을 주고받았다. 아아! 빅토리아는 어쩐지 그가 가여웠고 자신이 영국 여왕인 사실에 무척 감사했다.[51]

영국을 찾아준 귀빈에 대한 답례로 여왕 부부도 요트를 타고 몇 나라를 방문했다. 빅토리아는 요트 여행에 대단히 만족했다. "난 배가 참 좋아요!" 그녀는 이렇게 외치며 민첩한 몸놀림으로 사닥다리를 오르내리면서 선원에게 농담을 건넸다.[52] 반면 앨버트 공은 무덤덤했다. 두 사람은 외$_{Eu}$성의 루이 필리프를 찾은 후 벨기에의 레오폴드 왕을 만나러 갔다. 때마침 벨기에 수도에는 주목할 만한 영국 여성이 살고 있었지만 여왕의 이목을 끌지는 못했다. 빅토리아 여왕은 콩스탕탱 에제의 기숙학교에서 교사로 일하는 이 여인의 강렬한 시선을 감지하지 못하고 그냥 지나쳤다. 그녀의 이름은 샬럿 브론테였다. 말 여섯 필이 끄는 왕실 마차가 그녀의 상을 비추는 기차를 가로막으며 옆으로 휙 지나갈 때 인도에 멈춰 서 있던 샬럿은 마차 속 빅토리아를 보고 "소박한 옷차림을 하고 위엄이나 가식을 별로 보이지 않는 통통하고 쾌활한 여인"이라고 평했다.[53] 빅토리아는 한껏 들떠 있었다. 심지어 외숙의 칙칙한 궁전에도 그녀의 활기가 조금이나마 스며들었다. 레오폴드 왕은 더할 나위 없이 뿌듯했다. 자신의 소중한 바람이 실현되었고 그동안 품었던 야망도 모두 이루어졌으니, 이제 남은 인생은 누구의 방해도 받지 않고 점잖게 왕의 권력을 누리며 사람들의 존경을 받고 상석 자리를 차지하다가 때가 되면 성가신 의무에서 벗어나면 될 터였다. 하지만 불행하게도 그의 주변 사람들은 그만큼 행복을 누리지 못했다. 그의 궁정은 비밀 집회소만큼이나 음울했고, 이 때문에 그의 아내는 누구보다 불행했다. 결혼 초기에 그녀가 가벼운 농담을 던졌을 때 레오폴드 왕은 "농담을 거두시오, 부인!"이라는 말로 응수했다. 입헌군주의 배우자는 경솔한 행동을 삼가야 한다는 사실을 그녀는 그때 뼛속까지 이해했다. 의전실 벽이 빅토리아의 재잘거림과 웃음소리를 튕겨낼 때, 이 가여운 여인은 자신이 미소 짓는 법조차 잊어버렸다는 사실을 깨달았다.

어느 해에는 독일을 방문해 앨버트가 고향의 아름다움을 보여주었다. 국경을 넘을 때 빅토리아는 무척 흥분한 동시에 깜짝 놀랐다. 그녀의 일기는 이렇게 적고 있다. "독일어를 하는 사람들을 보고 독일 병사들을 만나니 이상한 기분이 들었다." 하지만 가벼운 충격에서 헤어 나오자 독일의 매력적인 모습이 눈에 들어왔다. 어디를 가든 향연이 열렸고, 많은 왕족이 몰려와 그녀를 환영해주었으며, 어여쁜 소작인 아이들도 옷장에서 제일 좋은 옷을 꺼내 입고 여왕에게 꽃다발을 선물했다. 그녀에게 특히 큰 기쁨을 준 곳은 낭만적인 경치에 예의 바른 주민이 사는 코부르크 공국이었다. 어느 날 아침, 잠에서 깬 그녀는 자신이 "사랑하는 앨버트의 고향, 로제나우"에 있다는 사실을 깨닫고 "마치 아름다운 꿈을 꾸는 듯했다". 영국으로 돌아오는 길에 그녀는 레오폴드 왕에게 편지를 보내 여행이 얼마나 즐거웠는지 자세히 묘사하며 특히 앨버트의 고국에 강한 애정을 드러냈다. "사랑하는 독일에 대해 뭐라 형언할 수 없는 기분입니다. 특히 로제나우에 갔을 때는 마음이 울컥하면서 금방이라도 눈물이 쏟아질 것 같았죠. 제게 이토록 깊은 기쁨과 평온함을 주는 곳은 처음이었습니다. 이곳을 너무 사랑하게 될까 봐 두렵습니다."[54]

5

그러나 남편은 아내만큼 행복하지 않았다. 그의 상황이 크게 호전된 데다 식구도 늘고 빅토리아의 흠모도 받았지만, 앨버트는 여전히 낯선 땅의 이방인이었고 영적 만족이 가져다주는 평온을 느끼지 못했다. 이는 분명 그가 당면한 환경의 가장 지배적인 요소였지만 그게 다는 아니었다. 그 외에도 그가 이룬 완전한 성공에는 나름의 고통이 있었다. 빅토리아의 숭배를 받았지만, 그가 목말라한 것은 숭배가 아닌 이해였다. 아무리 그녀가 온통 남편 생각뿐이라고 한들 그를 얼마나 이해할 수 있었을까? 양동이가 우물의 마음을 알까? 그는 외로웠다. 그럴 때면 오르간 앞에 앉아 능숙하게 조바꿈을 해가며 즉흥 연주를 했다. 연주 소리가 크게 울려 퍼지다가 정교한 종지로 잠잠해지면 그의 마음에도 얼마간 위로가 찾아들었다. 그런 뒤에야 젊음의 활력을 되찾고 아이들과 놀아주거나, 새 돼지우리를 만들거나, 빅토리아에게 『스코틀랜드의 교회 역사 Church History of Scotland』를 낭독해주었다. 또는 그녀에게 공식 석상에서 어떻게 행동해야 하는지 보여주기 위해, 입가에 미소를 고정한 채 발레 무용수처럼 한쪽 발로 서서 빠르게 돌았다.[55] 이런 식으로 즐거움을 찾았지만 그가 탐닉하지 못한 위락이 한 가지 있었다. 그는 궁정의 아름다운 여인들과 시시덕거리는 법이 없었다. 약혼 기간에 여왕이 멜버른 경에게 앨버트 공은 다른 여자들한테 관심이 없다고 자랑스럽게 말하자 냉소적이었던 수상은 이렇게 답했다. "아뇨, 그런 습성은 늦추 오기 쉽습니다." 대답을 들은 빅토리아는 수상을 크게 꾸짖고는 곧장 슈토크머에게 가서 멜버른 경이 한 말을 그대로 전했다. 그러자 남작이 다른 사람은 몰라도 앨버트는 절대 그럴 리 없다는 말로 그녀를 안심시켰다. 그리고 남작의 말이 옳았다. 결혼 생활 내내 빅토리아는 아무리 매력적인 여자를 봐도 한순간도 질투심에 고통스러웠던 적이 없었다.[56]

166

앨버트가 점점 관심을 쏟은 대상, 그리하여 그 나름의 기이한 위안을 얻은 대상은 그의 일이었다. 필이 수상에 오르면서 그는 국정에 활발히 개입하기 시작했다. 지성적 면모, 도덕적 성실, 심지어 격식을 중시하는 딱딱한 태도까지 두 남자는 여러 면에서 닮아 있었다. 둘은 서로에게 연민을 느꼈기 때문에 필은 슈토크머의 조언에 귀를 기울이고 앨버트 공을 국정으로 이끌 준비가 충분히 되어 있었다. 때마침 의사당 개축을 계기로 영국의 순수미술을 장려할 왕립위원회가 설립되려던 참이었는데, 필은 놀라운 통찰력으로 앨버트를 위원장에 추천했다. 이는 예술과 체계성, 인재들과의 친밀하고 품위 있는 교류를 사랑하는 앨버트에게 꼭 맞는 일이었다. 최적의 일터를 찾은 그는 애정을 담아 일에 몰두했다. 그가 개회사에서 주제를 나눠 "카테고리"로 분류해야 한다고 지적했을 때 몇몇 위원은 이 단어가 풍기는 독일 형이상학의 느낌에 위화감을 느끼고 얼마간 놀라움을 감추지 못했지만, 앨버트는 프레스코화 공정에 놀라운 식견을 보이며 신뢰를 되찾았다. 한번은 새 건축물의 벽 장식에 도덕 정신을 구현해야 하는가에 대한 논쟁이 벌어졌는데, 앨버트는 구현해야 한다는 쪽을 강력히 지지했다. 물론 그냥 지나쳐 가는 사람이 더 많겠지만 분명 작품을 눈여겨보는 사람이 있을 것이라는 게 그의 설명이었다. 이 주장이 설득력을 얻으면서 위원회는 도덕적 교화를 목적으로 그림을 그려야 한다는 결정을 내렸다. 위원회의 지시에 따라 마침내 프레스코화가 완성되었지만 안타깝게도 얼마 지나지 않자 모두가, 심지어 사려 깊은 사람들조차 이 그림에 무관심해졌다. 프레스코화 공정에 대한 앨버트의 전문 지식은 완벽하지 못했던 모양이다.[57]

앨버트가 다음으로 착수한 일은 훨씬 고됐다. 그는 왕실 조직을 대대적으로 개편하기로 마음먹었다. 사실 이는 한참 전에 이루어졌어야 할 일이었다. 과거 수년 동안 궁정, 특히 버킹엄궁에서 벌어진 혼돈과 불편, 낭비는 상상을 초월할 정도였다. 레첸 남작에게 전권이 있던 시절에는 어떤 개혁도 불가능했지만, 이제 그 힘이 앨버트에게 넘어와 있었다. 1844년, 그는 과감하게 칼날을 들이댔다. 3년 앞서 슈토크머는 면밀한 조사 후 상세한 기록을 통해 깜짝 놀랄 만한 상황을 폭로했다. 왕실 내 통제권은 여러 관계자가 기이한 방식으로 나누어 가진 상태였는데, 그 각각은 책임도 협동도 없이 독립성을 유지했고 각각의 힘도 모호하며 시시각각 변하는 듯했다. 이 중 가장 큰 영향력을 행사한 이들은 집사장과 시종장이었다. 이들은 정치적으로 중요한 고위 귀족으로, 내각이 바뀔 때마다 시종들을 물갈이했는데 궁정 소속이 아니었으며 거기에 소속된 실질적인 대리인도 없었다. 둘 사이의 직무 분배 또한 불확실하고 이상했다. 버킹엄궁에서는 집사장이 부엌과 부엌방, 식료품 저장실을 관리하고 시종장이 그 나머지를 책임졌다. 동시에 궁 외부는 이 둘의 관할을 벗어나 산림청의 통제를 받았다. 따라서 창문 안쪽 면은 시종장실에서 닦거나 어떤 경우에는 집사장실에서 닦았고 산림청은 창문 바깥 면을 맡았다. 또한 하인, 가정부, 시동, 하녀는 시종장의 관할에 들어갔고 부엌 장부 관리자와 요리사, 문지기는 집사장이 관리했지만, 풋맨과 제복 차림 안내인, 보조집사는 마필관리관의 명령을 받았다. 상황이 이렇다보니 자연히 궁이 원활하게 돌아가지 않았고 하인들의 기강도 부끄러울 정도로 해이했다. 그들은 내킬 때마다 원하는 만큼 결근을 했고, 슈토크머 남작이 보고한 것처럼 "한 방에 열이나 열둘씩 잠을 자는 기숙사에서 풋맨 등이 밤마다 흡연, 음주 같은 비행을 벌여도 아무도 어쩌지 못했다." 여왕의 귀빈이 찾아와도 방으로 안내해줄 사람이 없어서 손님이 복잡한 통로에서 길을 잃은 채 몇 시간이고 무력하게 헤매는 일도 다반사였다. 이런 이상한 권한 분배는 사람뿐만 아니라 사물에까지 영향을 미쳤다. 여왕이 식당에 온기가 없다고 지적하며 그 이유를 묻자 "장작을 준비하는 건 집사장이고 장작에 불을 붙이는 건 시종장이라 그렇습니다"라는 대답이 돌아왔다. 집사장과 시종장의 사이가 좋지 않았기 때문에 문제를 해결할 방법이 없었고, 결국 여왕은 추위에 떨며 식사를 해야 했다.[58]

그러던 중 궁정에 만연한 이 혼돈과 태만이 모두의 눈에 띄는 놀라운 사건이 벌어졌다. 프린세스 로열이 태어나고 2주일이 지났을 때 여왕의 침실 옆방에서 수상쩍은 소리를 들은 유모가 시동을 불러 확인을 시켰다. 큰 소파 밑을 살피던 시동은 "아주 흉측한 얼굴을 한" 형체가 쭈그리고 있는 것을 발견했는데, 이 아이가 바로 그 유명한 "소년 존스"다. 이 수수께끼 같은 아이의 무모한 행각은 이후 몇 달간 신문 지상을 도배했으며, 소년의 동기와 성격은 마지막 순간까지 분명하게 밝혀지지 않았다. 그는 체구가 작은 열일곱 살의 사내아이로 재단사의 아들이었고, 보아하니 정원 벽을 타고 넘어와 열린 창문을 통해 궁 안으로 들어온 듯했다. 그는 2년 전에도 굴뚝 청소부로 가장해 궁에 들어온 적이 있었는데, 이번에는 사흘 동안 궁에서 살며 이 침대 저 침대에 숨어 지냈고 "수프와 다른 음식을 마음껏 집어 먹었을" 뿐만 아니라 "왕좌에도 앉아보고, 여왕도 보고, 프린세스 로열이 빽빽 우는 소리도 들었다"고 말했다. 이 기괴한 사건의 전말에 대한 뒷조사가 활발히 이루어졌다. 『타임스』는 소년 존스가 "유아기 때부터 독서를 좋아했지만 얼굴은 심하게 음침했다"고 보도하며 이렇게 덧붙였다. "소년 존스가 그 아래서 발각된 소파는 엄청난 고가에 장인의 솜씨가 돋보이는 명품으로, 여왕에게 경의를 표하러 찾아오는 왕실 귀빈의 편의를 위해 특별 주문한 것이다." 범인은 3개월간 "교정 시설"에 보내졌지만, 그곳에서 풀려나자 곧장 버킹엄궁으로 향했다. 다시 발각된 그는 또 3개월간 "교정 시설"에 보내졌고, 출소한 후 일주일에 4파운드를 줄 테니 무대에 서달라는 뮤직홀의 제안을 받았지만 거절하고 곧바로 버킹엄궁 주변을 어슬렁거리다가 경찰에 발각되었다. 당국은 어떤 재판이나 법적 절차도 없이 소년 존스를 배에 실어 바다로 보냄으로써 재발 방지에 힘썼다. 1년 후 그를 실은 배가 수리차 포츠머스에 들어갔을 때 그는 즉시 배에서 내려 런던까지 걸어갔다. 하지만 궁에 도착하기 전에 또다시 체포되어 도망 나왔던 워스파이트호로 되돌려 보내졌다. 이번에는 "용모가 많이 좋아지고 꽤 뚱뚱해졌다"는 점이 눈길을 끌었다. 이후로 소년 존스는 역사에서 사라졌지만 그 마지막 행적은 짧게나마 전해진다. 1844년 어느 날 밤, 배에 타고 있던 그는 튀니스와 알제 사이 바다에 떨어졌다. 다시 물 밖으로 꺼내졌지만, 워스파이트호의 장교 한 명이 『타임스』에 제보했듯이 그가 물속에 떨어진 일은 우연이 아니었다. 그는 "조난 신호등이 켜지는 것을 확인하기" 위해 일부러 지중해에 뛰어들었던 것으로 추측된다. 그동안의 전력으로 봤을 때, 그에게서 어떤 다른 동기를 찾아낼 수 있겠는가?[59]

하지만 왕실의 관리 소홀이 빚어내는 결과는 불편과 공포만이 아니었다. 거기서 생기는 낭비와 사치, 착복도 헤아릴 수 없었다. 터무니없는 특전과 위법행위가 종류를 가리지 않고 존재했다. 예를 들어 한 번 태운 양초는 다시 태우지 않는 게 오랜 철칙이었는데, 사용한 양초를 어떻게 처리하는지는 아무도 몰랐다. 또한 앨버트는 장부를 검사하던 중 '붉은 방 와인'에 일주일마다 35실링이 지출된다는 대목을 보고 어리둥절했다. 조사에 들어간 그는 어렵게 전말을 알아냈다. 윈저궁에는 붉은 벽걸이 천이 장식된 방이 있는데, 이 방이 조지 3세 시절에 위병소로 사용되면서 위병들에게 와인값으로 하루 5실링이 지급되었던 것이다. 이곳의 위병은 오래전에 다른 곳으로 전출됐지만 붉은 방의 와인 비용은 계속 지급되어, 보조집사라는 한직을 차지한 어느 무보직 장교의 주머니로 들어가고 있었다. 당시 무보직 장교는 보직 장교 봉급의 절반으로 생계를 이어가야 했다.[60]

힘겨운 조사, 그리고 오랜 세월 동안 방치한 결과로 출현한 수많은 기득권과의 어려운 투쟁 끝에 앨버트는 왕실 조직을 완전히 개편하는 데 성공했다. 서로 힘을 겨루던 여러 기득권은 궁내차관 한 사람에게 권한을 내주라는 권고를 받았고, 이로써 궁내차관이 왕실 전체를 관리하게 되었다. 자원이 상당히 절약되었고 케케묵은 남용이 대거 씻겨 나갔다. 다른 누구보다도 운이 나빴던 붉은 방의 무보직 장교는 그로서는 당혹스럽게도 주급을 포기하든지 아니면 보조집사의 직무를 수행하라는 지시를 받았으며, 풋맨 사이에서 벌어지는 비행도 크게 줄어들었다. 격렬한 항의와 불만이 일었고, 앨버트는 간섭이라는 둥 불공평한 처사라는 둥 촛동강을 아낀다는 둥 하는 비난을 받았지만 아랑곳하지 않고 밀고 나갔다. 머지않아 이 탁월한 왕실 운영 능력은 앨버트의 인내심과 능력을 보여주는 명백한 증거로 인정받았다.[61]

앨버트의 활약은 더 중요한 영역에서도 크게 늘어갔다. 여왕의 개인 비서이자 비밀 조언자, 막역한 친구가 된 그는 이제 여왕과 대신이 만나는 자리에도 늘 동석했다.[62] 여왕처럼 외교 문제에 특히 관심을 쏟았지만 그의 영향력이 미치지 않는 공적인 문제는 없었다. 모든 일이 이중 절차를 거쳤으며, 빅토리아가 앨버트의 지적 능력에 온전히 굴복해가는 동안 그는 상위 정치의 복잡한 절차, 즉 다각도에서 쉴 새 없이 돌아가는 제국의 실무에 완전히 사로잡혔다. 이제 더는 그를 호사가라고 부르는 사람이 없었다. 그는 일하는 사람이자 공인이자 실무가였다. 슈토크머는 이 같은 변화에 기쁨을 감추지 못했다. "앨버트 공은 최근 상당한 발전을 보였다. 정치적 수완이 뛰어난 것은 물론이요, 독자성까지 갖추게 되었다. 지적 활동에 끊임없이 힘쓸 뿐만 아니라 자기 시간의 상당 부분을 일에 바치고도 불평 한마디 하지 않는다." "여왕과도 누구나가 바랄 만한 부부 관계를 유지하고 있다"고 남작은 덧붙였다.[63]

필의 내각이 끝나기 훨씬 전부터 필을 대하는 빅토리아의 태도는 180도로 바뀌었다. 우선 그가 앨버트를 높이 평가한 일이 그녀의 마음을 푸는 데 한몫했고, 진실하고 따뜻한 성격이 또 한몫을 했다. 이러한 성격은 그가 비위를 맞추고자 하는 상대와 친밀한 소통을 할 때 그의 딱딱한 태도를 서서히 누그러뜨리는 역할을 했다.[64] 이윽고 필에게 깊은 존경심과 강한 애정을 품게 된 여왕은 자신이 "훌륭한 필 경"에게 "무한한 존경"을 느끼고 있으며 그 스스로 "한없는 충정과 용기, 애국심을 지닌 고결한 사람"임을 몸소 보여주고 있고 "거의 기사도 정신으로 날 대한다"고 말했다.[65] 또한 한때 멜버른 경의 실각을 두려워했던 것처럼 필 경이 자기 곁을 떠날까 봐 미친 듯이 두려움에 떨었다. 그런 일이 생기면 대재앙일 것이라고 말할 정도였다. 만일 6년 전 어떤 예언가가 휘그당의 승리에 그녀가 충격받을 날이 올 것이라고 말했다면 그녀의 반응은 어땠을까? 그런데 정말 여왕이 옛 친구들을 다시 맞아야만 하는 상황이 찾아왔다. 1845년과 1846년의 내각 위기에서 지배적인 역할을 한 사람은 앨버트 공이었다. 그가 협상의 실질적인 중심, 다시 말해 정부의 힘과 기능을 좌지우지하는 실세라는 데에는 이견이 없었다. 이러한 결과에 이르는 과정은 거의 감지할 수 없을 만큼 점진적이었지만, 필 내각이 끝나갈 즈음 앨버트는 사실상 영국의 왕이나 다름없었다.[66]

6

마침내 앨버트 공이 전면에 나서면서 멜버른 경의 최후가 다가왔다. 실각하고 1년 후 멜버른 경은 마비성 발작으로 쓰러졌다. 이후 건강을 회복했지만 예전의 쾌활한 성격은 온데간데없이 사라진 상태였다. 심한 기분 변화에 잠시도 가만있지 못하고 불행에 젖어 유령처럼 시내를 돌아다니는가 하면, 공공장소에서 느닷없이 혼잣말을 하거나 이상한 질문, 예컨대 부츠에 대한 물음을 던졌다. 브룩스 클럽에서는 홀에 우두커니 선 채 생각에 잠겨 있다가 허공에 대고 "폐하를 위해 그 일을 했다가는 전 교수형을 면치 못할 것입니다"라고 중얼거렸고, 레이디 홀랜드의 집에 가서는 대화가 잠시 끊긴 틈에 저녁 식탁 너머로 몸을 기울여 다른 손님에게 난데없이 이런 질문을 던졌다. "앙리 4세가 왕권을 굳힐 목적으로 개종한 건 정말 가증스러운 행동이라고 생각하지 않소?" 그는 몇 시간이고 집에 들어앉아 비참하게 고독에 잠겼다. 고전 작품과 성서를 뒤적여도 전혀 위안이 되지 않았다. 그는 과거로의 복귀, 불가능한 일, 자신도 알지 못하는 것, 레이디 캐럴라인의 무모한 행동, 단조롭고 행복한 윈저 시절을 갈망했다. 친구들도 그의 곁을 떠났다. 놀랄 일도 아니지, 하고 그는 씁쓸하게 중얼거렸다. 연극은 끝났다. 그는 내심 재집권을 희망하며 걱정스럽게 신문을 살피고 가끔 상원에서 연설을 했다. 여왕과의 서신 교환도 계속되었고 이따금 궁정에도 들렀다. 하지만 그는 예전 멜버른 경의 단순한 복제품에 지나지 않았다. 빅토리아는 "그 꿈은 지나갔다"고 썼다. 그의 정치적 견해는 더 이상 용인되지 않았다. 당연한 얘기겠지만 앨버트처럼 여왕 역시 열렬한 자유무역주의자가 되었기 때문이다. 곡물법이 폐지될 무렵, 윈저궁 만찬에서 멜버른 경이 갑자기 "폐하, 곡물법을 폐지한 건 부당한 일입니다!"라고 외쳤을 때 다들 어쩔 줄 몰라 했다. 여왕이 웃으며 화제를 바꾸려고 했지만 소용없었다. 멜버른 경은 몇 번이고 그 주제로 다시 돌아가 "폐하, 그게 사기가 아니고 뭐겠습니까!"라고 외쳤고, 급기야 여왕이 "멜버른 경, 그 얘기는 더는 꺼내지 않는 게 좋겠군요"라고 말하자 그제야 입을 다물었다. 그녀는 그에게 친절을 베풀며 장문의 편지를 보내고 매년 그의 생일을 챙겼지만, 멜버른 경 자신도 알다시피 이는 멀리 있는 친절이었다. 그는 "가여운 멜버른 경"일 뿐이었다. 깊은 불안이 엄습했다. 그는 농업 환경과 옥스퍼드운동에 전념하려고 애썼고, 전혀 알아볼 수 없는 필체로 장문의 비망록을 썼다. 멜버른 경은 자신이 모든 재산을 잃었고 영국 최고의 기사 작위인 가터 훈장을 받을 가능성도 없다고 확신했다. 그는 모든 것을 소진한 상태였다. 하지만 그럼에도 필 경이 물러나면 자신이 다시 부름을 받지 않을까 생각했다. 왜 아니겠는가? 그러나 그는 두 번 다시 부름을 받지 못했다. 휘그당은 그를 수상 후보에서 제외시켰고, 결국 휘그당 지도부는 존 러셀 경에게 넘어갔다. 러셀 경이 수상이 되었을 때 휘그당은 멜버른 경에게 예의를 다했지만 내각에 참여해달라는 청은 하지 않았다. 그는 아무렇지 않게 그 충격을 견뎠지만, 그것으로 자신이 끝났음을 마침내 이해했다.[67]

그로부터 2년 동안 그는 서서히 인사불성과 우매함의 상태로 빠져들었다. 때로는 의자에 몸을 기댄 채, 뜻밖에도 자신의 처지에 딱 들어맞는 삼손의 말을 중얼거렸다.

> "내 영혼이 한없이 시들고,
> 내 희망이 모두 빠져나가며, 내 안의 본성이
> 그 모든 본분에 짓눌려 그 자신과
> 내 영광의 질주, 내 치욕의 질주에 염증을 느끼는 듯하니
> 나도 곧 그들을 따라 편히 쉬리라."[68]

멜버른 경이 세상을 떠나기 며칠 전, 그가 회복할 가망이 없다는 소식을 들은 빅토리아는 잠시 예전의 멜버른 경을 마음속에 떠올렸다. 그녀는 레오폴드 왕에게 이렇게 썼다. "비통한 소식을 전하게 되어 유감입니다. 우리의 선량하고 소중한 오랜 벗 멜버른 경이 스러져가고 있습니다. 경이 얼마나 선량하고 친절하며 다정한 사람이었는지 절대 잊지 못할 것입니다. 그 생각을 하면 많은 추억이 새록새록 떠오릅니다. 하지만 어찌된 일인지 그때로 다시 돌아가고픈 마음은 결코 들지 않네요."[69]

여왕에게는 위기랄 게 별로 없었다. 상황의 흐름은 이제 걷잡을 수 없는 속도로 완전히 다른 절정을 향해 내달리고 있었다. 앨버트의 진지함, 아이들의 요구, 여왕 자신의 속마음, 주변 세계의 움직임이 하나로 모여 그녀를 공적, 가정적 의무라는 좁은 길로 몰아갔다. 가족은 꾸준히 늘었다. 웨일스 공이

태어난 지 열여덟 달 만에 앨리스 공주가 태어나고 1년 후에 앨프리드 왕자, 그런 뒤 헬레나 공주, 그리고 2년 뒤 루이즈 공주가 태어났으며 이후로도 예쁜 왕실 아기는 더 태어날 듯했다. 가사일과 가정의 행복에 점점 빠져든 여왕 부부는 윈저의 화려함에 짜증을 느끼고 좀더 은밀하고 조용한 외딴곳에 살기를 원했다. 그래서 필의 조언에 따라 와이트섬의 오즈번에 있는 사유지를 구입했다. 자금을 노련하게 관리하고 절약한 덕분에 상당한 돈을 저축할 수 있었던 부부는 그중 20만 파운드를 들여 부지를 사고 새 집을 지어 단장까지 마쳤다.[70] 왕실 가족은 윈저와 런던에서 보내는 시간을 최대한 줄이고 오즈번에서, 해변에서, 그리고 앨버트가 로제나우에 대한 기억을 되살려 정성 들여 가꾼 숲에서 시간을 보냈다. 사람들의 이목에서 벗어나 평화롭게 일하는 즐거운 시간이었다.[71] 일반 국민은 이를 인정하는 분위기였다. 콧방귀를 뀌거나 낄낄거리는 귀족도 소수 있었지만 일반 국민 사이에서 여왕의 인기는 다시 한번 높이 치솟았다. 특히 중산층이 기뻐했다. 연애결혼을 선호했던 이들은 왕권과 미덕을 잘 혼합한 이 왕실 가족을 좋아했다. 이 가족을 보고 있으면 마치 중산층 자신들이 영위하고 있는 삶의 이상적 이미지가 휘황찬란한 거울에 반사되어 비치는 것 같았다. 계급은 더 낮지만, 아아! 그것이 무색하리만큼 자신들의 생활은 왕실 가족과 별반 다르지 않았고 오즈번 주인들의 아침형 생활과 규칙성, 평범한 음식, 라운드게임, 로스트비프와 요크셔푸딩은 여기에 한층 탁월함과 풍부함을 더했다. 가히 귀감이 되는 왕실이었다. 오즈번의 주인들은 예의범절의 본보기였을 뿐만 아니라 어떤 추문이나 꼴사나운 행동도 근처에 얼씬대지 못하게 했다.[72] 빅토리아가 개심자의 모든 열성을 발휘해 앨버트를 능가하는(이런 일이 가능하다면) 불굴의 의지로 도덕적 순수의 기치를 옹호했기 때문이다. 그녀는 한때 자신이 이런 문제에 너무 엄격하고 까다롭게 구는 것은 바람직하지 않으며 다른 사람들의 끔찍한 죄를 눈감아줄 수 있어야 한다고 믿었고, 실제로 그에게 그런 말을 했다고 생각하면 부끄럽기 그지없었다. 하지만 이제 그녀는 멜버른 경의 제자가 아니라 앨버트의 아내였다. 아니, 그 이상이었다. 당시 사람들 사이에서 그녀는 새로운 시대의 화신이자 살아 있는 정점이었다. 18세기의 마지막 잔재는 사라졌다. 냉소주의와 미묘함은 가루가 되어 흩어졌고 대신 의무와 근면, 도덕, 가정이 승리를 거두었다. 심지어 한낱 의자와 탁자조차도 유례를 찾아보기 힘든 순응력으로 단정하고 견고한 형태를 띠었다. 빅토리아 시대가 한껏 꽃을 피웠다.

단 한 가지 부족한 게 있다면, 바로 새로운 이상과 힘을 물리적으로 표현하고 그 찬란한 모습을 세상 앞에 드러내 사람들을 깜짝 놀라게 하는 일이었다. 이 결핍을 채우는 일은 앨버트에게 맡겨졌다. 이런저런 궁리를 하던 앨버트의 머릿속에 만국박람회가 스치고 지나갔다.

아무하고도 상의하지 않고 그는 세심하게 구체적인 계획을 구상해나갔다. 박람회는 이미 세계 여러 곳에서 열린 바 있지만 이번 박람회는 그 모두를 능가해야 했고, 그러려면 각 나라가 생산할 수 있는 원자재, 기계 및 기계적 발명품, 제조품, 응용 및 조형 미술품 등의 모든 견본을 포함해야 했다. 박람회는 단순히 유용하거나 장식에 불과해서는 안 되며 큰 도덕적 교훈을 깨우쳐주어야 하고 또한 문명사회 최고의 축복, 다시 말해 평화와 진보와 번영을 보여주는 국제적 기념비가 돼야 했다. 최근 얼마간 상공업에 많은 관심을 쏟은 앨버트는 모든 종류의 기계에 대한 심미안을 갖췄을 뿐만 아니라, 몇 번은 거대하고 복잡한 엔진의 빠진 톱니바퀴를 전문가 못지않은 예리한 눈썰미로 찾아내기도 했다.[73] 앨버트 독 개통식을 위해 리버풀을 방문한 그는 근대 산업의 위력이 얼마나 어마어마한지 절감했다. 하지만 빅토리아에게 보내는 편지에 그 소감을 밝힐 때는 평소의 가벼운 느낌을 유지하려고 노력했다. 그는 장난스럽게 말했다. "내가 편지를 쓰는 지금, 당신은 저녁 몸단장 중일 테고 식사 시간에도 딱 맞추지 못하겠지요. 난 늘 하던 업무를 시작해야 하오. 바라건대 결과는 똑같지 않기를. (…) 리버풀 주민은 충성심과 열의도 대단하지만 열기는 더 대단하다오. 만일 리버풀 인구의 무게를 오늘 아침에 달고 지금 다시 단다면 분명 무게가 훨씬 줄었을 거요. 부두가 아주 멋지고 선박들도 믿을 수 없이 훌륭하다오."[74] 앨버트는 어릴 때부터 예술과 과학에 관심이 깊었던 데다 왕실을 개편하면서 의심의 여지 없는 조직 능력을 보여주었기 때문에 어느 모로 보나 이 일에 제격이었다. 계획안이 완성되자 그는 소위원회를 불러 계획의 골자를 보여주었다. 위원회의 승인이 떨어지자 지체 없이 대규모 사업이 시작되었다.[75]

그러나 박람회 준비가 완료되기까지는 2년이 걸렸다. 2년 동안 앨버트는 쉬지 않고 놀라운 정력으로 일했다. 처음에는 모든 게 순조로웠다. 주요 제조업체들이 이 아이디어를 열렬히 받아들였고 식민지 및 동인도회사가 호의적이었을 뿐만 아니라, 해외 대국들이 서로 앞다투어 도움의 손길을 보냈고 로버트 필 경이 발 벗고 나서주었으며 하이드파크를 박람회 장소로 사용해도 좋다는 정부 인가도 떨어졌다. 앨버트는 박람회 건물을 위한 설계도안 234점 가운데 거대한 온실의 설계자로 유명한 조지프 팩스턴의 도안을 선택했는데, 시공에 들어가려는 찰나에 예기치 않은 문제들이 연달아 발생했다. 우선 오랫동안 여기저기서 들끓고 있던 반대 목소리가 갑자기 터져 나왔다. 『타임스』를 선두로 하이드파크를 박람회 장소로 사용하는 데 대한 강력한 항의가 이어졌다. 박람회 부지가 교외로 밀려나지 않을까 싶은 순간도 있었지만, 하원에서 열띤 논쟁이 벌어진 끝에 하이드파크 사용을 지지하는 쪽이 승리했다. 이어서 프로젝트에 투입할 재정적 지원이 모자란 듯 보였지만, 결국 보증 기금으로 20만 파운드가 지원되면서 이 문제도 해결되었다. 하지만 거대한 유리 건물이 고도를 높여가며 넓은 땅을 차지하고 지붕으로 키 큰 느릅나무들을 둘러막자 반대자들의 분노가 절정에 달했다. 상류층과 신중한 사람들, 보호무역론자, 독실한 사람들이 합세해 강력하게 항의했다. 뿐만 아니라 이 박람회가 영국 전역의 무뢰배와 유럽 전역 불평분자의 집결지 역할을 할 것이며 개막식 날 폭동 내지는 혁명이 일어날지 모른다는 지적이 나왔고, 유리 지붕이 다공성이라서 참새 5000만 마리가 그 위에 똥을 누면 지붕이 내려앉을지도 모른다는 주장도 있었다. 흥분한 비국교도들은 박람회가 영락없이 하느님의 벌을 부를 오만하고 사악한 사업이라고 선언했다. 십소프 대령은 칙어봉답문에 관한 토론에서 하늘이 그 저주받을 건물에 우박과 번개를 내려주기를 기도했다. 그러나 앨버트 공은 흔들리지 않는 인내와 무한한 참을성으로 자신의 목표를 밀고 나갔다. 건강에 무리가 갈 정도였다. 끊임없는 불면증에 시달리고 힘을 거의 소진했지만 앨버트는 슈토크머의 경고를 떠올리며 절대 쉬지 않았다. 작업량은 날이 갈수록 불어났다. 여러 위원회를 꾸리고 공청회를 주관했으며, 연설을 하고, 문명 세계의 각처와 계속해서 의견을 주고받았다. 마침내 그의 노력이 보답을 받았다. 1851년 5월 1일, 휘황찬란한 광채와 승리의 열기가 가득한 가운데 거대한 인파를 앞에 두고 여왕의 주최로 만국박람회 개막식이 열렸다.[76]

빅토리아는 망상에 가까울 정도로 흥분 상태에 빠져들었다. 기쁨과 감사, 놀라움의 무아지경 속에서 직무를 수행한 그녀는 행사가 끝나자 일기장에 그날의 감정을 맹렬하게 쏟아냈다. 개막식은 처음부터 끝까지 영광의 연속이었다. 어쩌면 하나의 웅대한 영광, 그러니까 앨버트가 웅대한 빛을 낸 시간이었는지도 모른다. 그녀가 보고 듣고 느낀 모든 것은 너무 아름답고 훌륭해서 일기 곳곳에 강조의 밑줄이 들어가야 했지만, 펜은 아랑곳하지 않고 여왕의 기억을 따라 장관에서 장관으로 질주했다. 점잖은 엄청난 인파와 나부끼는 각국의 국왕기, 무수한 사람이 들어차 있고 지붕으로 햇빛이 들어오는 거대한 건물 내부, 우리가 숄을 두고 온 작은 쪽방, 야자나무와 기계들, 사랑하는 앨버트, 너무 광대해서 오르간 소리가 들리지 않는 공간, 너무나 감사한 하느님, 호기심 많은 정치인과 명사, 「아탈리」의 행진곡, 하느님께서 사랑하는 앨버트와 조국에 축복을 내리기를! 유리 분수, 팔짱을 끼고 걷는 웰링턴 공작과 앵글시 경, 키스가 제작한 아름다운 여장부 동상, 자부심을 느껴 마땅하며 평범한 정원사의 아들로 태어나 출세한 팩스턴, 눈물에 젖은 조지 그레이 경과 놀람과 기쁨을 감추지 못하는 모든 이.**77**

캔터베리 대주교의 짧은 기도 후 600인 합창단의 「할렐루야 합창곡」이 울려 퍼지려고 할 때 한 장면이 눈길을 끌었다. 전통 의상을 차려입은 한 중국인이 중랑 한가운데로 걸어 나오더니 여왕 쪽으로 천천히 다가가 경의를 표한 것이다. 크게 감동한 여왕은 의심 없이 그를 명망 높은 고관대작이라 여기고는, 마지막 행렬이 대열을 이룰 때 중국 왕조의 대표가 아무도 참석하지 않았으니 그를 외교 행렬에 참여시키라는 명령을 내렸다. 이리하여 그 중국인은 몹시 엄숙하게 곧장 대사들 뒤를 따랐다. 그런 후 그는 자취를 감추었고, 심술궂은 사람들의 입에서는 그자가 고관대작은커녕 순전한 사기꾼이라는 말이 오르내렸다. 하지만 그 출중하게 태연한 황색 얼굴 뒤에 따라다니던 소문의 진상을 알아낸 사람은 아무도 없었다.**78**

며칠 뒤 빅토리아는 이 감격스러운 마음을 외숙에게 쏟아냈다. 5월 1일은 "영국 역사상 가장 위대한 날이자 역대 가장 아름답고 인상적이며 감동적인 행사가 열린 날이었으며, 사랑하는 앨버트의 대성공을 보여준 날이었습니다. 또한 제 생애 가장 행복하고 자랑스러운 날이었다는 것밖에는 아무 생각도 나지 않습니다. 이 훌륭한 구상과 함께 앨버트의 이름은 영원히 기억될 것입니다. 앨버트와 저의 조국인 영국은 스스로 그만한 가치가 있음을 보여주었습니다. 실로 크나큰 승리입니다".[79]

정말 그랬다. 어디서나 열광이 따라다녔고, 한때 신랄한 조롱을 퍼붓던 사람들조차 생각을 바꾸고 입을 모아 칭찬했다.[80] 공공 기관의 축하 인사가 쏟아지고 파리시에서 박람회 위원회에게 큰 축하연을 베풀었다. 여왕 부부는 승리를 자축하는 의미에서 영국 북부를 두루 행차했다. 재정적 성과도 주목할 만했다. 박람회로 거두어들인 총 수익은 16만5000파운드로, 이 돈은 사우스켄징턴에 상설 국립박물관을 건립할 부지를 구입하는 데 사용되었다. 박람회가 진행된 여섯 달 동안 600만이 넘는 인파가 하이드파크를 다녀갔지만 단 한 건의 사고도 발생하지 않았다. 하지만 모든 것에는 끝이 있기 마련이고, 마침내 수정궁을 호젓한 건강 도시 시드넘으로 옮길 때가 다가왔다. 빅토리아는 슬펐지만 묵묵히 이를 받아들이고 마지막으로 하이드파크를 찾았다. "박람회는 무척 아름다웠다. 이제 두 번 다시 볼 수 없다고 생각하니 믿기지 않았다. '소메로폰'이라는 강력하고 멋들어진 관악기와 함께 오르간이 연주되고 있었는데, 그 소리를 들으니 더욱 속상했다. 천막은 무척 더럽고 붉은 커튼은 빛이 바랬으며 많은 것에 짙은 때가 묻어 있지만, 변함없이 신선하고 새로우며 아름다운 느낌을 준다. 유리 분수는 이미 옮겨졌고…… 공병과 광부는 처음과 마찬가지로 작은 상자들을 굴리고 있었다. 그 모습을 보고 있자니 몹시 우울했다." 하지만 뒤이어 기분 좋은 생각이 떠올랐다. 박람회가 모두 마무리되자 여왕은 수상에게 열광에 찬 편지를 써서 한없는 만족감을 표현했다. 사랑하는 앨버트의 이름이 영원히 기억될 것이고 온 국민이 이를 인정한다는 사실은 끝없는 행복과 감사의 원천이 된다고 말한 후, 여왕은 다음과 같이 결론을 내렸다. "이토록 훌륭하고 고귀하며 뛰어난 사람과 부부의 연을 맺도록 허락하신 신의 섭리에 감사함을 느끼며, 올해는 제 생애에서 가장 자랑스럽고 행복한 해로 영원히 기억될 것입니다. (직접 참석하지 못해 매우 안타까웠던) 박람회 마지막 날은 제가 남편과 약혼한 지 열두번째 되는 기념일이었는데, 묘한 우연의 일치가 아닐 수 없습니다."[81]

5

파머스턴 경

1

1851년 앨버트 공의 운은 정점에 이르렀다. 만국박람회의 성공으로 명성을 크게 떨쳤고, 이후 국정에서도 주요한 위치를 점해놓은 듯 보였다. 그런데 그해가 끝나기 전, 그는 완전히 다른 활동 영역에서 또다시 승리자가 되었다. 숙명적 결과를 불러온 이번 성공은 그 자체로 여러 복잡한 상황이 수년간 절정을 향해 내달린 끝에 나온 성과였다.

상류사회에서 앨버트의 인기는 시간이 지나도 높아질 줄 몰랐다. 귀족들은 계속 그를 탐탁지 않게 여겼고, 그럴수록 그도 그들을 경멸하며 거리를 두었다. 잠시 상류층의 반감이 따뜻한 우정으로 바뀔 것 같은 순간은 있었다. 예상을 깨고 지방 순회 때 앨버트가 말을 타고 사냥을 나서며 훌륭한 면모를 보였던 것이다. 그들은 당연히 앨버트의 승마 실력이 형편없을 것이라고 여겼는데, 이곳에서 그는 마치 레스터셔에서 나고 자란 사람처럼 5단 장애물을 뛰어넘고 쏜살같이 여우를 쫓아다녔다. 믿을 수 없는 광경이었다. 그들의 판단이 틀렸다는 말인가? 결국 앨버트는 좋은 친구였던가? 만일 앨버트가 그런 평가를 원했다면 분명 이 기회를 빌려 사냥꾼 몇 명을 기용하고 늘상 써먹었을 것이다. 하지만 그는 그럴 마음이 없었다. 사냥은 지루하기 짝이 없는 데다 빅토리아를 조마조마하게 했다. 그 자신도 말했듯이 그는 전과 다름없이 재미가 아닌, 운동 삼아 또는 편의를 위해 말을 탔다. 말을 제법 탔던 것은 분명하지만 스포츠맨과는 거리가 멀었다.[1]

　이는 심각한 문제였다. 단순히 앨버트가 남녀 귀족의 비웃음을 샀다거나, 결혼 전 사교계 명사였던 빅토리아가 남편의 영향으로 그 입지를 거의 포기했다거나 하는 문제가 아니었다. 찰스 2세 이후 영국 군주들은 단 한 명을 제외하면 늘 비호감이었고, 그 한 명이 조지 4세라는 사실은 이 통례에 힘을 실어주는 듯했다. 따라서 문제는 호감을 얻지 못하는 게 아니라 다른 중요한 자질들이 부족한 것이었다. 상류층의 적대감은 단순히 예절이나 취향 문제를 뛰어넘는 반감의 표시였다. 한마디로 앨버트는 영국인 같지 않았다. 그 말의 정확한 의미를 설명하기는 어렵지만 그 사실은 누가 봐도 분명했다. 비호감이기는 파머스턴 경도 마찬가지였다. 휘그당 귀족은 그를 본체만체했을 뿐만 아니라 운명이 자신들에게 떠안긴 불쾌한 숙명으로만 여기며 참아냈다. 하지만 파머스턴 경은 뼛속까지 영국인이었고 놀랄 만한 정력으로 영국 민족의 기본 자질들을 드러냈다. 게다가 그는 앨버트와 정반대였다. 기이한 우연으로 이 전형적인 영국인이 바다 건너 온 이방인과 누구보다 더 가깝게 지내야 하는 상황이 찾아왔는데, 운이 따라줬더라면 그냥 조용히 지나쳤을 두 사람의 차이점이 이 기회로 유감없이 드러나게 되었다. 앨버트의 영혼은 불가사의한 힘을 동원해 역경과 맞섰으며, 마치 영국 자체와 힘겨루기라도 하는 것처럼 오랫동안 격돌을 이어갔다.

파머스턴은 영국 내각에서 전 생애를 보냈다. 스물두 살에 내각 대신이 되어 스물다섯에 재무장관직을 제안받았지만 의외로 신중한 성격을 드러내며 제안을 거절했다. 그는 첫 공무를 21년간 교체되는 일 없이 이어갔으며, 그레이 경이 집권했을 때 외무장관으로 임명되어 또다시 21년간 두 번의 휴식기를 제외하고는 이 직무를 도맡아 처리했다. 이 기간 내내 국민 사이에서 그의 명성은 꾸준히 높아졌으며, 1846년 세번째로 외무장관에 부임했을 때 그의 국내 입지는 존 러셀 수상과 완전히는 아니더라도 거의 동급 수준이었다. 당시 예순둘의 거구였던 그는 쾌활한 인상에 얼굴이 크고, 물을 들인 콧수염에 조소를 품은 듯한 긴 윗입술이 특징이었다. 사생활은 전혀 존경할 만한 게 못 되었지만 만년에 멜버른 경의 누이이자 영향력 있는 휘그당 안주인 중 한 명인 레이디 쿠퍼와 결혼해 사회적 입지를 크게 다졌다. 영향력이 큰 데다 노련하고 극도로 자신감이 넘쳤던 그는 당연히 앨버트에게 큰 관심을 두지 않았다. 그래야 할 이유가 없었다. 앨버트 공이 외교 문제에 관심이 있다고? 좋다, 그럼 앨버트의 관심을 파머스턴 자신에게로 돌려보자. 자신은 앨버트가 요람 속에 있을 때 내각 대신이었고, 위대한 국민이 선택한 지도자이며, 평생 자신에게 맡겨진 일에 실패해본 경험이 없었다. 그렇다고 그가 앨버트 공의 관심을 원한 것은 아니었다. 오히려 그 반대였다. 그가 보기에 앨버트는 유일하게 탁월한 점이라곤 영국 여왕과 결혼한 일밖에 없는, 결점이 없어서 고생하는 젊은 외국인에 지나지 않았다. 이런 평가가 잘못되었음을 그는 쓴맛을 보고서야 깨달았다. 앨버트는 결코 만만한 인물이 아니었으며, 앨버트 뒤에는 역시나 만만치 않은 인물이 버티고 있었다. 바로 슈토크머였다.

하지만 파머스턴은 자신의 계획과 야망, 외무부 운영으로 바빴기 때문에 이런 고려 사항을 한쪽에 치워두었다. 이는 그가 선호하는 행동 방침이었다. 그는 본능에 충실한 사람, 다시 말해 빠른 눈썰미와 완력, 필요할 때마다 살아나는 비상한 위기관리 능력, 각각의 상황에서 긴요한 요소를 파악해내는 반무의식적인 감각을 지닌 사람이었다. 게다가 무척 대담하기까지 해서, 강풍이 부는 날 국가라는 배에 돛이란 돛은 다달고 거친 바다를 나서는 일보다 그를 흥분시키는 일은 없었다. 하지만 대담함이 지나치면 경솔함이 되는 법이고, 이 경계는 이성이 아닌 직관으로만 인지할 수 있는데 파머스턴은 절대 그 경계를 넘지 않았다. 부득이하게 그럴 수밖에 없는 경우에는 서행하는 길을 택했는데, 어느 정도였냐 하면 거침없는 행보로 가득한 그의 공직 생활이 한편으로는 '참고 기다리면 좋은 수가 생긴다'는 속담의 훌륭한 표본이 될 정도였다. 하지만 급히 가기로 마음먹었을 때는 어느 누구보다도 빨랐다. 어느 날 그는 오즈번을 다녀오는 길에 런던행 기차를 놓쳐버렸다. 임시 열차를 마련하라고 지시했지만 역장은 그 시각에 임시 열차를 운영하면 위험하다는 이유로 이를 허용하지 않았다. 파머스턴은 런던에 중요한 볼일이 있어서 지체할 수 없다며 고집을 부렸다. 역장은 다른 역무원들의 지지에 힘입어 계속 난색을 표하며 회사는 이 일을 책임질 수 없다고 말했다. 그러자 파머스턴이 즉석에서 위압적으로 소리쳤다. "그럼 내가 책임지겠소!" 이에 임시 열차를 운영하라는 역장의 지시가 떨어졌고 외무장관은 아무 사고 없이 제때 런던에 도착할 수 있었다.[2] 이 대표적인 일화는 그가 적절히 용기를 발휘해 자신과 국가의 일을 모두 수행하곤 했음을 보여준다. "영국은 용감히 결과를 대면할 만큼 강한 나라입니다."[3] 그는 이렇게 말하곤 했다. 파머스턴이 공직에 있는 동안 분명 영국은 그랬다. 역무원들이 반대하며 부들부들 떨 때 그는 대수롭지 않게 "내가 책임지겠소!"라는 말로 그들의 호소를 일축하고는, 재빨리 국가라는 기차를 자신이 선택한 선로 위에 올려놓고 아무 사고 없이 승리의 목적지까지 데려갔다. 그의 어마어마한 대중적 인기는 외교 성과와 놀랍도록 싹싹한 성격 덕분이기도 했지만, 주로 국민의 의견에 열정적으로 반응하고 국민의 이익을 열렬히 지지한 결과였다. 대중은 그가 기세등등한 주인일 뿐만 아니라 헌신적인 종이기도 하다는 사실을, 즉 어느 모로 보나 공인이라는 사실을 알았다. 수상 시절 파머스턴은 그린파크 잔디 위에 철제 허들이 세워진 것을 보고는 곧장 담당 대신에게 혹독한 편지를 보내 즉시 치우라고 지시한 후 이는 "시민에게 엄청난 폐를 끼치는 행위"로 잔디의 용도는 "남녀노소 누구나 아무 제약 없이 그 위를 자유롭게 산책하는 것"이며 "공원은 시민의 즐거움을 위해 유지된다"고 공언했다.[4] 그가 외무장관으로서 해외에 나가 있는 영국인들의 이익을 보호한 것도 이런 마음에서였다. 영국인들에게 이보다 더 기분 좋은 일은 없었겠지만 외국 정부의 입장에서는 달갑지 않은 일이었다. 이들에게 파머스턴 경은 성가시고 짜증 나며 두려운 존재였다. 파리 사람들은 숨을 죽인 채 "소름 끼치는 파머스턴 경" 얘기를 했고, 독일 사람들은 그에 대한 짧은 노래를 만들었다.

"악마에게 아들이 있다면,
분명 파머스턴이 그 아들이리라."[5]

하지만 이들의 불평과 위협과 불안은 아무 소용이 없었다. 파머스턴은 윗입술로 조소하듯 곡선을 그리며 용감히 결과를 대면하면서 묵묵히 자기 길을 갔다.

파머스턴의 복귀 후 첫 외교 위기는 여왕 부부와 밀접하게 관련되어 있었지만 왕실과 대신 간의 심각한 의견 대립 없이 지나갔다. 지난 몇 년간 유럽 공관들을 당혹시킨 미묘한 문제가 그 발단이었다. 나폴레옹 시대부터 줄곧 시민 격동의 먹잇감이었던 스페인은 크리스티나 왕대비와 어린 딸 이사벨 여왕의 통치 아래 잠시 비교적 평화로운 상태에 접어들었지만, 1846년 오랫동안 외교적 공론의 대상이었던 이사벨의 혼사 문제가 갑자기 급박해졌다. 후보로 거론된 사람은 이사벨의 사촌 두 명과 또 다른 스페인 왕자, 그리고 빅토리아와 앨버트의 사촌인 작센코부르크의 레오폴드 공이었는데, 이 젊은이들은 각기 다른 이유에서 만족스러운 평가를 받지 못했다. 이사벨이 아직 열여섯 살이 되지 않았기 때문에 혼사를 몇 년 더 미루어도 된다는 사실은 논외로 여겨졌다. "스페인 공주들이 어떤지 몰라서 하는 소리요. 이 공주들의 몸속엔 악마가 살고 있다오. 늑장 부리다간 남편을 정하기 전에 왕위 계승자가 먼저 태어난다는 소리가 괜히 나오는 게 아니오."**6** 한 고위 관리가 한 말이다. 그리고 일반 통념과 달리 어린 여왕의 혼사는 본인과 어머니, 스페인 정부가 결정할 일이 아니었다. 주기적으로 이루어지는 18세기 방식으로의 회귀 때문에(이런 회귀는 지금까지도 외교에 존재한다고 전해진다) 이 혼사는 프랑스와 영국의 외교정책에 대단히 중요한 문제가 되었다. 몇 년간 프랑스의 루이 필리프 왕과 프랑수아 기조 수상은 은밀하게 교묘한 계획을 세웠다. 프랑스 왕의 목표는 루이 14세의 눈부신 업적을 재현하고 손자 한 명을 스페인 왕좌에 앉힘으로써 두 나라의 국경을 허무는 것이었다. 하지만 아들인 몽팡시에 공작을 이사벨과 결혼시키는 것은 너무 속보이는 행동인 데다 그렇게 했다간 영국에서 즉시 들고 일어날 게 뻔했기 때문에, 그는 이사벨을 그녀의 사촌 카디스 공작과 결혼시키고 몽팡시에는 이사벨의 여동생 인판타 페르난다와 결혼시키자고 제안하며 이를 반대하고 나서는 사람이 없기를 기도했다. 그러고는 아무것도 모르는 기조 수상에게 자신의 교활한 속셈을 털어놓았는데, 믿을 만한 근거에 따르면 카디스 공작은 불임이기 때문에 스페인 왕위는 페르난다의 후손이 물려받을 가능성이 컸다. 기조는 만족스러운 듯 양손을 비비고는 즉시 필요한 절차를 밟기 시작했지만, 당연히 영국 정부도 곧 이 계략을 알아차렸다. 영국 정부는 이 문제를 아주 심각하게 받아들였다. 자칫하면 유럽의 권력 균형이 무너질 수 있는 상황이었기 때문에 무슨 일이 있어도 프랑스의 음모를 방해해야 했다. 엄청난 외교적 투쟁이 이어졌고, 금방이라도 제2의 스페인계승전쟁이 벌어질 듯 보였다. 다행히 전쟁은 피했지만, 이 뜻밖의 시국은 당사자 누구도 전혀 짐작할 수 없을 만큼 중대한 결과를 불러왔다.

　길고 복잡한 협상 과정에서 루이 필리프 왕이 특히 힘주어 말한 것은 작센코부르크가의 레오폴드 공이 후보 자격이 되는가 하는 문제였다. 프랑스 왕은 코부르크 가문의 자손과 스페인 여왕의 혼인이 적어도 몽팡시에 공작과 인판타의 혼인만큼 유럽의 권력 균형에 위협이 된다고 말했는데, 실제로 충분한 근거가 있는 주장이었다. 현재 코부르크 가문은 전 유럽에 큰 세력을 뻗치고 있었다. 나폴레옹전쟁 때 이 공국에 닥친 피해는 오히려 그 생명력을 키우는 역할을 했을 뿐이었다. 레오폴드 왕은 벨기에에 확고한 기반을 잡았고 그의 조카딸은 영국 여왕이었으며 한 조카는 영국 여왕의 남편, 또 한 조카는 포르투갈 여왕의 남편이었고 또 다른 조카는 뷔르템베르크 공작이었다. 이 기세가 어디까지 갈 것인가? 마치 유럽 왕가에 공석이 생기면 언제라도 사람을 보내 채울 수 있도록 코부르크 신탁이라도 준비되어 있는 듯했다. 이 영향력은 유럽 너머에까지 손을 뻗으려고 했다. 브뤼셀을 방문한 한 미국인이 레오폴드 왕에게 미국인들은 폭도의 무질서보다 군주제를 지지하는 정서가 강하다며, 기쁘게도 코부르크 가문 출신이 그 자리에 오를 수도 있다는 뜻을 내비쳤던 것이다.[7] 이 가능성은 희박할지 몰라도 스페인 문제는 충분히 가능한 이야기였기 때문에, 만일 레오폴드 공이 이사벨 여왕과 결혼하면 프랑스는 완전한 위험까지는 아니더라도 굴욕적인 입장에 처하게 된다는 게 루이 필리프의 주장이었다. 영국 정부는 레오 폴드 공을 지지할 마음이 없었고, 앨버트와 빅토리아가 이 혼사를 바라고 있기는 했지만 지혜로운 슈토크머가 두 사람을 설득해 그 생각을 포기시켰기 때문에 이로써 합의의 가능성이 열리는 듯했다. 프랑스가 몽팡시에를 무조건 앞세우지 않는다면 영국도 레오폴드를 무작정 지지하지 않을 것이다. 루이 필리프 왕을 비롯한 기조 측과 여왕 부부를 비롯한 애버딘 경 측 사이에 몇 차례 대화가 진행된 후 외$_{Eu}$성에서 합의가 성사되었다. 외무장관 애버딘이 영국은 레오폴드 공을 스페인 여왕의 남편감으로 인정하지도 지지하지도 않겠다고 선언하자, 루이 필리프 왕도 스페인 여왕이 결혼해 후사를 낳기 전에는 몽팡시에 공작과 인판타 페르난다를 결혼시키지 않겠다고 애버딘과 빅토리아에게 엄숙히 약속했다. 모든 게 원만히 해결되고 위기가 끝나는 듯 보이던 그때, 애버딘의 뒤를 이어 외무부에 입성한 파머스턴 경이 갑자기 이 문제를 들쑤셨다. 그는 마드리드 주재 영국 대사에게 보내는 긴급 공문에 이사벨 여왕의 남편감 후보자 명단에 코부르크의 레오폴드 공을 넣어야 한다고 말하는 한편, 서신을 보낸 김에 스페인 정부의 폭압과 무능을 격한 말로 맹비난했다. 어떤 상황이었든 경솔하긴 마찬가지였겠지만 그 내용이 기조의 귀에 들어가면서 이 공문은 훨씬 더 경솔한 조치가 되고 말았다. 루이 필리프는 기회를 알아보고 즉각 물고 늘어졌다. 파머스턴의 서신에는 그가 레오폴드 공을 인정한다는 말도 지지한다는 말도 없었지만, 루이 필리프는 영국이 약속을 깼으니 자신도 똑같이 해도 된다고 여겼다. 그래서 왕대비에게 긴급 공문을 보내 영국이 코부르크 왕족과 스페인 여왕을 결혼시킬 음모를 꾸미고 있다고 말한 뒤 스페인 정부에 대한 파머스턴의 반감을 지적하고는, 이사벨과 카디스 공작을 결혼시키고 페르난다와 몽팡시에를 결혼시킴으로써 이 곤경에서 벗어나고 프랑스와의 친선을 다지라고 촉구했다. 불안과 분노에 휩싸인 왕대비는 쉽게 설득당했다. 다만 한 가지 문제가 있었는데, 이사벨이 사촌을 보기만 해도 질색한다는 사실이었다. 하지만 이 문제는 곧 해결되었다. 성에서 떠들썩한 만찬 파티가 열렸고, 파티가 무르익는 동안 어린 여왕은 자신에게 들어오는 모든 요청을 승낙하도록 구슬러졌다. 얼마 지나지 않아 두 쌍의 결혼식이 같은 날 거행되었다.

이 소식이 영국 정부에 폭탄처럼 날아들었다. 교활한 루이 필리프 왕의 술책에 완전히 당했다고 생각한 영국 정부는 분노와 굴욕으로 몸을 떨었다. 특히 빅토리아가 분개했다. 그녀는 루이 필리프 왕의 서약을 직접 받은 당사자였다. 뿐만 아니라 루이 필리프 왕은 여왕의 마음을 얻기 위해 웨일스 공에게 병정이 담긴 상자를 선물하고, 프린세스 로열에게는 눈을 떴다 감았다 하는 아름다운 파리풍 인형을 보냈다. 그런데 이제 상처로도 모자라 모욕까지 얹어주었다. 프랑스 왕비가 공식 서신을 통해 빅토리아도 분명 관심이 있을 아들 몽팡시에의 결혼 소식을 차분히 알리며 이 결혼이 "우리의 내적 행복, 다시 말해 이 세상 유일의 진정한 행복을 더해줄 것이며 여왕께서도 이를 높이 평가할 수 있을" 것이라고 말한 것이다.[8] 하지만 영국 여왕은 복수를 오래 기다릴 필요가 없었다. 열여덟 달도 지나지 않아, 낮은 평판에 인기도 없고 영국의 지지 철회로 쇠약해질 대로 쇠약해진 루이 필리프의 군주제가 속절없이 무너져 내렸다. 루이 필리프 왕과 가족은 도움을 구걸하는 도망자 신세로 빅토리아의 발밑에 무릎을 꿇었다.[9]

2

이 사건이 터졌을 때 여왕 부부는 협상을 깬 루이 필리프에게 너무 열중한 나머지 파머스턴에게 노여움을 퍼부을 여력이 없었다. 그리고 실제로 요점을 대하는 파머스턴의 태도와 여왕 부부의 태도는 완전히 일치했다. 하지만 이는 사안이 특별한 경우였고, 향후 몇 년 동안 심각한 대외 문제가 터질 때마다 여왕 부부와 외무장관의 의견은 끊임없이 충돌했으며 그 골도 깊었다. 두 파가 맹렬한 적개심을 드러내며 서로 으르렁대고 있는 포르투갈을 두고도 날선 대립이 오고 갔다. 여왕은 자연스럽게 포르투갈 여왕과 그녀의 코부르크 남편 쪽을 지지했지만, 파머스턴은 포르투갈의 진보 세력을 옹호했다. 이런 긴장감은 1848년 최고조에 이르렀다. 걸핏하면 군주들의 머리에서 왕관이 굴러떨어지던 이 혁명의 해에 앨버트와 빅토리아는 영국의 정책이 독일, 스위스, 오스트리아, 이탈리아, 시칠리아의 반란군을 꾸준히 옹호하는 쪽으로 흘러가는 모습을 보고 간담이 서늘해졌다. 이런 상황은 파머스턴이 마음속으로 바라 마지않던 일이었다. 사방에 위험과 흥분, 결단할 일, 행동할 기회가 넘쳐났다. 조지 캐닝의 신봉자였던 파머스턴은 외국 군주들에 대한 영국 신사의 경멸과 혐오를 가슴 깊이 품고 있었기 때문에 민중 봉기로 압제자들이 그들 스스로 먹칠한 궁에서 수치스럽게 쫓겨나는 모습에 한없는 기쁨을 맛보았고, 이 위대한 싸움에서 영국이 어느 편에 서 있는지 한 점의 의혹 없이 전 유럽에 보여주기로 결심했다. 그렇다고 그가 철학적 급진주의를 추구한 것은 아니었다. 그에게서는 어떠한 철학도 느껴지지 않았다. 그는 그저 모순된 모습을 보이는 데, 그러니까 국내에서는 보수주의자, 해외에서는 자유주의자가 되는 데 크게 만족했다. 아일랜드인들의 자리를 지켜주는 것은 그럴 만한 이유가 있어서이며, 이것과 저것 사이에는 아무 관련도 없었다. 중요한 것은 제대로 된 사람이면 나폴리의 정치범 수용소 이야기를 읽고 속이 뒤틀린다는 사실이었다. 그는 전쟁을 원하지 않았으며, 영국의 힘을 교묘하고 단호하게 사용하면 전쟁 없이도 유럽 자유주의자들의 대의를 효과적으로 발전시킬 수 있으리라고 보았다. 이는 어렵고 위험한 게임이었지만 그는 기꺼이 그 게임에 발을 들여놓았다. 그런데 심히 짜증 나게도 온 정신력을 집중하고 최대한 행동의 자유를 누려도 모자랄 판에 오즈번 작자들이 사사건건 훼방을 놓고 교란을 시켰다. 파머스턴은 이게 어떻게 된 상황인지 이해했다. 이렇게 체계적이고 정보에 근거한 반대는 여왕 혼자서 절대 할 수 없는 일이었다. 이 모든 일의 배후에는 앨버트 공이 있었다. 대단히 성가셨지만 갈 길이 바빴던 그는 무작정 기다리고 있을 수 없었다. 앨버트 공이 계속 방해한다면 한쪽으로 치워버리는 수밖에 없었다.

앨버트는 길길이 날뛰었다. 그에게는 파머스턴의 정책도 행동 방식도 모두 못마땅했다. 앨버트도 절대주의 체제에 반대하긴 했지만, 그가 볼 때 파머스턴의 행동은 나라를 절대주의 체제 대신 파벌 싸움과 군중 폭력의 무정부 상태로 만들려는 계산에서 나온 듯했다. 이는 절대주의 체제보다 좋을 게 없었고 오히려 더 나쁘기까지 했다. 이런 혁명적 소요 사태의 위험은 심각했으며, 심지어 영국에서도 언제라도 헌법을 뒤엎고 군주제를 폐지할 수 있는 불길한 차티스트운동이 걷잡을 수 없이 퍼져나갔다. 국내에 이런 위험이 도사리고 있기 때문에 해외의 무법 상태를 독려하는 편에 서기에는 분명 시기상 좋지 않았다. 앨버트는 자연스럽게 독일에 특별한 관심을 쏟았다. 그의 본능과 애정, 호의는 뼛속까지 독일 편이었다.

게다가 슈토크머가 독일 정치에 깊이 관여하고 있었고, 독일의 지배 가문 중 많은 수를 차지하는 그의 친척들이 혁명의 혼란 한가운데서 일주일에 한 번씩 그에게 불안이 담긴 장문의 편지를 보내왔다. 모든 관점에서 독일의 앞날을 고려한 그는 슈토크머의 지도 아래 다음과 같은 결론을 내렸다. 프로이센의 통치하에 독일이 하나로 뭉치는 일이야말로 독일을 사랑하는 모든 이의 원대한 목표가 될 것이다. 상황이 지나치게 복잡했고 시시각각 벌어지는 일들이 어떤 결과를 낳을지 가늠하기 어려웠다. 그런데도 파머스턴은 이 중대한 문제의 미묘함에 대한 이해도, 이해할 마음도 없었을 뿐 아니라 프로이센에 대한 얼토당토않은 불신을 빼면 어떠한 동기도 체계도 없는 채 사방에 공격을 가하며 맹목적으로 뛰어들었다. 앨버트는 이 모습에 놀라움을 금치 못했다.

하지만 앨버트가 파머스턴의 정책에 사사건건 반대하고 나선 것은 그저 두 남자의 성격이 근본적으로 달라서 나타난 결과였다. 앨버트가 보기에 파머스턴은 야비하고 앞뒤를 가리지 않는 자기중심주의자로, 오만과 무지가 결합해 필연적으로 어리석은 행동과 엄청난 불행을 낳았다. 인내와 반성, 원칙과 추론 습관이 기이할 정도로 결여된 사람만큼 앨버트 공의 비위를 거스르는 이는 없었다. 그는 급하게 생각하거나 앞뒤 생각 없이 곧장 결론을 내거나 설명할 수 없는 본능에 따라 행동하는 것을 견디지 못했다. 모든 일은 신중한 계획에 따라 순차적으로 처리하고, 먼저 그 입장의 전제를 확고하게 다지며, 일정한 합리적 절차에 따라 타당한 결론에 도달해야 했다. 복잡한 문제(제대로 보면 복잡하지 않은 문제가 어디 있겠는가?)에는 종이에 생각을 기록해두는 방법을 쓰는 것이 가장 현명하며, 이것이야말로 앨버트가 아무리 귀찮아도 변함없이 사용하는 방침이었다. 또한 사전과 사후에 논리 정연한 보고서를 작성하는 게 현명하다고 여겨 무슨 일이 있든 늘 비망록을 작성했다. 한번은 로버트 필 경과의 밀담을 풀스캡판 여섯 쪽에 간추린 후 그에게 낭독해주고는 서명을 부탁했다. 확약을 싫어하는 로버트 경이 몹시 불안해하자 앨버트는 영국인 특유의 감수성을 맞추어줘야 함을 이해하고 눈치껏 해당 비망록을 불 속에 집어넣었다. 하지만 파머스턴은 앨버트에게 비망록을 읽을 기회조차 주지 않았다. 파머스턴은 논의를 싫어하는 게 분명해 보였고, 다른 사람들이 상황을 인지하기도 전에 이렇다 할 경고도 없이 필연적으로 유럽 전쟁을 초래할 만한 말도 안 되는 극단적인 계획에 돌입하곤 했다. 문제를 모든 관점에서 철저히 검토하고 일을 속속들이 파악해 명확한 원칙에 따라 행동하고자 하는 앨버트의 바람은 그가 지닌 조심스럽고 고통스러운 합리성과도 밀접하게 관련되어 있었다. 슈토크머의 후견 아래 그는 끊임없이 자신의 관점을 확장하고, 이론으로나 실제로나 중요한 문제를 정확하고 깊이 있게 직시하고자 했다. 이런 정신을 소유한 사람에게, 원칙이

뭔지도 모르고 무조건 저지르고 보는 파머스턴의 행동은 만사가 귀찮은 아이의 일관성 없는 변덕이나 다름없었다. 파머스턴이 경제학과 과학, 역사를 얼마나 알며 도덕과 교육을 위해 어떤 노력을 했을까? 또한 노동자 계급의 생활 여건 개선과 인류의 전반적인 향상을 위해 평생 얼마나 고민했을까? 이에 대한 대답은 너무도 분명했다. 아마도 파머스턴은 의기양양하게 이렇게 말하지 않았을까? "아! 전하께선 훌륭한 계획을 짜고 어떻게 하면 유익한 결과를 낼까 고민하시느라 바쁘시군요. 그런데 전 오전 업무만으로도 충분하답니다. 그린파크에서 철제 허들을 치우라는 지시도 해뒀죠."

이 짜증 나는 인간은 게다가 말 한마디 없이 미소와 침묵으로 일관하며 용납하기 힘든 자기 방식을 고집했다. "한쪽으로 치워버리는" 절차도 이내 가동되었다. 외무부의 주요 공문이 여왕에게 뒤늦게 보고되어 바로잡을 시간이 없거나 아예 보고되지 않는 일이 발생했다. 또는 보고 후 일부 구절이 마음에 들지 않아 수정을 지시해도 결국 원안대로 발송되었다. 여왕이 항의하고, 앨버트가 항의하고, 둘이 함께 항의해도 소용없었다. 파머스턴은 몹시 미안해하며 어떻게 이런 일이 생겼는지 모르겠다고 변명하고는, 서기관들을 호되게 꾸짖어 두 번 다시 이런 일로 여왕의 심기를 건드리는 일이 없게 하겠다고 약속했다. 하지만 아니나 다를까 얼마 지나지 않아 또 그런 일이 발생했고 여왕의 불만은 고조되었다. 또다시 당파심에 휩싸인 빅토리아는 앨버트와 달리 개인적인 격정을 담아 불만을 표시했다. 파머스턴 경은 그녀가 영국 여왕임을 잊었단 말인가? 여왕의 이름으로 보내는 해외 서신에 여왕의 승인도 받지 않고, 여왕이 그런 사실조차 모른다는 게 말이 되는 일인가? 영문도 모른 채 해외 군주들로부터 분개에 찬 답장을 받는 것보다 여왕의 위신을 떨어뜨리는 일이 또 어디 있단 말인가? 게다가 해외 군주들의 말은 구구절절 옳았기 때문에 뭐라 대꾸할 수도 없었다. 여왕은 수상에게 고충을 토로했다. "어떤 항의도 파머스턴 경에게는 소용이 없군요."[10] 또 한번은 이렇게 말했다. "이번에도 파머스턴 경이 공문을 보내기 전에 초안을 보고할 시간이 없었다고 변명하는군요."[11] 여왕은 수상 존 러셀 경을 면전에 불러 분노를 쏟아낸 뒤 나중에 앨버트의 조언에 따라 비망록에 그날 있었던 일을 기록했다. "나는 파머스턴 경이 편협하고 일방적인 관점으로 문제를 봄으로써 영국의 명예를 자주 위태롭게 하며, 러셀 경도 전적으로 동의하듯 파머스턴의 서신이 몹시 불쾌할 뿐 아니라 큰 해를 끼친다고 지적했다. 또한 걱정 때문에 마음 편할 날이 없다고 일렀다."[12] 그러고는 외숙에게 눈을 돌려 유럽 상황에 대한 포괄적이고 절망 어린 논평이 담긴 편지를 썼다. "독일의 상황이 끔찍합니다. 그토록 평화롭고 행복이 가득했던 나라가 이런 꼴이 되다니 참담한 마음입니다. 그곳에 아직도 좋은 사람들이 있다는 걸 믿어 의심치 않지만, 그들이 이런 끔찍하고 수치스러운 일을 스스로 허락한 것도 사실이지요. 그리고 프랑스에 곧 위기가 닥칠 듯합니다. 저희가 이번 중재에 얼마나 형편없었는지 아시겠지요! 아일랜드가 저희 손아귀에서 바르르 떨며 배반할 날만을 기다리고 있는 상황에서 오스트리아에게 합법적 소유권을 포기하라고 강요하는 건 도덕적으로 옳지 못한 일이잖아요.[13] 캐나다나 몰타 지역에서 분란이 일면 저희는 뭐라고 해야 할까요? 그 생각을 하면 마음이 너무 괴롭습니다."[14] 하지만 이는 파머스턴이 신경 쓸 바가 아니었다.

존 러셀 경의 입장은 갈수록 난처해졌다. 그는 여왕을 무시하는 동료를 용납할 수 없었다. 그래서 파머스턴에게 더 조심하라고 애원했지만 돌아온 대답은 실망스러웠다. 파머스턴은 한 해에 외무부를 거쳐 가는 문서만 2만8000건인데 이걸 하나하나 여왕에게 보고했다간 심각한 지연이 생길 것이고, 게다가 꼼꼼한 앨버트 공에게 초안을 넘길 때 수반되는 시간 낭비와 근심은 안 그래도 과중한 업무에 시달리는 장관에게 너무나 큰 부담이 될 것이며, 실제로 이런 이유로 중요한 결정이 연기되어 달갑지 않은 외교 결과를 낳은 적이 있다고 대답했다.[15] 이 변명을 좋게 받아들이기에는 러셀 경 자신도 파머스턴 경에게 못지않은 무시를 받았다. 보통 파머스턴은 아주 중요한 공문을 수상에게조차 전달하지 않았다. 외무장관이 거의 독자적인 세력처럼 자기만의 방식으로 일을 처리하며 영국의 정책을 좌지우지하는 상황이었다. 실제로

1847년에는 내각이나 수상과 한마디 상의도 없이 프랑스와 외교 관계를 깨겠다고 엄포까지 놓으려 했다.[16] 이런 일들이 끊임없이 되풀이되고 있었다. 이 사실을 안 앨버트 공은 자신에게 기회가 왔다고 여겼다. 두 정치인 사이를 확실히 갈라놓고 러셀 경의 동맹을 얻어낼 수만 있다면 파머스턴을 제압하고 제거하는 일은 따놓은 당상일 터였다. 앨버트는 본연의 끈기를 모두 발휘해 그 일에 착수했다. 그와 여왕은 수상에게 갖은 압력을 넣었다. 편지를 쓰고 한바탕 연설을 늘어놓는가 하면, 어느 순간 지독한 침묵에 빠지기도 했다. 한번은 내각의 주요 대신인 클래런던 경이 여왕 부부의 비통함을 전하는 유용한 통로가 되었다. 그를 만찬에 부른 "여왕은" 식사가 끝나자마자 "폭발하더니 파머스턴의 모든 행동, 세계에 끼친 영향, 그에 따른 여왕 자신의 기분과 감정을 몹시 격하고 신랄하게 털어놓기 시작했다". 여왕의 말이 끝나자 이번에는 앨버트 공이 흥분은 덜하지만 못지않게 힘을 주어 이야기를 시작했다. 클래런던 경도 파머스턴의 방식이 맘에 들지 않기는 마찬가지였지만 그래도 자신의 동료였으며 여왕 부부의 태도도 못마땅했다. 그가 보기에 여왕 내외는 "국정을 수행하는 사람을 대신이 아닌 궁정 신하라고 잘못 생각하고" 있을 뿐만 아니라 "외무부가 왕실의 고유 부서이고 따라서 자신들에게 영국의 외교정책을 총괄까지는 아니더라도 통제할 권리가 있다고 착각하고" 있었다. 그래서 자신은 어떤 식으로든 이 문제에 끼어들 생각이 없음을 최대한 정중하게 이해시켰다.[17] 하지만 러셀 경에게는 사실 어떠한 압력도 필요 없었다. 여왕에게 치이고 외무장관에게 무시받는 처지였던 그는 하루하루가 고달팠다.[18] 유럽 외교 역사상 가장 복잡한 문제로 손꼽히는 끔찍한 슐레스비히홀슈타인 문제가 터지면서 맷돌 사이에 낀 신세가 된 그는 확실히 견디기 힘들어졌다. 무엇보다도 그는 파머스턴을 외무부에서 내쫓고 싶었다. 하지만 파머스턴이 나가지 않겠다고 버틴다면?

이 무렵 앨버트 공이 여왕과 함께 수상을 내담한 후 작성한 비망록에는 그 자리에 없던 존재, 즉 가공할 분노의 원인 제공자인 방탕하고 거만한 파머스턴의 위협 앞에 하나로 단결한 이 세 사람의 심리 상태, 다시 말해 러셀 경의 불안과 짜증, 빅토리아의 격한 적개심, 앨버트의 합리적인 반감이 드러나 있다. 이날 대화 중에 러셀 경은 외무장관이 교체에 동의할 것이며 파머스턴 본인도 자신이 사적이 아닌 공적인 이유로 여왕의 신뢰를 잃었음을 알고 있다고 말했다. 그러자 "여왕이 수상의 말을 가로채며 사적인 이유로도 그를 신뢰하지 않는다고 말했다. 하지만 나는 파머스턴 경이 최소한 아직까지는 정확히 판단했고 그 개인이 아닌 정치적 처신 때문에 여왕의 미움을 사게 되었다고 언급했다. 이는 여왕도 동의한 사항이었다"고 앨버트 공은 썼다. 그런 뒤 그는 내각이 해체된 후 파머스턴이 수상으로 복귀할 위험이 있다는 뜻을 내비쳤다.

하지만 그 점에 대해서는 러셀 경이 안심을 시켜주었다. 그는 "파머스턴 경이 너무 늙어서(예순다섯을 넘긴 나이였으므로) 앞으로 많은 일을 하기 어렵다고 보았다". 결국 지금은 가만히 있되 비밀을 엄수하자는 결론이 내려졌고, 그렇게 비밀회의가 끝났다.[19]

마침내 1850년에 구제의 길이 열릴 듯 보였다. 파머스턴의 갈팡질팡 외교에 대중이 점점 싫증 내는 징후들이 나타났고, 돈 파시피코라는 영국인이 그리스 정부와 갈등을 빚을 때 파머스턴이 그를 편들면서 영국이 그리스뿐 아니라 프랑스, 덤으로 러시아와도 전쟁을 치를 위기에 처했기 때문이다. 불신과 불만의 짙은 구름이 외무장관의 머리 위로 모여들어 금방이라도 비가 쏟아질 듯했다. 파머스턴 해임 건의안이 상원에서 압도적인 표 차이로 가결된 데 이어 하원에서도 이 문제를 논의할 예정이었다. 여기서도 불리한 표가 나올 가능성이 컸기 때문에 파머스턴의 파멸은 확정된 것이나 다름없었다. 하지만 파머스턴은 아주 태연하게 공격을 받아들이더니 최후의 순간에 반격을 가했다. 네 시간이 넘는 연설에서 해명과 독설, 논쟁, 열변, 직언, 능변을 훌륭하고 절묘하게 섞어가며 적들을 전멸시킨 것이다. 결국 해임 건의안이 무산되었고 파머스턴은 또 한 번 시대의 영웅이 되었다. 게다가 운명의 여신도 그의 편에 서기로 작정한 듯했다. 로버트 필 경이 낙마로 사망하는 사고가 일어났는데, 이 비극이 파머스턴에게는 만만찮은 적수 하나를 치워버리는 기회가 되었다. 그는 자신이 영국에서 가장 대중적인 인기를 누리는 정치인임을 정확히 인식했기 때문에 존 러셀 경이 또다시 그를 다른 부서로 보내려고 할 때 꿈쩍도 하지 않았다.[20]

앨버트는 크게 실망했다. 여왕도 분개를 금치 못하며 "하원이 손쓸 도리 없이 골칫거리가 되어가고 있다"고 썼다.[21] 앨버트 공은 파머스턴이 그 어느 때보다 단단히 실권을 쥐고 있음을 인지하고 과감한 조치를 취하기로 결심했다. 다섯 달 전 선견지명이 있는 슈토크머가 유사시를 위해 비망록을 작성한 후 꼼꼼하게 부전을 덧붙여 가까운 정리함 칸에 두었는데, 지금이 그 유사시였으므로 그것을 활용해야 할 때였다. 여왕은 슈토크머의 말을 전부 베낀 후 수상에게 보내며 이 편지를 파머스턴에게 보여줄 것을 요청했다. "앞으로 일어날지 모를 착오를 미연에 방지하기 위해 외무장관의 직무가 무엇인지 간략히 설명해주려고 합니다. 첫째, 여왕이 비준해야 할 사항이 무엇인지 정확히 알 수 있도록 어떤 사안에 대해서건 의도를 명확히 설명해야 합니다. 둘째, 일단 여왕이 비준한 사안은 외무장관이 임의대로 수정할 수 없습니다. 그런 일이 발생할 시에는 영국 국왕에 대한 불충으로 알고 마땅히 헌법상의 권리에 따라 외무장관의 직위를 해지할 것입니다."[22] 존 러셀 경은 지시대로 여왕의 편지를 파머스턴 경에게 전달했다. 헌법적으로 대단히 중요한 이 사건은 외부에 전혀 알려지지 않았다.

파머스턴이 예민한 사람이었다면 아마 여왕의 편지를 받자마자 사임했을 것이다. 하지만 그는 예민함과는 거리가 먼데다 권력을 사랑했고, 지금 그 권력이 어느 때보다 컸기 때문에 틀림없는 그의 직감이 지금은 떠날 때가 아니라고 말했다. 그럼에도 불안해지는 마음은 어쩔 수 없었다. 마침내 그는 자신이 무시무시한 상대와 힘겨루기를 하고 있음을 깨달았다. 상대의 기량과 힘은 지금 손쓰지 않으면 그의 정치 인생에 회복할 수 없는 상처를 남길 수 있었다. 그래서 그는 수상에게 편지를 써서 잠시나마 여왕의 요구를 순순히 받아들였다. "폐하의 편지를 사본으로 만들어두고 그대로 따르도록 하겠습니다." 그런 뒤 앨버트 공에게 접견을 청했다. 즉시 파머스턴을 궁으로 부른 앨버트는 외무장관을 보고 깜짝 놀랐다. 접견실에 들어온 파머스턴은 "몹시 불안해하며 몸을 떨었고 눈에 눈물을 머금고 있었다. 어떠한 경우에도 건조한 미소 외에는 보이지 않던 사람이 내 마음을 누그러뜨리려고 이런 모습을 연출했다". 늙은 정치가가 항변과 변명을 늘어놓는 사이, 젊은 정치가는 쌀쌀맞게 예의를 차렸다. 마침내 결론이 나지 않는 긴 대화가 끝나자 앨버트는 가슴을 펴고 "여왕이 원하는 모습의 예"를 보여주기 위해 파머스턴 경에게 "단도직입적인 질문을 하겠다고" 말했다. 외무장관이 정중하게 다음 말을 기다리자 앨버트 공이 이어서 말했다. "경께서는 여왕이 슐레스비히에 관한 의정서에 반대한 사실과 그 이유를 알고 있습니다.

그런데도 여왕의 의견은 무시되고, 덴마크 군주국이 온전히 보전되기를 바라는 열강들의 바람이 적힌 의정서에 서명이 이루어졌습니다. 이에 따라 덴마크 국왕은 슐레스비히를 침략했고 현재 그곳에서는 전쟁이 한창입니다. 홀슈타인마저 공격당하면, 아마 그렇게 되겠지만, 독일인들은 다급하게 여왕에게 지원을 요청할 수밖에 없을 겁니다. 슐레스비히 쪽이 이기면 러시아가 군사 개입하겠다고 위협하는 상황이고요. 만일 (필시 유럽 전쟁을 촉발하게 될) 이런 사태가 발생하면 경께서는 어떻게 하실 것이며, 그때 우리 부부가 밸모럴성에 가 있고 존 러셀 경마저도 다른 스코틀랜드 지역에 가 있다면 경께서는 어떤 조치를 취하실 생각입니까? 여왕께서는 경이 이런 가능성까지 내다봤기를 바라며 이런 일이 발생할 경우 어떻게 할 것인지 확답을 주기를 원합니다." 이상하게도 이 단도직입적인 질문에 외무장관은 답할 말이 없는 듯 보였다. 그는 문제가 전체적으로 매우 복잡하기 때문에 앨버트 공이 말한 만일의 사태는 아마 일어나지 않을 것이라고 대답했다. 공이 집요하게 답변을 요구해도 소용없었다. 꼬박 한 시간 동안 확답을 얻어내려고 애썼지만 끝내 파머스턴은 인사하고 방에서 나가버렸다. 앨버트는 충격에 망연자실했다. 저런 사람과 무엇을 할 수 있단 말인가?[23]

정말 답답한 노릇이었다. 그렇게 사과와 약속을 해놓고도 이 구제불능 난봉꾼은 몇 주 만에 다시 농간을 부렸다. 헝가리와 이탈리아의 반란을 가차 없이 진압하고 특히 여자를 채찍질한 것으로 악명 높은 오스트리아의 하이나우 장군이 영국에 왔다가 갑자기 바클리앤드퍼킨스 맥주 회사를 방문하기로 했을 때의 일이다. '하이에나 장군'으로 불린 그의 용모, 즉 냉혹하고 수척한 얼굴에 희끗희끗하고 어마어마한 콧수염은 어디서나 악명을 떨치고 있었다. 게다가 마침 이 회사의 직원으로 일하고 있던 빈 출신의 망명자가 동료들에게 자신이 직접 본 장군의 얼굴 특색을 일러주었다. 위험을 감지한 오스트리아 대사는 그에게 대중 앞에 나서지 말라고, 부득이한 경우라면 수염을 자르라고 애원했지만 장군은 충고를 받아들이지 않았다. 맥주 회사에 도착한 그는 즉시 사람들의 눈에 띄었다. 화난 짐마차꾼 무리가 그를 에워싸더니 몸을 떠밀며 고함을 질렀고, 주먹으로 갈비뼈를 때리며 콧수염을 잡아당겼다. 그가 골목을 따라 달아나자 무리가 뒤따라와 빗자루를 휘두르며 "하이에나!"를 외쳐댔다. 한 선술집에 간신히 몸을 숨긴 그는 경찰 몇 명의 보호를 받으며 그곳을 빠져나왔다. 곧 오스트리아 정부는 분개하며 해명을 요구했다. 이런 사건이 터져 내심 기뻤던 파머스턴은 이 사고에 유감을 표명하면서도 하이나우 장군이 "지금 영국을 방문한 것은 불찰이었다"는 의견을 덧붙이고는 여왕이나 수상에게 사전 검토도 받지 않고 이 서신을 오스트리아 대사에게 전달했다. 당연한 일이지만 이 사실이 알려지자 큰 폭풍우가 몰아쳤다. 앨버트가 특히 분개했다. 혐오와 불안에 휩싸인 그는 짐마차꾼들의 행동이 "일자무식꾼들을 규제하지 않으면 어떻게 되는지 보여주는 사례"라고 말했다. 러셀 경은 파머스턴에게 이 서신을 철회하고 하이나우 장군을 질책하는 내용을 뺀 다른 서신을 쓰도록 요구했다. 이에 이 외무장관은 사임하겠다고 협박했지만 수상은 단호했다. 잠시 여왕은 희망에 부풀었지만 이내 적의 잔혹한 순응으로 희망이 다시 땅바닥에 내동댕이쳐졌다. 파머스턴이 갑자기 순한 양이 되어 시키는 대로 한 것이다. 기존 서신이 철회되고 다른 서신으로 대체되면서 일시적인 평화가 다시 찾아왔다.[24]

이 평화는 1년간 지속되다가 1851년 10월, 코슈트가 영국을 방문하면서 또다시 위태로워졌다. 파머스턴은 이 헝가리 애국자를 자신의 런던 집에서 영접하고 싶었지만 러셀 경이 이를 막아섰다. 또다시 날선 공방이 오갔고 이번에도 파머스턴이 사임하겠다고 협박하더니 다시 백기를 들었다. 하지만 이 반항아는 그대로 물러나지 않았다. 몇 주 후 핀즈버리와 이즐링턴의 급진파 대표단이 외무부를 찾아와 오스트리아와 러시아의 황제는 "혐오스럽고 가증스러운 암살자"이자 "무자비한 폭군"이라는 식의 청원을 넣자, 그는 이 같은 표현을 가볍게 꾸짖으면서도 외교적 수완이라고는 찾아볼 수 없이 태평하게 자신의 진짜 감정을 드러내는 답변을 했다. 즉시 스캔들이 일었고 왕실은 분노와 혹평을 쏟아냈다. "이 양반이 잠시 머리가 어떻게 됐나 보군." 슈토크머의 반응이었다. 빅토리아는 러셀 경에게 직권을 행사하라고 촉구하는 격앙된 편지를 보냈다. 하지만 러셀 경은 이 문제만큼은 외무장관이 여론을 등에 업었다고 생각하고 때를 기다리는 편이 좋겠다고 판단했다.[25]

하지만 그리 오래 기다릴 필요는 없었다. 그해가 끝나기 전에 오랜 갈등과 협박, 감정 악화가 최고조에 이르렀다. 12월 2일 나폴레옹 1세의 조카인 루이 나폴레옹이 파리에서 쿠데타를 일으키자 다음 날 파머스턴은 누구와도 상의하지 않고 프랑스 대사에게 나폴레옹의 행동을 옹호하는 발언을 했다. 이틀 후 그는 수상으로부터 여왕의 편지에 의거할 때 프랑스 문제에 철저히 중립적인 태도를 유지하는 게 영국 정부의 방침이라는 내용을 전달받았다. 그럼에도 파머스턴은 파리 주재 영국 대사에게 보내는 긴급 공문에, 이미 런던 주재 프랑스 대사에게 구두로 전했던 쿠데타 옹호 발언을 되풀이했다. 이 공문은 여왕이나 수상에게 보고되지 않았다. 존 러셀 경의 인내심은 본인 스스로 밝혔듯이 "마지막 한 방울까지 바닥났다". 그는 마침내 파머스턴 경을 해임했다.[26]

빅토리아는 꿈을 꾸는 것 같았고, 앨버트는 이 승리가 러셀 경보다 자신의 승리에 가까움을 알았다. 그는 자신의 영향력에 맞서지 않을 젊은 그랜빌 경이 파머스턴의 후임이 되기를 바랐고, 그의 바람대로 그랜빌 경이 외부장관으로 임명되었다. 이제 외교 문제는 앨버트의 생각대로 움직일 수 있을 듯 보였다. 몇 년간의 투쟁과 굴욕 끝에 그는 모든 방면에서 성공의 열매를 맛보았다. 집안에서는 존경받는 가장이었고, 대외적으로는 만국박람회의 성공 덕분에 존경과 영예를 얻었으며, 이제는 막후 실세로서 새로운 패권을 손에 쥐었다. 영국의 정신으로 사사건건 그에게 적의를 드러내던 지독한 파머스턴과 힘겨루기를 한 끝에 그 가공할 적이 고꾸라졌다.[27] 이제 영국이 그의 발밑에 있게 된 것일까? 그럴지도 모르지만……영국인들에게는 짜증 나는 자질이 하나 있었으니, 져도 졌는지를 모른다는 것이었다. 기이하게도 파머스턴은 여전히 의기양양했다. 어떻게 그럴 수 있을까? 수치스러운 파면조차도 한쪽으로 치워버릴 수 있다고 생각할 만큼 그는 오만에 사로잡혀 있는 것일까?

3

앨버트 공의 승리는 오래가지 못했다. 몇 주 뒤 러셀이 제시한 법안이 파머스턴의 영향으로 부결되면서 러셀이 수상직에서 물러났다. 얼마 후 선거를 통해 휘그당과 필 경의 추종자들로 구성된 연합내각이 들어서면서 애버딘 경이 수상에 취임했고, 파머스턴도 다시 내각에 합류했다. 다행히 그는 외무부가 아닌 내무부로 복귀했다. 내무부에서는 그가 무슨 짓을 해도 예전만큼 위험하거나 불쾌한 인상을 주지 않을 터였다. 하지만 외무장관 자리는 현실에 안주하는 그랜빌 대신 클래런던 경에게 넘어갔다. 앨버트는 클래런던이 신중하고 공손하긴 해도 자신만의 생각이 있는 대신임을 알고 있었다. 그러나 이 변화는 훨씬 더 심각한 국면의 서두에 지나지 않았다.

사방에서 사건들이 터져 나오며 파국을 향해 갔고, 어느새 영국에는 전쟁의 그림자가 짙게 드리워졌다. 어디로 튈지 모르는 외교 관계와 골치 아픈 정치적 소요 속에서 이 문제는 몇 달 새 점점 미궁 속으로 빠져들었다. 국민의 노여움이 일촉즉발 상태로 치달았고, 불길한 협상이 오랫동안 이어지던 중 파머스턴의 사임이 발표되자 마침내 사람들의 울분이 폭발했다. 여기저기서 문제가 터져 나와도 자신들을 이끌 사람이 나약하고 어찌할 바를 모르는 대신들뿐이라고 낙담했던 사람들은 그럼에도 힘과 용기, 투지가 넘치고 자신들이 신뢰할 수 있는 인물이 권력의 중심에 있다는 사실에 안심했다. 그런데 그 인물마저 지도부에서 빠지게 되었다. 어째서일까? 분노와 불안, 신경쇠약에 빠진 사람들은 필사적으로 숨겨진 전말을 찾아 나섰다. 음모론이 제기됐고, 공기 중에 떠도는 배반의 냄새에 사람들의 신경이 집중되었다. 이들이 누구에게 격분을 터트렸을지는 불 보듯 뻔했다. 권력의 꼭대기에는 국민의 영웅 파머스턴에게 쉬지 않고 노골적으로 적대감을 드러낸 이 방인이 있었다. 파머스턴의 사임 소식이 알려진 순간 전국적인 항의와 거센 분노, 증오의 폭풍이 그 어느 때보다 격렬하게 앨버트의 머리 위로 쏟아졌다.

여왕의 남편은 영국의 역적이자 러시아 왕실의 꼭두각시로, 러시아 세력에 복종해 파머스턴을 정부에서 몰아내고 적들에게 유리한 쪽으로 영국의 외교정책을 조종하고 있다고 모두가 확신했다. 수 주 동안 전 언론을 도배한 이 같은 비난은 공식 석상에서 되풀이되고 사석에서 살을 붙여가는 사이 점점 더 극단적이고 황당무계한 이야기가 되어 전국으로 퍼져나갔다. 유수의 신문사들이 심상치 않은 비난과 선정적인 공격을 퍼붓는 동안, 동일한 감정과 의심이 런던 거리를 구석구석 파고들며 졸렬하고 상스러운 말로 반복되었다.[28] 결국에는 얼토당토않은 소문까지 등장했다.

♛ "크림전쟁이 도처에 재앙의 씨를 뿌리니 여왕의 친구 앨버트는 러시아인이 되었다 하고, 늙은 애버딘은 보다시피 비통하고 창백한 얼굴로 겁에 질려 있고, 늙은 존 불은 더러운 러시아 수지로 두둑이 배를 채웠다네."

(후렴)

"우리는 그를 고향으로 보내 신음하게 하리, 오, 앨버트! 재앙의 씨를 뿌린 자. 이 독일인 사내가 슬픔을 가장해 러시아인들과 꿍무니를 뺐네."

"지난 월요일 밤, 앨버트가 완전히 기겁해 침대에서 굴러떨어졌네. 이 독일인 사내가 미쳐 날뛰며 어찌나 신음하고 툴툴대던지! 그는 빅토리아에게 울부짖었지. '난 도망친 몸이오. 상트페테르부르크로 곧장 갑시다.' 그러자 빅토리아가 침대에서 벌떡 일어나 취침용 모자로 그를 후려쳤다더군."

—「멋진 앨버트!」(대영박물관에 보존된 인쇄물)

1854년 1월에는 앨버트 공이 체포 후 대역죄 판결을 받았고, 런던탑에 유폐될 것이라는 소문이 돌았다. 일각에서는 여왕도 체포되었다는 소리가 들렸고, 실제로 많은 군중이 죄인인 여왕 부부의 감금을 지켜보기 위해 런던탑 주위로 모여들었다.[29]♛

임박한 전쟁으로 분위기가 과열되며 나타난 이 기상천외한 망상은 실제로는 전혀 근거가 없었다. 파머스턴의 사임 사유는 불명확했으며, 왕실과의 지속적인 불화가 원인일 가능성도 있었다.[30] 그러나 앨버트의 영향력이 어떤 식으로든 러시아의 이익을 위해 사용된 적은 없었다. 이런 경우 늘 그렇듯이 영국 정부는 서로 양립할 수 없는 두 정책, 다시 말해 불간섭 정책과 무력을 통한 위협 정책 사이에서 갈팡질팡하고 있었다. 이 중 어느 한쪽을 일관되게 따르면 성공적이고 평화로운 결과를 얻을 테지만 두 정책이 섞이면 전쟁을 초래할 수밖에 없었다. 앨버트는 특유의 꼼꼼함으로 유럽 외교의 복잡한 미로를 누비고자 했지만 결국 길을 잃고 말았다. 하지만 이는 내각도 마찬가지였으며, 전쟁이 발발했을 때 앨버트의 반러

♛ "흥겨워 떠드는 투르크 사람들아, 이제 일을 시작하라. 러시아에 본때를 보여주어라. 앨버트가 런던탑에 유폐되었다는 소문이 영국 너머까지 도는구나. 우체부들이 이상하다 여겨 편지 두 통을 뜯었지."
"애석하게도 그 애처로운 독일인 사내는 너무 많은 걸 알고 있었지!"
—「멋진 앨버트!」

시아 감정은 가장 호전적인 영국인들 못지않게 맹렬했다.

그러나 앨버트 공에게 씌워진 구체적인 혐의에는 근거가 없었지만 그에게는 상황상 대중의 마음 상태를, 정당화까지는 아니더라도 설명해주는 근본적인 요소들이 있었다. 여왕의 남편이 외국인으로 외국 왕실에서 자랐고, 외국 사상을 주입받았으며, 다수의 외국 왕족과 밀접한 관련이 있는 것은 사실이었다. 분명 이는 불가피할지언정 달갑지 않은 일이었고, 이에 대한 반감이 단지 이론상으로만 존재하지 않고 실제로 심각하고 불쾌한 결과를 낳았다. 앨버트의 친독 성향은 끊임없이 영국 대신들의 한탄을 샀다. 파머스턴 경과 클래런던 경, 애버딘 경도♛ 한목소리로 이를 지탄했으며, 국가 정책이라는 중대한 문제에서도 생각과 감정이 지나치게 독일 쪽으로 기울어 있는 왕실과 끝없이 맞서 싸워야 했다. 파머스턴은 이에 대해 거침없는 말도 서슴지 않았다. 사임 건으로 머리를 싸매고 있던 그는 자신이 외국인의 밀통에 희생되었다고 대대적으로 공표했다.[31] 나중에 이 발언의 수위를 낮추긴 했지만, 각료의 입에서 이런 의견이 나올 수 있다는 사실 자체가 앨버트

♛ "애버딘은 여왕과 부군에 대해 많은 말을 했고 당연히 큰 찬사를 보냈다. 그는 앨버트의 견해가 한 가지만 빼면 대체로 건전하고 현명하다고 말했는데, 그 한 가지는 지독하고 뿌리 깊은 독일 연방주의였다. 앨버트는 프로이센을 위해 그 어떤 일도 서슴지 않는다." (Greville, Ⅵ, 305.)

의 외국 태생과 성장 배경이 어떤 불행한 결과를 초래할지를 보여주었다.

하지만 이게 다가 아니었다. 앨버트 공이 영국에서 차지하는 위상 때문에 중대한 헌법상의 문제가 제기되었다. 그의 존재는 오랜 문제, 다시 말해 국왕의 직분과 권력의 정확한 정의가 무엇인지를 새롭게 부각시켰다. 사실상 앨버트의 것이나 다름없는 이 직분과 권력은 어떤 용도로 사용되고 있는가? 앨버트가 헌법상 국왕의 위치에 대해 어떤 생각을 품었는지는 쉽게 확인할 수 있다. 왜냐하면 그의 생각은 곧 슈토크머의 생각이고, 크림전쟁이 발발하기 직전인 이 위기 때 슈토크머가 앨버트에게 보낸 장문의 편지에 이 주제에 대한 그의 의견이 상술되어 있기 때문이다. 남작에 따르면 입헌군주제는 선거법 개정안이 통과된 이후 빛을 잃었고 이제 "순수한 내각정부제로 대체될 위험에 끊임없이 처해" 있었다. "국왕의 특권을 노골적으로 옹호하던" 토리당의 오랜 질주는 끝났고 휘그당은 "그저 반은 의식적이고 반은 무의식적인 공화주의자들로 이들과 왕좌의 관계는 늑대와 양의 관계와 같다". 의회에서 헌법 문제를 논할 때 "책임이 없는 군주의 이름과 인격"을 거론하는 것은 헌법에 위배된다는 원칙이 있었는데, 이는 "헌법상의 허구로 확실히 오래되긴 했지만 위험을 내포하고 있었다". 남작은 "만일 영국 국왕이 어떤 휘그당 내각에 예외 없이 이 원칙을 따르도록 허용한다면, 놀랄 것도 없이 곧 국민

대다수는 법적으로 왕은 대신이 하자는 대로 동의한다고 고개를 끄덕이거나 아니라고 고개를 저어야 하는 한 고위 관료에 불과하다는 데에 깊은 인상을 받을 것"이라고 경고했다. 이런 일을 방지하기 위해서는 "국왕의 적법한 자리를 입증할 어떠한 기회도 놓치지 않는 게" 매우 중요하다고 남작은 말했다. "또한 이는 어렵지 않은 일이며, 여왕 내외분처럼 정직한 왕실 인사들이 관련된 경우 이 때문에 곤란함을 겪을 각료는 한 명도 없을 것"이라고 덧붙였다. 남작은 군주의 특권에 최소한 "왕이 각료 회의의 영구 의장이 될 권리"가 포함되어야 하며 군주는 "내각의 임시 수장보다 위에 서고 기강 문제에 있어 최고 권위를 행사하는 영구 수상의 위치에" 있어야 한다고 보았다. 또한 군주는 "심지어 정부 대책의 시작과 완성에도 관여할 수 있어야 하며, 이는 훌륭한 대신들만큼 유능하고 기량이 뛰어나며 나라를 사랑하는 왕이 의회에서 이런 자질들을 발휘하지 못한다면 부당한 일이기 때문"이고, "이 권리를 분별력 있게 행사하려면 분명 뛰어난 지도자가 필요한데 이 인물은 입헌군주제를 위한 최고의 보증서일 뿐만 아니라 입헌군주제를 유례없는 힘과 안정, 균형의 고도에 올려놓을 것"이라고 결론지었다.[32]

헌법을 이런 식으로 이해하는 일도 가능하겠지만, 이 해석이 어떻게 내각책임제의 기본 원칙과 양립할 수 있는지는 설명하기가 무척 어렵다. 윌리엄 3세는 입헌군주로서 의회를 주관했는데, 슈토크머는 이 시절 군주가 가졌던 헌법상의 권리와 비슷한 위상을 부여해줄 왕권의 개념을 마음속에 품고 있었던 것으로 보인다. 하지만 심지어 조지 3세 치하 때보다 더 큰 힘을 국왕에게 부여한다는 생각은 명예혁명 이후 진행된 영국의 전반적인 공공 부문 발전에 확실히 역행하며, 슈토크머가 이를 신봉하고 앨버트에게도 주입했다는 사실은 매우 중요한 의미를 지닌다. 여러 근거로 미루어볼 때 앨버트는 이 원칙을 이론상 신봉했을 뿐만 아니라 의도적이고 지속적으로 현실에 적용하고자 했다. 국왕과 파머스턴의 오랜 갈등은 이를 보여주는 훌륭한 예다. 슈토크머의 1850년 비망록에 따르면 이 갈등은 여왕이 비준한 공문을 임의로 수정한 외무장관을 여왕이 해임할 "헌법상의 권리"가 있다고 주장하면서 정점에 이르렀다. 사실 이 비망록은 국왕이 수상과 무관하게 행동할 의도였음을 솔직하게 털어놓은 고백이었다. 어떤 희생을 치르더라도 파머스턴에 맞설 힘을 키우고 싶었던 존 러셀 경은 이 비망록을 받아들임으로써 은연중에 국왕의 요구를 허락했다. 뿐만 아니라 파머스턴을 해임한 후 하원에서 이를 정당화하기 위한 근거로서 무엇보다 이 비망록을 강조했다. 대중의 인기를 한 몸에 누리는 유력 정치인을 해임한 배경에 군주의 불만이 작용했을지도 모른다는 사실이 분명해졌다. 실제로 슈토크머와 앨버트의 치하에서 "입헌군주제"는 "유례 없는 힘과 안정, 균형의 고도에" 올라설 듯 보였다.

하지만 왕권의 위상을 둘러싼 이 새로운 전개는, 그 자체로는 중요했을지 몰라도 독특한 주변 상황 탓에 아주 불온한 것이 되었다. 사실상 국왕의 직분을 행사하는 인물은 군주에게 무한한 영향력을 휘두르지만 헌법에는 올라와 있지 않은 사람이었다. 그 인물이 다름 아닌 군주의 남편이라는 사실은 그의 영향력을 설명해줄 뿐 아니라 심지어 이런 상황을 불가피하게 만들었지만, 그렇다고 해서 이 기이하고 중대한 상황을 가볍게 넘길 수는 없었다. 분명하게 규정되지 않은 강력한 인물이 예로부터 빈틈없이 지켜져온 영국 헌법의 미묘한 균형을 교란시키고 있었다. 이는 앨버트의 모호하고 배짱 없는 첫 정치 생활이 낳은 뜻밖의 결과였다. 앨버트는 자신이 수행한 직분의 다양성이나 중요성을 축소하려는 어떠한 시도도 하지 않았다. 1850년 그는 웰링턴 공작에게 "자기 개인의 존재감이 아내의 존재감에 스며들게 하고, 대중 앞에서 따로 책임을 떠안지 않되 자신의 위치가 전적으로 아내의 일부이도록 하며, 아내가 국왕의 직분을 수행함에 있어 여인으로서 자연스럽게 남기게 되는 틈을 모두 메우고, 국제·정치·사회·개인사 등 다양하고 어려운 문제나 의무가 그녀 앞에 놓였을 때 어느 때라도 조언과 도움을 줄 수 있도록 공무의 면면을 끊임없이 걱정하는 마음으로 주시하는 것"을 자신의 의무로 여긴다고 말했다. 또한 "자신은 왕실의 가장이자 감독관이고 여왕의 사생활 관리자이자 유일하게 신뢰할 수 있는 정치 고문, 정부 대신들과의 의사소통을 돕는 유일한 조수이며, 이 외에도 여왕의 남편이자 왕실 자녀들의 지도교사이고, 군주의 개인 비서이자 종신 장관"이라고 설명했다.[33] 슈토크머의 제자는 확실히 잘 배웠고 크게 성공했다. 슈토크머의 제자! 정확히 말하면 빅토리아의 주인으로서 승승장구하던 앨버트에게 슈토크머는 주인이나 다름없었고 일반 대중도 이 사실을 불안한 마음으로 자각하고 있었다. 깊은 어둠 속에서 이 남작은 어렴풋이 존재감을 드러냈다. 또 다른 외국인! 분명 이 상황에는 대중의 불안을 정당화하는 요소가 있었다. 외국인 남작이 외국인 왕족을 지배했고, 외국인 왕족은 영국 국왕을 지배했다. 국왕은 불길하게 살살 기어가고 있었고, 그림자 뒤에 숨은 남작과 앨버트가 눈살을 찌푸리자 대중의 사랑을 받던 훌륭한 장관이 무너졌다. 이 상황이 언제까지 계속될 것인가?

몇 주 지나지 않아 파머스턴이 사임을 철회하자 대중의 분노는 빠르게 들끓었던 만큼 빠르게 가라앉았다. 의회가 소집되었을 때 상하원의 양당 지도자들은 앨버트 공을 지지하는 연설을 통해 영국에 대한 공의 충성심은 의심할 바가 없으며, 그에게는 국가의 모든 문제에 대해 군주에게 조언할 권리가 있다고 옹호했다. 빅토리아는 몹시 기뻐했다. "이로써 제 사랑하는 남편의 위치가 영구히 규정되었을 뿐 아니라 모든 방면에서 그의 가치가 온당히 인정받았습니다. 저희가 상원에 갔을 때 어마어마하게 많은 사람이 모여 있었는데, 다들 무척 상냥했답니다." 여왕은 남작에게 이렇게 말했다.[34] 이 일이 있고 곧바로 영국은 크림전쟁에 뛰어들었다. 뒤이은 투쟁에서 앨버트의 애국심을 의심하는 여론은 사라졌고 과거의 악감정도 잊혔다. 하지만 전쟁은 여왕 부부에게 또 다른 불쾌한 결과를 낳았다. 바로 파머스턴 경의 야망이 결실을 맺은 것이었다. 5년 전 존 러셀 경에게 "너무 늙어서 앞으로 많은 일을 하기 어렵다"는 소리를 들었던 남자는 1855년 영국의 수상이 되었고, 중간에 한 번 짧게 물러났지만 10년간 그 자리를 지켰다.

6

여왕 부군의 말년

1

정치에 관심은커녕 신문 한 자도 읽지 않던 심약한 청년은 어느새 지칠 줄 모르는 정력으로 쉴 새 없이 고된 정무와 중대한 국정 문제에 몰두하는 고집스러운 투지의 사내가 되었다. 이제 그는 아침부터 밤까지 할 일이 많았다. 겨울에는 날이 밝기 전 책상에 앉아 독일을 떠나올 때 가져온, 기발한 장치를 써서 성능을 높인 초록색 독서등 불빛에 의지해 일했다. 빅토리아도 앨버트만큼은 아니지만 일찍 일어났다. 캄캄한 어둠 속에서 앨버트의 책상과 나란히 놓인 자신의 책상에 앉으면 그 위에는 언제나 그녀가 검토하고 서명할 수 있도록 말끔하게 정리된 서류 더미가 놓여 있었다.[1] 이렇게 시작된 하루는 끝날 때까지 부지런히 이어졌다. 아침 식탁에는 한때 거들떠보지도 않던 신문이 놓였고, 신문 정독에 들어간 앨버트는 누가 질문을 해도 대꾸하지 않았고 시선이 가는 기사를 발견하면 소리 내어 읽곤 했다. 식사가 끝난 후에는 장관과 비서들을 접견하고, 방대한 서신을 주고받았으며, 많은 비망록을 작성했다. 빅토리아는 한 마디 한 마디를 마음에 새기고 편지를 하나하나 보관하며 내내 숨을 죽이고 열렬히 순종했다. 간혹 앨버트가 그녀에게 조언을 구할 때도 있었다. 그는 자신의 영어가 괜찮은지 물으며 이렇게 부탁했다. "꼼꼼하게 살펴보고 틀린 데가 있으면 말해주시오." 또는 그녀의 서명이 필요한 초안을 건네며 다음과 같이 말했다. "여기 초안을 작성해뒀으니 읽어보시오. 이 정도면 충분할 거라 생각하오." 이렇게 부지런하고 꼼꼼하게 일에 몰두하다보면 몇 시간이 훌쩍 지나갔다. 오락과 운동에 들이는 시간은 점점 줄어들었다. 사교 행사도 최소한으로 줄였으며 그마저도 마지못해 참석했다. 다음 날 늦지 않게 일어나 집무를 보기 위해 가능한 한 일찍 잠자리에 드는 일은 더 이상 단순한 즐거움이 아닌, 절대적인 필요가 되었다.[2]

이제 중요하고 까다로운 정무가 앨버트의 마음 대부분을 차지했지만, 그럼에도 그의 오랜 취향과 관심은 조금도 희미해지지 않았다. 그는 여전히 예술과 과학, 철학에 몰두했고, 다양한 부수 활동으로 필요에 따라 그의 정력도 늘어남을 보여주었다. 할 일이 생길 때마다 그의 정신은 민첩해졌다. 그는 지칠 줄 모르는 인내로 박물관을 개관하고, 병원의 초석을 놓았으며, 왕립농업학회Royal Agricultural Society를 방문해 연설을 하고, 영국학술협회British Association 회의에도 참석했다.[3] 특히 내셔널갤러리가 그의 관심을 끌었는데, 그는 학파에 따라 그림을 배열하는 상세한 규정을 만들었고 비록 헛수고로 끝나긴 했지만 전체 컬렉션을 사우스켄징턴으로 옮기려는 계획도 세웠다.[4] 호엔로에 가문으로 시집간 페오도라는 영국 방문 후 빅토리아에게 보내는 편지에 개인으로서도 공인으로서도 훌륭한 앨버트의 모습에 감탄했다고 적었다. 이는 페오도라 혼자만의 생각이 아니었다. "클룸프 씨가 좀 전에 보내온 편지 내용을 그대로 옮겨 적을게. 나도 그분과 같은 생각이거든. '앨버트 공은 아주 보기 드문 왕족입니다. 다른 이들은 편협함과 신분상의 편견 때문에 도무지 떨쳐버릴 수 없는 관념(때로는 감정)까지도 (유익하고 고귀한 원칙을 위해서라면 언제든지) 버릴 수 있는 분이시죠.' 이런 면모는 인간적이고 공정할 뿐만 아니라 경건하기까지 해서 주변 사람들의 말과 행동에 종종 상처받고 불안해지는 내 마음에 큰 위로가 된단다."[5]

빅토리아는 페오도라와 클룸프의 찬사에 깊이 동감했으며, 오히려 그 정도의 찬사로는 모자라다고 느꼈다. 하루 종일 국가 문서와 씨름하며 공무에 힘쓰는 앨버트가 틈날 때마다 가정의 의무와 예술적 식견과 지적 향상에 몰두하는 모습을 지켜볼 때, 오찬 자리에서 농담을 하거나 오르간으로 멘델스존을 연주하거나 에드윈 랜시어 경의 그림을 평하는 말을 들을 때, 소 사육에 대한 지시 사항을 전달하거나 빈터할터의 그림이 제대로 보이도록 게인즈버러의 그림을 더 높이 걸어야겠다고 결정하는 모습을 졸졸 따라다니며 관찰할 때 그녀는 세상에 이런 남편을 둔 아내는 자신밖에 없으리라는 완벽한 확신을 느꼈다. 그의 지적 능력으로 못할 일은 없어 보였기 때문에 앨버트가 하수를 농업 비료로 바꿀 방법을 발견했다고 했을 때도 그녀는 별로 놀라지 않았다. 그의 설명에 따르면 적절한 매개체를 통해 고체를 거른 뒤 액체 하수를 관개에 활용하는 상향식 여과 방식이 이 계획의 핵심이었다. "지금까지 나온 방법은 어마어마한 비용을 필요로 하지만 이 방법은 공짜나 다름없소." 안타깝게도 이 발명품은 약간의 계산 착오로 실용성이 없다는 사실이 드러났지만 앨버트의 지성은 꺾이지 않았다. 그는 석판 인쇄로 관심사를 옮겨 평소처럼 열정적으로 그 기초 원리에 대한 장기 연구에 돌입했다.[6]

하지만 앨버트와 빅토리아의 개인적인 관심이 가장 맹렬하게 집중된 곳은 당연히 아이들이었다. 왕실 육아실은 한시도 빌 틈이 없었다. 1850년 아서 왕자가 태어난 데 이어 3년 후 레오폴드 왕자가 세상에 나왔고 1857년에는 비어트리스 공주가 태어났다. 하물며 일반 가정도 식구가 아홉이면 책임감이 막중한 법이다. 더욱이 이 아이들은 고귀한 운명까지 타고났으니, 부모의 손길이 훨씬 많이 필요하리라는 것을 앨버트는 절절히 느꼈다. 본인 스스로가 교육의 산물인 탓에, 그는 필연적으로 교육의 중요성을 깊이 신뢰할 수밖에 없었다.

슈토크머가 지금의 그를 만들었듯이 이제는 그가 아이들에게 슈토크머 이상의 존재가 되어줄 차례였다. 빅토리아가 그를 도울 것이다. 그녀 스스로 슈토크머가 되기는 어렵겠지만, 늘 경계를 게을리하지 않고 엄격함과 애정을 골고루 섞어가며 언제나 좋은 본보기가 되어줄 수는 있었다. 이런 숙려는 당연히 웨일스 공의 교육에 특별히 적용되었다. 장래 영국 국왕의 자질에 미칠 영향은 그 요소 하나하나가 어마어마한 중요성을 띨 수밖에 없었다! 앨버트는 의욕적으로 이 일에 착수했다. 하지만 빅토리아와 함께 자녀들의 신체적, 지적, 도덕적 훈육 과정을 지켜보고는 맏아들의 성장이 탐탁지 않음을 곧 인지하고 괴로워했다. 매우 총명한 프린세스 로열과 달리 맏아들 버티는 쾌활하고 순하긴 해도 모든 형태의 지적 노력에 깊은 반감을 보이는 듯했다. 참으로 유감스러운 일이었지만 해결책은 뻔했다. 부모가 더 노력하고, 교육 시간을 늘리며, 한시도 배움이 느슨해지지 않도록 감독하는 수밖에 없었다. 이러한 이유로 더 많은 가정교사가 채용되고, 교육과정이 수정되었으며, 공부 시간표가 재조정되었고, 모든 만일의 사태에 대비한 정교한 제안서가 작성되었다. 무엇보다도 태만이 끼어드는 일은 절대 없어야 했다. "공부도 일처럼 해야 한다"고 앨버트는 말했다. 그리고 그 공부는 정말 일처럼 고되었다. 아이는 어형 변화표, 구문론 훈련, 연도, 가계도, 곶 목록 등이 쉴 새 없이 되풀이되는 가운데서 성장했다. 앨버트 공과 여왕, 가정교사들 사이에 문의와 진척 보고서, 자세한 권고 사항과 함께 메모가 끊임없이 오고 갔으며, 이 메모는 다음에 참고할 목적으로 하나하나 세심하게 보관되었다. 뿐만 아니라 왕세자가 바깥세상에 조금이라도 물드는 일이 없도록 각별한 보호가 필요했다. 웨일스 공은 다른 소년들과 달랐다. 간혹 일부 귀족의 아들이나 성품이 바른 소년들을 초대해 버킹엄궁 정원에서 함께 놀 수 있었지만, 아버지의 빈틈없는 계획하에서 놀아야 했다. 요컨대 앨버트 공은 가능한 한 모든 예방조치를 취하고 상상할 수 있는 모든 노력을 쏟아부었다. 그런데 희한하게도 이 모든 감시와 배려의 대상은 좀처럼 나아질 기미가 보이지 않았다. 오히려 갈수록 나빠졌다. 수업이 늘어날수록, 그리고 신나게 놀고 까부는 일을 못하게 할수록 버티는 더더욱 단순한 즐거움에만 몰두하는 듯했으니 참으로 기이한 일이 아닐 수 없었다. 앨버트는 통탄했고 빅토리아는 때때로 불같이 화를 냈지만, 이런 슬픔과 분노는 왕세자에게 감시와 시간표 이상의 효과를 내지 못했다. 결국 웨일스 공은 한 왕실 비망록에 적힌 대로 "공부와 인생을 계획하는 일에는 아무 집착도 인내도" 보이지 않는 어른으로 성장했다. 이는 앨버트 공이 놀랄 만한 통찰로 단언한 내용이었다.[7]

2

서서히 늘어가는 정치적 고민과 지루한 사회 행사, 국가 의례에 대한 언론의 과도한 관심을 피하고 싶을 때 오즈번은 반가운 피난처가 되어주었다. 하지만 얼마 지나지 않아 오즈번에서도 세상의 눈길을 완전히 피하기는 어려워졌다. 결국 솔런트해협은 미약한 장벽밖에 되지 못했다. 아, 세상과 동떨어져 아무도 찾지 않는 은신처가 있다면! 완전하지는 않더라도 그곳에서만은 딴사람이 되어 아무 방해도 없이 가족끼리 행복한 휴가를 보낼 수 있다면! 빅토리아는 결혼 초기에 앨버트와 함께 스코틀랜드를 방문한 이후 줄곧 자신의 마음이 하일랜드에 있다고 느꼈다. 몇 년 뒤 그곳을 다시 찾았을 때 그녀의 열망은 더 커졌다. 얼마나 낭만적인 곳인가! 또한 앨버트는 이곳을 얼마나 좋아하는가! 구릉지와 침엽수 숲에 들어서자마자 앨버트는 몸에서 원기가 솟는 것을 느꼈다. "그를 보는 일이 행복이다. 아! 그 무엇이 자연의 아름다움에 비할 수 있을까!" 빅토리아의 고백이다. 그녀는 이곳을 방문한 동안 일기장에 이렇게 적었다. "얼마나 큰 기쁨을 주는 곳인가! 앨버트가 무척 즐거워한다. 그는 이곳에 푹 빠졌다." 다음 날은 이렇게 썼다. "앨버트는 산간 풍경이 아름다운 건 자주 옷을 갈아입기 때문이라고 말했다. 우리는 6시에 집에 돌아왔다." 나중에는 높은 산꼭대기까지 장시간 탐험도 즐겼다. "무척 낭만적이었다. 이곳에는 산사람들밖에 없다. (우리가 두 번이나 말에서 내려 걸었기 때문에) 이들은 우리 조랑말을 끌고 뒤따라왔다. (…) 우리는 11시 반에 집에 돌아왔는데, 내 평생 가장 즐겁고 낭만적인 산행이었다. 이런 산에 올라본 적은 처음이다. 날씨가 무척 맑았다." 자연뿐만 아니라 스코틀랜드 사람들도 놀라웠다. 그들은 "절대 불평하는 법이 없고 쾌활하고 명랑하며 행복한 사람들일 뿐만 아니라, 걷고 달리고 무엇이든 할 준비가 되어 있다". 앨버트는 "이들의 훌륭한 예의범절과 소박함, 지혜 덕분에 대화가 무척 즐겁고 심지어 유익하다"라며 높이 평가했다. "우리는 이 산사람들과 자주 이야기를 나누었다. 이들은 하일랜드에 오면 흔히 볼 수 있는 사람들이다." 여왕은 이들에 관한 것이라면 관습, 의복, 춤, 심지어 악기까지 빠짐없이 사랑했다. 한번은 브러돌번 경의 집에서 묵은 후 이렇게 적었다. "성에 백파이프 연주자가 아홉 명 있는데 때로는 한 명이, 때로는 세 명이 쉬지 않고 연주했다. 아침 식사 때 연주하고 오전 중에 또 연주하고 점심때도 연주하더니, 우리가 들어오고 나갈 때마다 연주했다. 저녁 식사 전에도 연주했고 저녁 식사 때도 연주했다. 우리 부부는 백파이프 연주를 몹시 좋아하게 되었다."[8]

이렇게 즐거운 곳을 다시 찾지 않기란 불가능했다. 1848년 여왕은 애버딘셔 황야의 브레이마 근처에 있는 작은 저택인 밸모럴하우스를 임대했고, 4년 후 이곳을 현찰로 사들였다.

덕분에 이제는 여름마다 찾아와 소박하고 안락하게, 매일 저녁 낭만을 즐기며 아무것에도 방해받지 않고 하루 종일 앨버트에게 홀딱 빠져 지낼 수 있었다. 저택의 작은 규모는 그 자체로 매력적인 요소였다. 아이들은 위층에 몰아넣고 수행 대신에게는 작은 침실을 하나 내줘 그곳에서 모든 일을 처리하게 한 후 작은 응접실 두세 곳에서 생활하는 일은 더할 나위 없이 즐거웠다. 마음 내키는 대로 문을 들락날락거리고, 스케치를 하며, 산책을 하고, 붉은 사슴을 바로 코앞에서 보며, 오두막 사람들을 방문할 수도 있었다! 가끔은 모험을 즐길 수도 있었다. 한번은 알트나주사새크의 오두막집에서 하루 이틀 밤을 묵었는데, 오두막 단 두 채에 목재 증축물이 딸려 있었고 전체 일행은 고작 열한 명뿐이었다! 또한 산을 오르며 장중하고 화려하게 돌무덤을 쌓기도 했다. "2미터를 훌쩍 넘는 돌무덤이 거의 완성돼갈 때 앨버트가 꼭대기에 올라가 마지막 돌을 놓았다. 그러자 만세 삼창이 울려 퍼졌다. 어찌나 즐겁고 멋지고 감동적이던지 하마터면 울 뻔했다. 산 너머의 전경이 무척 아름다웠고 날씨도 좋은 데다 모든 게 흡족했다."[9] 저녁에는 칼춤과 릴을 추었다.

하지만 앨버트는 오래된 밸모럴 저택을 허물고 그 자리에 직접 설계한 성을 짓기로 결정했다. 성대한 의식과 함께 앨버트가 이번 행사를 준비하며 작성한 비망록에 따라 건물의 주춧돌이 놓였고,[10] 1855년에 완공돼 입주했다. 스카티시 버러니얼Scottish baronial 양식으로 널찍하게 화강암 건축물을 올리고 30미터 높이의 탑과 작은 망루들, 성곽풍의 박공지붕으로 특색을 준 이 성은 위치상 주변 산들과 이웃한 디Dee강을 가장 잘 내다볼 수 있도록 교묘하게 배치되어 있었다. 앨버트와 빅토리아는 실내 장식에 온 관심을 쏟아부었다. 벽과 바닥에는 리기다소나무를 깐 후 특별 제조한 주석을 덧발랐고, 앨버트 공이 디자인한 붉은색과 회색의 밸모럴 타탄 무늬와 여왕이 디자인한 하얀 줄무늬의 빅토리아 타탄 무늬가 방마다 장식되었다. 타탄 무늬 커튼에 타탄 무늬 의자 덮개, 심지어 타탄 무늬 리놀륨도 있었다. 여왕은 늘 자신이 열렬한 자코바이트라고 내세웠기 때문에, 가끔씩 스튜어트왕조의 타탄 문장들도 보였다. 벽에는 빅토리아가 그린 수채화 스케치들과 함께 셀 수 없이 많은 수사슴 뿔, 앨버트가 독일에서 잡은 멧돼지의 머리가 걸렸다. 홀의 벽감에는 하일랜드 의복을 입은 실물 크기의 앨버트 조각상이 들어섰다.[11]

빅토리아는 이를 완벽한 성이라고 단언했다. "해가 갈수록 내 마음이 점점 이 소중한 낙원에 머물더니 지금은 주체할 수 없을 만큼 이 마음이 커졌다. 작품, 건물, 배치 등 모든 것이 내 소중한 앨버트의 창조물이다. (…) 그의 훌륭한 취향과 사랑스러운 손길이 어디에나 아로새겨졌다."[12]

이곳에서 그녀는 가장 행복한 시절을 보냈다. 후년에 이 시절을 돌아보았을 때 찬란한 아름다움, 이 세상 것이 아닌 것 같은 거룩한 광채가 황금 같은 시간을 둘러싸고 빛나고 있는 듯 보였다. 모든 신성한 순간이 영원한 의미를 띠며 선명하고 아름답게 도드라졌다. 당시 그곳에서 누린 모든 경험은 감정 적인 것이든, 심각한 것이든, 사소한 것이든 경이로운 불빛의 반짝임처럼 기이할 정도로 생생하게 다가왔다. 사냥감을 쫓는 앨버트, 저녁 산책을 나갔다가 길을 잃어버린 자신, 말벌 둥지를 깔고 앉은 비키(프린세스 로열 빅토리아 공주의 애칭―옮긴이), 횃불 춤, 그때 느꼈던 생생한 느낌과 같은 만 가지 기억이 그녀의 강렬한 의식에 새겨졌다. 그리고 그녀는 그날그날의 일을 적어두기 위해 곧장 일기로 직행했다. 웰링턴 공작의 사망 소식도 이곳에서 들었다. 그때는 얼마나 놀랐던가! 인적 드문 산속 호숫가에서 소풍을 즐긴 후 앉아서 스케치를 하고 있을 때 더비 경의 편지가 도착했고 그녀는 "영국, 아니 대영제국의 자랑이자 자신의 영광, 영웅, 자신이 배출한 가장 위대한 인물이 이미 이 세상 사람이 아님"을 알게 되었다. 예전의 "오랜 적"에 대해 그녀는 이 같은 회고를 남겼다. 서로 적대하던 과거는 완전히 지워져 그 기억은 조금도 남아 있지 않았다. 다년간 그녀는 웰링턴 공작을 거의 초인적인 인물로 우러러보았다. 그는 선한 로버트 경의 후원자이자, 앨버트에게 자신의 뒤를 이어 총사령관이 되어달라고 부탁한 사람이었다. 또한 자랑스럽게도 자신의 여든한번째 생일에 태어난 여왕의 아들 아서의 대부가 되어주었다. 그래서인지 그녀는 애

석한 마음에 찬사를 담아 일기 한 쪽을 꼬박 채웠다. "그는 영
국인이 이를 수 있는 최고의 자리, 즉 당파를 넘어 모두가 우
러러보고 온 국민이 경애하는 자리에 올랐다. 다시 말해 그는
군주의 친구였다. (…) 국왕은 이토록 헌신적이고 충직하며
신의 있는 국민, 이토록 든든한 지지자를 가진 적이 없으며 앞
으로 두 번 다시 갖지 못할까 두렵다! 우리에게 그의 죽음은 무
엇으로도 보상할 수 없는 것이다. (…) 그는 앨버트에게 깊은
우정과 태산 같은 신뢰를 보여주었다. (…) 온 나라에 눈물을
흘리지 않을 이가 한 사람도 없을 것이다."[13] 이는 진심이었
다. 하지만 일기는 곧 못지않게 가슴이 뭉클해지는 생각들, 절
대 잊을 수 없는 사건들, 매클라우드 목사의 니고데모 설교, P.
파커슨 부인에게 선물한 붉은 플란넬 페티코트와 키티 키어
할멈에게 선물한 또 다른 페티코트 이야기로 채워졌다.[14]

　누가 뭐래도 가장 기억에 남고 즐거웠던 경험은 탐험이
었다. 부부는 며칠씩 먼 산을 오르고, 넓은 강을 건너고, 처음
보는 고장을 통과하면서 진기하고 신나는 경험을 했다. 그들
은 길잡이 역할을 하는 그랜트와 브라운만을 종복으로 두고
가명도 사용했다. "앨버트와 나는 처칠 경과 레이디 처칠 행세
를 하기로 했다. 진짜 레이디 처칠은 스펜서 양으로 통하고 그
레이 장군은 그레이 박사로 통했다! 한번은 브라운이 이 사실
을 까먹고 나를 '폐하'라고 부르고 마부석의 그랜트가 앨버트
를 '전하'라고 부르는 바람에 모두가 배꼽을 잡았는데, 다행

히 이를 들은 사람은 없었다." 강하고 활달하며 열정적이고 행운을 몰고 다녔던(하일랜드 사람들은 여왕에게 "행운의 발"이 있다고 말했다) 여왕은 기어오르기, 풍경, 사소한 시비, 형편없는 음식을 내오는 조악한 여관, 브라운과 그랜트의 식사 시중 등 모든 것을 즐겼다. 앨버트가 옆에 있고 브라운이 조랑말을 끌어준다면 언제까지라도 이 생활을 즐길 수 있을 것 같았다. 하지만 집으로 돌아갈 날은 어김없이 찾아왔다. 아아! 잉글랜드로 돌아가야 하다니. 이를 받아들이기 힘들었던 그녀는 비탄에 잠긴 채 자기 방에 앉아 하늘에서 떨어지는 눈을 바라보았다. 마침내 마지막 날이 되었다. 아! 눈에 갇힐 수만 있다면 좋을 텐데![15]

3

크림전쟁은 새로운 모험담을 실어 날랐고 그중 대부분은 기쁜 소식이었다. 애국심과 호승심에 휩싸인 채 교회에서 읊을 적절한 기도를 찾아보고 영광스러운 승리 소식을 전해들으며, 그 어느 때보다 자랑스럽게 스스로를 영국 대표로 자각하는 것은 기분 좋은 일이었다. 빅토리아는 진정 마음으로부터 자신의 감정과 감탄, 연민과 사랑을 "소중한 병사들"에게 쏟아부었고 병사들에게 메달을 수여할 때는 한없는 기쁨을 느졌다. 다음은 그녀가 벨기에 국왕에게 보낸 편지다. "숭고한 군인들입니다! 이들이 마치 제 자식들처럼 느껴지고, 가장 가깝고 소중한 사람들을 대하는 것처럼 가슴이 뛰었습니다. 병사들이 무척 감격하며 기뻐했습니다. 많은 병사가 소리 내어 울었죠. 행여 제가 자신들 손에 직접 전해준 그 메달을 돌려받지 못할까 봐 메달에 자신들의 이름을 새길 시간조차 허락하지 않을 사람들이었습니다. 무척 감동적인 일입니다. 몇 명은 불행히도 불구의 몸으로 왔답니다."[16] 여왕과 병사들은 한마음이었다. 병사들은 여왕이 자신들에게 큰 경의를 표한다고 느꼈고, 그녀 역시 진정으로 병사들과 같은 감정을 공유했다. 하지만 앨버트의 태도는 사뭇 달랐다. 그에게는 감정이 넘치지 못하게 가로막는 엄격함이 있었다. 카르스를 용맹하게 방어하고 돌아온 윌리엄스 장군을 접견할 때도 앨버트는 짧고 딱딱하며 서먹한 인사로 보는 사람들을 얼어붙게 만들었다.[17] 그는 여전히 이방인이었다.

하지만 그에게는 다른 바쁜 일들이 있었다. 군 장교들과 궁을 찾는 사람들이 자신에게 개인적으로 갖는 인상보다 확실히 더 중요한 일이었다. 그는 전쟁을 성공적으로 완수하는 막중한 과업 때문에 쉴 틈 없이 일하고 있었다. 공문서와 긴급 공문, 비망록이 숨 돌릴 틈도 없이 잇달아 그에게서 쏟아져 나왔다. 1853년부터 1857년까지 앨버트가 동방문제에 대해 기록한 내용은 2절판 책 50권을 가득 채웠다.[18] 그 무엇도 그를 멈출 수 없었다. 지친 대신들이 그가 쏟아내는 조언에 휘청거렸지만 그의 조언은 계속되어 그들의 책상에 수북이 쌓였고, 정부 서류 이송함에서 연달아 흘러나왔다. 그렇다고 무시해도 될 만한 조언도 아니었다. 왕궁을 재편성하고 만국박람회를 기획했던 출중한 행정 능력은 혼란스럽고 복잡한 전쟁에서도 빛을 발했다. 그의 제안은 처음에는 거부되거나 무시되다가 상황에 몰려 어쩔 수 없이 받아들여지고 결국 그 가치가 입증되었는데, 이러기가 여러 번이었다. 외인부대 편입, 몰타 섬 병력을 위한 보급소 설치, 세바스토폴군 현황에 대한 정기 보고서 및 표로 작성하는 보고서 도입 등은 그의 지칠 줄 모르는 뇌에서 나온 고안품이자 성과물이었다. 그는 여기서 멈추지 않고 긴 의사록을 작성해 군의 전체 행정을 근본적으로 개혁하기 위한 방안들을 규정했다. 이는 시기상조였지만 병사들을 한곳에 모아 훈련시킬 "기동연습 막사"를 지어야 한다는 그의 제안은 결국 올더숏의 기원이 되었다.[19]

한편 빅토리아는 새로운 친구를 사귀었다. 그녀는 돌연 나폴레옹 3세에게 마음을 빼앗겼다. 처음에는 가여운 루이 필리프의 왕위를 찬탈한 불명예스러운 협잡꾼인 데다 파머스턴 경과 한통속이었기 때문에 그를 싫어하는 마음이 강했고, 그래서 서로 동맹 관계인데도 오랫동안 만나기를 꺼렸다. 하지만 마침내 프랑스 황제와 황후의 영국 방문이 주선되고 황제가 윈저궁에 모습을 드러내자 곧 그녀의 마음도 누그러졌다. 그녀는 그의 점잖은 태도와 낮고 부드러운 목소리, 마음을 달래주는 꾸밈없는 화법에 매료되었다. 영국과의 친선은 나폴레옹 3세의 유럽 내 입지에 필수적이었기 때문에 그는 여왕의 마음을 사로잡기로 결심했고, 결과는 성공적이었다. 그녀의 마음 깊은 곳에는 자신과 신기할 정도로 대조를 보이는 천성에 즉각적이고 격렬하게 반응하는 면이 있었다. 멜버른 경에 대한 흠모 역시 이 세련되고 섬세한 귀족 노정치가가 그녀 자신과 놀라울 정도로 다르다는 사실을 반무의식적으로 인식하면서 생겨난 감정이었다. 나폴레옹과 빅토리아는 아주 다른 자질을 또 아주 확연하게 지니고 있었다. 훌륭한 품행과 전통을 존중하는 마음, 안정된 행복이 가져다주는 어마어마한 견고함 뒤에 숨은 그녀는 자신 앞에서 유성처럼 움직이는 그 낯설고 음울하게 빛나는 외국인, 제 생각대로 운명을 바꾼 규정되지 않은 인물을 이상하게도 즐거운 마음으로 바라보았다. 그리고 두려운 적대감이 자리했던 자신의 마음속에 연민만이 가득한 것을 깨닫고 깜짝 놀랐다. 그는 "무척 조용하고 꾸밈이 없으며 심지어 순진하기까지 하다. 또한 자신이 모르는 사실을 알려주면 기뻐할 뿐만 아니라 아주 온화하고 재치와 위엄과 겸손이 가득하며, 우리에게 많은 호감을 느끼고 있고 날 불쾌하게 하는 말이나 행동은 전혀 하지 않는다. (…) 선뜻 다가가기 쉬운 상대는 아니지만 그에게는 사람의 마음을 끌어당기는 매력적이고 애잔하며 호감 가는 면이 있다. 굳이 외모가 받쳐주지 않아도 매력적이지만 난 그의 얼굴도 마음에 든다". 또한 말을 "굉장히 잘" 탔고 "허리를 꼿꼿이 세우고 말을 타는 모습이 멋졌을" 뿐만 아니라 "대단히 위엄 있고 힘차게" 춤을 추었다. 무엇보다도 최대한 예의를 갖추고 앨버트의 말을 경청했고 실제로 "자신이 모르는 사실을 알려줘서" 무척 기쁘다고 말했으며, 나중에는 앨버트 공에 비견할 만한 사람을 만나본 적이 없다고 단언하기까지 했다. 한 번, 그러니까 딱 한 번 살짝 안절부절못하는 모습을 보이기는 했다. 앨버트는 외교 얘기를 나누던 중 "내가 홀슈타인 문제에 대해 좀 상세히 설명하자 황제가 너무 난해한지 지루해하는 모습을 보였다"고 한 비망록에 적었다.[20]

　　빅토리아는 황후에게도 크게 매료되었다. 그녀는 황후의 미모와 우아함을 일말의 질투심도 없이 넋을 잃고 바라보았다. 실제로 절세가인이었던 외제니는 아름다운 파리풍의 크리놀린 드레스를 입어 호리호리한 몸매가 완벽하게 돋보였다. 이런 모습은 작고 통통하고 평범하며, 요란한 중산층 옷을 입어 상대적으로 초라해 보였을 여왕의 마음을 언짢게 할 법도 했지만 빅토리아는 전혀 불안해하지 않았다. 자신은 더위 때문에 얼굴이 붉어지고 모자도 작년에 유행한 자주색 포크파이해트를 쓴 반면, 차분하고 스타일이 좋은 외제니는 허리춤에서 무수한 주름 장식이 나풀거리는 드레스를 입은 사실도 그녀에게는 전혀 문제가 되지 않았다. 자신은 영국의 여왕이니 그것이면 충분하지 않은가? 분명 그렇게 보였다. 진정 위엄이 느껴지는 쪽은 빅토리아였고 그녀 자신도 이를 잘 알았다. 두 여인이 함께 공식 석상에 나타났을 때, 몇 번이고 타고난 위엄으로 자신의 매력적이고 아름다운 동행자가 완전히 빛을 잃게 만든 사람은 다름 아닌 자연과 인공이 야박하게 군 듯 보이는 그 여인이었다.[21]

헤어질 시간이 다가오자 눈물이 났다. 빅토리아는 윈저에서 멀어지는 손님들을 바라보며 "몹시 침울한" 기분을 느꼈다. 하지만 오래지 않아 그녀는 앨버트와 함께 프랑스를 답방해 아주 행복한 시간을 보냈다. 신분을 숨긴 채 "평범한 보닛을 쓰고" 파리 시내로 마차를 몰고 나가는가 하면 생클루의 극장에서 연극도 보았고, 어느 날 저녁 황제가 빅토리아 여왕에 대한 경의의 표시로 베르사유궁전에서 베푼 대연회에서는 비스마르크라는 기품 있는 외모의 프로이센 신사와 잠시 얘기도 나누었다. 그녀의 취향에 딱 맞게 가구가 비치된 방은 집처럼 편안해서 그녀의 반려견만 데려다놓으면 정말 집에 있는 것 같겠다고 말할 정도였다. 그리고 사흘 뒤 방에 들어서자 부탁한 적도 없는 그녀의 반려견이 반갑게 짖어댔다. 황제가 고생은 고생대로 하고 돈은 돈대로 들여 개인적으로 멋진 깜짝 선물을 준비한 것이다.[22] 그의 배려는 이 정도로 세심했다. 빅토리아는 그 어느 때보다 황홀한 기분으로 영국으로 돌아왔다. "신의 섭리와 방식은 참으로 기이하구나!" 그녀는 감탄했다.[23]

동맹 관계가 무르익고 전쟁이 막바지를 향해 갔다. 사실 빅토리아와 앨버트는 너무 일찍 평화가 찾아오지 않기를 몹시 바랐다. 그래서 애버딘 경이 협상에 들어가자고 했을 때 앨버트는 "격한" 편지로 그를 공격했고, 빅토리아는 말을 타고 돌아다니며 군대를 사열했다. 그러나 마침내 세바스토폴이 함락되었다. 이 소식이 밤늦게 밸모럴성에 전해지자 "잠시 후 앨버트가 다양한 복장의 신사들과 함께 성을 나섰고 그 뒤를 하인들이 따랐다. 점차 마을 파수꾼, 사냥 안내인, 일꾼 등 모든 주민으로 불어난 무리는 돌무덤 꼭대기에 이르렀다". 모닥불이 타오르고 백파이프가 연주되고 총포가 울렸다. "약 45분 뒤에 앨버트는 꼭대기에서 내려와 생각 이상으로 왁자지껄하고 흥겨운 광경이었다고 말했다. 사람들은 위스키로 축배를 들며 환희에 차 있었다."[24] 다음 날이면 다른 감정들로 바뀔 "환희"였지만 어쨌든 전쟁은 끝났다. 비록 그 끝은 시작만큼이나 설명하기 어려워 보였지만. 신의 섭리와 방식은 이번에도 기이했다.

4

전쟁이 가져온 뜻밖의 결과는 여왕 부부와 파머스턴의 완전히 달라진 관계였다. 앨버트와 수상은 러시아에 대한 적개심으로 대동단결했으며, 이러한 이유로 빅토리아도 기꺼운 마음으로 오랜 적을 불러 내각 구성을 지시할 수 있었다. 수상이라는 자리에 앉으면서 파머스턴의 정신이 번쩍 든 것도 이 관계에 영향을 주었다. 파머스턴은 안달하고 제멋대로 굴던 성격을 점차 고쳐나갔고, 군주의 제안을 세심하게 고려했으며, 앨버트의 능력과 지식에 진심으로 감동하기까지 했다.[25] 그래도 가끔 마찰은 일어났다. 여왕 부부가 언제나처럼 해외 정치에 전념했고 전쟁이 끝나면서 두 사람과 수상의 관점이 또다시 물과 기름이 되었기 때문이다. 특히 이탈리아 문제에서 상극을 이루었다. 이론상 입헌정치의 지지자였던 앨버트는 카보우르를 불신하고 가리발디에게 공포감을 느꼈으며, 영국이 오스트리아와 함께 전쟁에 휩쓸리게 될까 봐 두려워했다. 반면 파머스턴은 이탈리아의 독립을 간절히 바랐다. 하지만 그는 더 이상 외무부 소속이 아니었다. 이제 여왕의 불만을 정면으로 받는 것은 존 러셀 경의 몫이 되었다. 몇 년 만에 상황이 기묘하게 바뀌었다. 이번에는 러셀 경이 배은망덕한 부하 역할을 맡게 되었지만, 다만 지금은 군주와의 싸움에서 외무부가 수상의 반대가 아닌 지지를 받는다는 차이점이 있었다. 그럼에도 이 싸움은 치열했고, 결국 이탈리아 통일의 최종 달성에 결정적 역할을 하게 될 영국의 매우 동정적인 정책이 군주의 극심한 반대를 무릅쓰고 이행되었다.[26]

유럽의 다른 화약고에 대해서도 앨버트와 파머스턴의 견

해는 매우 달랐다. 앨버트는 헌법적이고 도덕적인 프로이센의 주도하에 독일이 통일되기를 간절히 바랐다. 파머스턴은 이 생각에 크게 동조하지 않았지만 독일 정치에는 특별한 관심이 없었기 때문에 여왕 부부가 열렬히 지지한 일, 다시 말해 영국 왕실과 프로이센 왕실이 프린세스 로열과 왕세자의 결혼으로 하나가 되는 일에 동의할 준비가 되어 있었다. 이런 연유로 공주가 아직 열다섯이 되지 않았을 때 스물네 살의 왕세자가 밸모럴을 방문해 약혼이 성사되었고,[27] 2년 후인 1858년에 결혼식이 거행되었다. 마지막 순간에 혼인이 틀어질 뻔하기도 했는데, 프로이센의 왕자들은 베를린에서 결혼하는 게 관례이므로 이번 경우도 예외로 둘 수 없다는 의견이 프로이센 측에서 나왔기 때문이었다. 이 소식을 들은 빅토리아는 분개심에 할 말을 잃었다. 그녀는 여왕치고도 단호한 편지를 외무부에 보내 프로이센 대사에게 "그런 가능성은 꿈에도 품지 말라"고 전하게 했다. "짐은 공적인 이유로든 사적인 이유로든 그 생각에 절대 동의할 수 없으며, 프로이센의 왕세자가 영국으로 건너와 대영제국의 프린세스 로열과 혼례를 올리는 게 너무한 처사라는 주장은 상당히 터무니없다고 보오. 프로이센의 전통이 어떻든 간에 영국 여왕의 맏딸과 결혼하는 것은 예사로운 일이 아니므로 이 문제는 이미 결정되었다고 봐야 할 것이오."[28] 이리하여 결국 결혼식은 세인트제임스 궁 예배당에서 거행되었다. 전등 장식, 화려한 연주회, 엄청

251

난 군중, 대대적인 축하연 등을 곁들인 큰 축제 행사가 열렸다. 윈저궁의 워털루 룸에서는 신랑 신부를 위한 성연이 벌어졌다. "모두가 비키에게 다정하고 친절했으며 방 안 가득 열기가 흘렀다. 특히 버클루 공작은 보잘것없는 사람들에게 빽빽하게 둘러싸인 채 이런 열기의 가장 기분 좋은 예를 보여주었다"고 여왕은 일기에 적었다. 며칠 새 그녀는 점점 침울해하더니 젊은 부부가 떠날 시간이 되자 거의 감정을 주체하지 못했지만, 그래도 완전히 허물어지지는 않았다. 나중에 그녀는 이렇게 적었다. "가여운 내 딸! 나는 비키를 꼭 껴안고 축복을 빌었지만 무슨 말을 해야 할지 몰랐다. 그리고 착한 프리츠에게 입을 맞추고 그의 손을 몇 번이고 꼭 쥐었다. 그는 아무 말도 못 하고 눈가에 눈물만 맺혀 있었다. 나는 마차 입구에서 두 사람을 다시 껴안았다. 앨버트가 두 사람과 버티와 함께 열린 마차 안으로 들어갔다. (⋯) 밴드가 연주를 시작했다. 나는 착한 페르폰허 부부에게 작별 인사를 했다. 슈레켄슈타인 장군은 깊은 슬픔에 잠겼다. 나는 그의 손을 꼭 잡고, 또 착한 주임 사제의 손을 잡은 뒤 재빨리 위층으로 올라갔다."[29]

슬픔에 잠긴 것은 슈레켄슈타인 장군만이 아니었다. 앨버트도 슬픔을 가누지 못했다. 그는 자신이 가장 아끼는 자식이자 사랑하는 제자를 떠나보냈다. 지적인 면에서 이미 아버지와 눈에 띄게 닮아가던 아이였기 때문에 몇 년 후면 충분히 말동무도 될 수 있을 터였다. 얄궂은 운명은 인정이 많고 영리하며 예술과 과학에 관심이 많고 비망록에 타고난 감각을 보이는 딸을 그에게서 떼어놓고 큰아들에게는 이런 자질 중 어떤 것도 허락하지 않았다. 확실히 웨일스 공은 아버지를 닮지 않았다. 빅토리아의 기도는 응답을 받지 못했고, 해가 갈수록 버티는 진정한 브라운슈바이크 가문의 자손임이 확실해졌다. 타고난 특성이 이렇게 분명했지만 이는 부모의 노력을 배가하는 역할만 했을 뿐이다. 여왕 부부는 끊임없는 압력과 세심한 단속으로 어린 가지가 너무 늦지 않게 올바른 방향으로 자라도록 인도할 생각이었다. 모든 시도가 이루어졌다. 엄격하게 선별한 가정교사들과 함께 버티를 유럽 대륙 여행에도 보내봤지만 결과는 만족스럽지 못했다. 아버지의 요청에 따라 여행 중에 쓴 일기는 돌아오자마자 검사를 받았는데, 애처로울 정도로 내용이 빈약했다. '교황을 방문한 최초의 웨일스 공!'이라는 제목으로 써 내려갈 수 있는 재미있는 이야기가 얼마나 무궁무진하겠는가. 그런데 그런 얘기가 하나도 없었다. "어린 왕자는 모두를 기쁘게 했지만 난처하고 몹시 슬퍼 보였다"고 연로한 메테르니히는 기조에게 보고했다. 왕세자의 열일곱번째 생일에는 여왕과 앨버트 공의 이름으로, 큰아들이 이제 성년기에 접어들고 있으니 지금부터 기독교적인 신사의 의무를 수행해야 한다는 취지의 비망록이 작성되었다. 그 내용은 다음과 같았다. "인생은 의무로 점철되어 있으며 이 의무를 적절한 때에 정확하고 기쁘게 이행하는 데서 진정한 그리스도인, 진정한 군인, 진정한 신사의 모습이 드러난다. (…) 이제 너는 인생의 새로운 영역으로 접어들어 무엇을 하고 무엇을 하지 말아야 할지 배우게 될 것이다. 이를 위해서는 네가 지금까지 했던 그 어떤 것보다 중요한 공부가 필요하단다." 이 비망록을 받은 즉시 버티는 눈물을 터트렸다. 이와 함께 「기밀: 웨일스 공 측근 신사들 지도용」이라는 제목으로 또 다른 비망록이 작성되었다. 공들여 쓴 이 장문의 문서는 신사들의 "행동과 품행"을 단속하고 웨일스 공의 유익에 이바지할 만한 "일정한 원칙들"을 규정한 데 이어 다음과 같이 단언했다. "다음은 사회에서 신사들을 구별해낼 때 눈여겨봐야 할 자질들이다.

(1) 용모와 몸가짐, 옷차림.

(2) 다른 사람과 관계를 맺고 타인을 대하는 모습.

(3) 대화 또는 어울리는 무리와의 활동에서 훌륭하게 처신하고자 하는 욕구와 능력."

위의 부제들에 대한 지극히 상세한 분석이 일곱 쪽에 걸쳐 이어졌고, 신사들에 대한 마지막 권고가 비망록의 끝을 장식했다. "만일 자신의 자리에 따른 책임을 충분히 인식하고, 위에 약술한 사항을 받아들여 어느 때나 분별력 있게 이 원칙들을 이행할 수 있다면, 그러면서 별로 중요하지 않은 세세한 점들은 지나치되 꾸준하고 한결같은 행동 방침을 유지할 수 있다면 이들은 웨일스 공에게 꼭 필요한 도움을 줄 수 있을 뿐만 아니라 여왕 부부가 훌륭하게 재목들을 골랐음을 입증해 줄 것이다." 1년 뒤 왕세자는 옥스퍼드로 보내졌고 그가 학부 생들과 어울리지 않도록 각별한 조치가 뒤따랐다. 이처럼 온갖 노력이 있었지만 한 가지, 즉 버티에게 즐길 시간을 주는 시도는 한 번도 이루어지지 않았다. 하지만 그래야 할 이유가 있을까? "인생은 의무로 점철되어 있는데" 웨일스 공의 생활에 즐거움이 끼어들 틈이 있을까?[30]

앨버트에게서 프린세스 로열을 빼앗아간 그해는 그에게 훨씬 더 심각한 상실도 가져다주었다. 슈토크머 남작이 영국을 마지막으로 찾았다. 벨기에 국왕에게 보낸 편지에서 스스로 밝혔듯이 그는 지난 20년간 앨버트 공과 여왕의 "아버지 같은 친구이자 충실한 조언자라는 고단하고 힘든 직무"를 수행해왔다. 이제 일흔 살로 육체적으로도 정신적으로도 지친 상태였기 때문에 모든 짐을 내려놓을 때였다. 그는 유럽 정치의 무거운 비밀을 영원히 뒤로하고, 지방 한 귀퉁이에서 세상 이야기에 귀를 기울이고 가족과 수다를 떨 수 있는 코부르크의 집으로 돌아갔다. 난롯가에 놓인 딱딱한 의자에 앉아 황제와 장군이 아닌 이웃과 친척의 옛날이야기를 들으며 꾸벅꾸벅 졸았다. 아버지의 서재에 불이 난 일, 염소가 누나의 방까지 올라와 탁자 주위를 두 바퀴 돌다가 다시 내려간 일 등 오래전 가족의 모험담도 듣곤 했다. 소화불량과 우울증이 여전히 그를 괴롭혔지만 자신의 삶을 뒤돌아볼 때 불만스러운 점은 없었다. 그의 양심은 결백했다. "나는 누구나 인정할 만한 목적을 위해 힘이 남아 있을 때까지 오래도록 일했다. 이런 자각이야말로 내가 얻은 보상이자 유일하게 바란 것이다."[31]

분명 그는 "목적"을 달성했다. 남작은 지혜와 인내, 모범을 통해 그가 꿈꿔온 기적을 마침내 일구어냈다. 앨버트 공이 그 기적의 산물이었다. 고귀한 목적을 위해 대제국을 통솔한 불굴의 노역자, 이 인물을 탄생시킨 일이야말로 그의 업적이었으며 그 작품은 자신이 보기에도 훌륭했다. 하지만 과연 일말의 불안감도 느끼지 않았을까? 자신이 일군 업적이 너무 적은 게 아니라 너무 많다고 여기지 않았을까? 경계심이 지나친 자를 위해 운명은 얼마나 미묘하고 위험한 덫을 예비해두었던가! 앨버트는 분명 슈토크머가 바라던 그대로의 모습이었다. 즉 고결하고 근면하며 인내심이 강하고 총명했다. 그런데도 어째서인지 앨버트는 완전히 만족하지 못했다. 그에게는 마음의 병이 있었다.

모든 것을 이루었지만 앨버트는 한 번도 행복에 이른 적이 없었다. 마지막에는 거의 병적일 정도로 갈망하게 된 그의 일도 일시적인 위안이었을 뿐 치유책은 되지 못했으며, 불만이라는 엄중한 감시자는 밤낮으로 양을 불려가며 쏟아지는 공물을 게걸스럽게 먹어치웠다. 하지만 그 감시자는 여전히 배가 고팠다. 이 우울증의 원인은 분명하게 드러나지 않아 분석할 수 없었을 뿐만 아니라, 그의 기질 한구석에 너무 뿌리 깊이 박혀 있어 이성의 눈으로 파악하기가 어려웠다. 앨버트를 잘 아는 몇몇 사람에게는 그가 불가해한 수수께끼로 보일 정도로 그의 천성에는 모순되는 점이 있었다. 다시 말해 그는 엄격하면서도 자상했고, 겸손하면서도 냉소적이었으며, 애정을 갈망하면서도 냉정했다.[32] 또한 쓸쓸했는데, 이는 조국을 떠나온 이의 외로움이 아니라 자각하고 있지만 인정받지는 못한 우월성에서 오는 고독이었다. 공론가들이 보이는 체념한 듯하면서도 우쭐한 자부심이 그에게서도 엿보였다. 그렇다고 그를 단순한 공론가로 보기도 힘들었다. 순수 공론가들은 언제나 내적인 만족을 누리지만 앨버트는 그것과도 거리가 멀었다. 그에게는 간절히 원하지만 결코 얻을 수 없는 것이 있었다. 그게 무엇이었을까? 완전하고 형언할 수 없는 공감? 비범하고 탁월한 성공? 아마 이 둘을 섞은 것이었으리라. 군림하면서도 이해받는 것! 사람들의 복종과 인정을 둘 다 확실하게 얻어내는 것, 그것은 진정 가치 있는 일일 것이다. 하지만 그런 희망에 비하면 그가 현실에서 똑똑히 목격한 반응은 너무도 희미했다. 그의 진가를 진정으로 알아볼 이는 어디 있었을까? 영국에서 누가 그의 진가를 이해할 수 있었을까? 내적 탁월함이라는 온화한 덕목이 별 도움이 되지 않았다면, 기량과 힘이라는 좀더 확실한 방법은 더 많은 성과를 내었을까? 그가 망명 온 가혹한 땅은 냉랭한 난공불락의 모습으로 그의 앞에 버티고 서 있었다. 앨버트가 사람들에게 자신을 얼마간

각인시킨 것은 의심할 수 없는 사실이었다. 실제로 그는 동료들의 존경을 얻었고 정직과 근면, 엄밀함으로 인정을 받았으며, 상당히 영향력 있고 중요한 사람이었다. 하지만 이 모든 것은 그가 꿈꾼 목표에서 얼마나 현저히 떨어져 있던가! 그의 앞을 막아서는 답답함, 어리석음, 태만, 무지, 혼동의 거대한 덩어리를 무너뜨리려는 노력은 얼마나 미미하고 헛되어 보였는가! 그에게 몇몇 사항을 바로잡고 변칙을 없애며 확실한 개혁을 추진하는 등 조금이나마 상황을 개선할 힘이나 재간은 있었는지 모르지만, 무시무시한 조직체의 심장부는 꿈쩍도 하지 않은 채 그대로 남아 있었다. 영국은 그 무엇에도 영향을 받지 않고 자기만족에 빠진 채 덜거덕거리며 오래전부터 걸어온 참기 힘든 길을 계속 걸어갔다. 앨버트가 확고한 목적을 가지고 이를 악문 채 이 괴물의 길에 뛰어들었지만, 괴물은 그를 무시하고 제 갈 길을 갔다. 그랬다! 그는 파머스턴조차 정복할 수 없었다. 파머스턴은 여전히 의기양양한 태도와 얼빠진 행동, 원칙에 대한 철저한 무시로 그를 괴롭혔다. 해도 해도 너무했다. 자연도 슈토크머도 그에게 낙관성을 심어주지 못했다. 한때 그의 안에 박혀 있던 비관주의의 씨앗이 때마침 알맞은 토양을 만나 무성하게 자라났다. 그는 "의문을 제기했지만 만족할 만한 대답을 찾지 못했으며, 온 세상이 불친절해 보였다". 앨버트는 스스로를 실패자라고 여기며 절망하기 시작했다.

하지만 슈토크머는 "절대 쉬어서는 안 된다"고 말했다. 앨버트는 그 말을 그대로 따랐다. 끝을 볼 때까지 계속 최선을 다해 일했고, 최고를 향해 열심히 정진했다. 그의 근면성은 거의 광적으로 변해갔다. 녹색 등은 갈수록 더 일찍 불을 밝혔고, 서신의 양은 방대하게 늘어났으며, 신문 읽기는 더 면밀해지고, 쉴 새 없이 작성되는 비망록은 더 꼼꼼하고 분석적이며 정확해졌다. 취미 생활도 의무가 되었다. 시간표에 따라 활동을 즐기고, 사소한 것에 마음을 쓰며, 사슴 사냥을 나가고, 점심에는 신소리를 하는 게 마땅히 해야 할 일이 되었다. 이 일과는 놀라울 정도로 효율적으로 작동했지만 절대 멈추는 일도, 기름을 치는 일도 없었다. 이 무수한 톱니바퀴는 기름 없이 정밀하게 쉬지 않고 돌아갔다. 무슨 일이 있어도 앨버트는 쉬지 않을 생각이었다. 그는 슈토크머의 신조를 너무도 철저히 흡수했고, 무엇이 옳은지 알았기 때문에 어떤 희생을 치르더라도 그것을 추구할 생각이었다. 그것은 확실했다. 하지만 아아! 우리 인생에서 확실한 게 있던가? 어느 고대 그리스인이 말하지 않았던가. "무슨 일이든 지나치게 열심히 하지 마라! 사람의 일이란 모름지기 적당한 게 최고다. 탁월함을 열렬히 추구하는 사람들은 비록 거기서 이득을 얻으려는 것일지라도 완전히 길을 잃은 채 어떤 힘의 의지에 이끌려가고 있는 것이다. 이 힘은 사악한 것을 좋아 보이게 하고 유익한 것을 사악해 보이게 한다"라고.[33] 앨버트와 슈토크머가 테오그

니스의 이 냉정한 지혜를 마음에 새겼다면 얼마나 좋았을까.

빅토리아는 남편이 간혹 우울한 기색을 보이고 과로한다는 사실을 알고는 그의 힘을 북돋우려고 애썼다. 앨버트가 여전히 외국인으로 인식된다는 사실을 알고 불안해진 그녀는 1857년 그에게 '프린스 컨소트Prince Consort'라는 칭호를 내림으로써 영국 내 그의 입지를 높여주고자 했다. "여왕의 남편을 영국인으로 인정하도록 요구하는 바입니다."[34] 여왕의 칙허장이 발부되었지만 불행하게도 앨버트는 전과 다름없이 여전히 외국인 취급을 받았으며, 해가 갈수록 그의 실의도 깊어졌다. 빅토리아는 남편과 함께 일하며 그를 지켜보고, 그와 함께 오즈번의 숲속을 거닐었다.[35] 그럴 때면 그는 아주 오래전 로제나우에서 휘파람을 불었던 것처럼 나이팅게일에게 휘파람 신호를 보냈다. 그의 생일이 다가오자 여왕은 그가 좋아할 만한 선물을 고르기 위해 엄청난 수고를 들였다. 1858년 그의 서른아홉번째 생일에 여왕은 "호슬리가 실물 크기로 그린 비어트리스 공주의 유화, 베드퍼드에게 내가 직접 주문한 고타 주변 시골 풍경 사진 전집, 밸모럴 화강암과 사슴 이빨로 만들고 비키가 디자인한 문진"을 선물했다.[36] 앨버트는 당연히 기뻐했고 가족이 모인 자리에서도 그 어느 때보다 유쾌한 모습을 보였다. 그럼에도…… 거기에는 불편한 무언가가 있었다. 그것은 무엇이었을까?

문제는 다름 아닌 그의 건강이었다. 앨버트는 영국을 위해 스스로를 소진하고 있었을 뿐만 아니라, 애초에 슈토크머가 진단했던 대로 심한 중압감을 견디기에는 부적절한 체질이었다. 그는 몸 상태가 쉽게 나빠졌으며 끊임없이 잔병치레를 했다. 그의 외모는 그 자체로 신체적 허약함을 보여주기에 충분했다. 반짝이는 눈과 부드러운 안색을 자랑하던 20년 전의 준수한 젊은이는 어느새 병색과 피로감이 역력한 중년이 되어 있었다. 구부정한 자세와 축 처진 살집은 그가 주로 앉아서 일한다는 사실을 말해주었으며, 머리는 정수리 쪽이 꽤 벗어져 있었다. 한때 앨버트를 가극의 테너 가수에 빗대던 혹독한 비평가들이 이제는 그의 분위기에서 집사를 논할는지도 몰랐다. 빅토리아와는 극도로 대조되는 모습이었다. 그녀도 살집이 있긴 했지만 이는 건강한 안주인의 풍만함이었고, 모든 면에서 열정적인 활기를 뿜어냈다. 힘이 넘치는 태도에서도, 무언가를 물어보는 듯한 툭 튀어나온 시선에서도, 작고 토실토실하며 재주가 많고 위엄 있는 손에서도 활력이 느껴졌다. 어떤 공감 주술의 힘을 빌려 그녀의 넘치는 힘과 자신감을 남편의 통통하고 무기력한 몸과 생기 없고 의욕 잃은 뇌에 일부나마 전달할 수 있었다면 얼마나 좋았을까!

하지만 남편의 건강 악화 외에도 그녀가 걱정할 일은 더 있었다. 1860년 코부르크를 방문한 동안 앨버트는 마차 사고로 거의 죽을 뻔했다. 몇 군데 찰과상과 타박상만 입고 위기를 모면했지만, 이때 빅토리아는 공포를 숨기면서도 극도로 두려워했다. 그녀는 나중에 이렇게 적었다. "저는 충격이 클수록 겉으로는 침착함을 유지합니다. 그날 일어날 뻔한 참사에 대해서는 입 밖에 낼 수도, 감히 내지도 못했고 그런 위험 자체를 인정할 수도, 감히 인정하지도 못했습니다(그건 지금도 마찬가지죠). 그랬다간 정신이 나가버렸을 테니까요!" 실제로 그녀가 불안을 이겨낸 방법은 오직 신께 감사를 드리는 것뿐이었다. "이 감정을 영구히 막아줄 어떤 일을 하지 않고서는" 편안히 쉴 수 없다고 느낀 그녀는 코부르크의 한 자선단체에 기부하기로 결정했다. "1000파운드 또는 2000파운드를 일시불로 또는 해마다 분할 지급으로 기부하는 것은 제게 큰 부담이 되지 않을 겁니다." 결국 1000파운드를 기부하기로 결정되어 코부르크 시장과 최고위 성직자의 이름으로 "빅토리아 종교 재단Victoria Stift"이라는 신탁에 투자되었고, 이들은 매년 신분이 미천한 젊은 남녀 중 모범이 되는 이들을 일정 수 선정해 이자를 나눠주라는 지시를 받았다.[37]

머지않아 여왕은 생애 처음으로 가까운 사람의 죽음을 경험하게 된다. 1861년 초 중병에 걸린 켄트 공작부인이 3월에 세상을 떠났다. 이에 빅토리아는 감정을 주체하지 못했다. 일기 여러 쪽에 걸쳐 어머니의 임종 순간과 죽음, 시신에 관한 상세한 설명을 소름 끼칠 정도로 강렬하게 써 내려갔는데, 여기저기에 격렬한 외침과 감정의 격앙된 분출이 섞였다. 현재의 슬픔에 과거의 갈등은 완전히 잊었다. 여왕의 생각을 온통

사로잡은 것은 죽음, 지금 눈앞에 닥친 실제 죽음의 공포와 신비였다. 활력이 넘쳐흐르던 그녀의 온 존재가 죽음의 암울한 광경 앞에 고통으로 움츠러들었다. 오랜 세월 한 몸처럼 지내 존재의 일부가 되어버렸던 어머니의 생명이 바로 눈앞에서 꺼져갔다! 잊으려고 애썼지만 그럴 수 없었다. 그녀의 애통함은 기이할 정도로 과다하고 집요하게 이어졌다. 마치 어떤 불가사의한 무의식 속 예지의 발동으로, 죽음이 그녀를 위해 특별한 방식으로 무시무시한 화살을 준비해두었음을 깨달은 것처럼 보였다.

왜냐하면 정말 그해가 끝나기 전에 그녀에게 더 끔찍한 불행이 닥쳤기 때문이다. 오랫동안 불면증에 시달리던 앨버트는 11월 말, 폭우가 내리는 추운 날에 샌드허스트에 들어설 새 육군사관학교 건물을 시찰하러 갔다가 여기서 얻은 피로와 체온 저하로 건강이 위독해졌다. 류머티즘이 발병하고, 밤잠을 계속 설쳤으며, 몸이 아프다고 불평했다. 하지만 사흘 뒤 고통스러운 의무 때문에 부득이하게 케임브리지를 방문할 일이 생겼다. 지난해에 이 학교에 맡겨진 웨일스 공이 말썽을 피워 부모의 방문과 훈계가 필요했기 때문이다. 실망한 아버지는 심신이 괴로운 상태에서 임무를 잘 마쳤지만, 윈저로 돌아오는 길에 치명적인 오한이 들고 말았다.[38] 다음 한 주 동안 그는 몸이 점점 쇠약해지고 괴로워졌다. 하지만 아무리 우울하고 기력이 없어도 그는 일을 계속했다. 때마침 심각한 외교 위기도 발생했다. 미국에서 남북전쟁이 발발했고, 북부 주 state들과의 마찰로 영국이 바야흐로 분쟁에 휘말릴 듯 보였다. 존 러셀 경의 신랄한 공문이 여왕에게 보고되었다. 이를 수정 없이 발송했다가는 전쟁이 불가피하리라고 판단한 앨버트는 12월 1일 아침 7시에 침상에서 일어나 떨리는 손으로 초안의 수정안을 작성했는데, 말을 부드럽게 다듬었고 갈등을 평화 롭게 해결할 길을 열어두었다. 정부가 이 수정안을 받아들이 면서 영국은 전쟁을 피했다. 이것이 앨버트 공이 마지막으로 작성한 문서였다.[39]

앨버트는 늘 자신이 죽음의 가능성을 대수롭지 않게 여 긴다고 말했다. 한번은 빅토리아에게 이렇게 말했다. "난 삶 에 집착하지 않소. 당신과 달리 난 삶을 업신여긴다오." 그러 고는 이렇게 덧붙였다. "난 중병에 걸리면 그 즉시 마음을 비 울 것이오. 살려고 버둥거리는 짓은 할 수 없소. 난 삶을 고집 할 생각이 없다오."[40] 그의 판단은 정확했다. 병에 걸린 지 얼 마 되지 않았을 때 그는 한 친구에게 자신이 회복하지 못할 것 이라고 확언했다.[41] 그는 점점 위독해졌다. 애초에 그의 병세 를 정확히 진단해 제대로 치료했더라면 살 가망이 있었을지 도 모르지만, 의사들이 증상을 올바로 진단하지 못한 데다 놀 랍게도 제1주치의가 제임스 클라크 경이었다. 다른 의견을 받 아들여야 한다는 지적에도 그는 "두려움에 떨 이유가 없다" 고 말하면서 콧방귀를 뀌었다. 하지만 앨버트의 병은 갈수록 위중해졌다. 마침내 파머스턴이 편지로 격렬하게 항의한 끝에 왓슨 박사가 파견되었지만, 그는 앨버트가 이미 손쓸 수 없는 상태임을 단번에 알아차렸다. 앨버트 공은 장티푸스에 시달리고 있었다. "아직까지는 모든 게 만족스러운 듯하다"고 제임스 클라크 경은 말했다.[42] ♛

초기의 불안 증세와 극심한 고통은 고착화된 무기력과 깊이를 더해가는 우울에 자리를 내주었다. 이 쇠약해진 환자가 "멀리서 들리는 멋진 합창곡" 같은 특별한 음악을 주문하면 앨리스 공주가 옆방에 놓인 피아노로 루터의 찬송가 몇 곡을 연주했고, 그러고 나면 앨버트 공이 「영원한 반석Rock of Ages」을 따라 불렀다. 때로는 정신이 오락가락했고 때로는 아득히 먼 과거를 불현듯 떠올렸다. 이른 아침 새소리에 귀를 기울이면 자신이 소년의 모습으로 로제나우에 있었다. 어떤 날은 빅토리아가 곁에 와서 월터 스콧의 소설 『페버릴 오브 더 피크』를 읽어주었다. 그는 자신이 이야기를 잘 따라가고 있음을 보여주었고, 자신을 향해 몸을 굽히는 그녀에게 "사랑하는 부인" "착한 아내"라고 속삭였다. 빅토리아는 몹시 불안

♛ "확실한 건 아니지만 다른 의사들에 대한 제임스 클라크 경의 시기심 때문에 그 귀한 생명이 희생되었을지도 **모른**다고 생각하면 끔찍하기 그지 없습니다." — 클래런던 백작이 맨체스터 공작부인에게, 1861년 12월 17일.

하고 괴로웠지만 공포에 시달리지는 않았다. 스스로 힘을 북돋우며, 앨버트에게 이 중압감을 감당할 만한 힘이 없다는 사실을 믿지 않으려고 했다. 그녀는 그런 끔찍한 일이 벌어질 수도 있음을 받아들이려고 하지 않았다. 왓슨 박사도 피했다. 굳이 만날 이유가 있을까? 제임스 클라크 경이 분명 다 잘될 것이라고 하지 않았나? 끝이 다가오기(이제 이것은 그녀 주위의 모두에게 자명해 보이는 사실이었다) 불과 이틀 전에도 그녀는 벨기에 국왕에게 확신에 찬 편지를 썼다. "제가 밤새 간호하지는 않습니다. 그럴 필요를 못 느끼거든요. 걱정할 만한 일은 없습니다."[43] 앨리스 공주가 아무리 진실을 말해주어도 빅토리아의 희망은 꺾일 줄 몰랐다. 12월 14일 아침에는 그녀의 예상대로 앨버트가 호전된 듯 보였다. 어쩌면 고비를 넘겼는지도 몰랐다. 하지만 그날 다시 병세가 악화되자 마침내 그녀는 자신이 아찔한 심연의 가장자리에 서 있음을 받아들였다. 온 가족이 불려 왔고, 자녀들이 줄줄이 아버지에게 조용히 작별 인사를 했다. 빅토리아는 일기에 이렇게 썼다. "끔찍한 순간이었지만 다행히 나는 자제력을 잃지 않고 대단히 침착하게 남편의 곁을 지킬 수 있었다." 앨버트가 무슨 말을 속삭였지만 잘 알아들을 수 없었다. 프랑스어를 하나 보다고 그녀는 생각했다. 그러더니 갑자기 그가 "건강할 때 옷을 차려입으며 하던 것과 같이" 머리를 매만지기 시작했다. "여보, 저예요." 그녀가 속삭이자 그가 알아듣는 듯 보였다. 저녁 무렵 잠시 다른 방으로 갔다가 곧바로 다시 불려 온 그녀는 사태가 심각하다는 것을 바로 알아차렸다. 그녀가 침대 옆에 무릎을 꿇자 그는 깊고 부드럽게 숨을 내쉬더니 마침내 숨이 멎고 얼굴이 완전히 굳었다. 그녀가 내지르는 날카롭고 긴 비명이 공포에 휩싸인 성안에 울려 퍼졌다. 빅토리아는 앨버트가 자신의 곁을 영원히 떠났음을 깨달았다.[44]

7

미망인 시절

1

부군의 죽음은 빅토리아 여왕의 생애에서 중대한 전환점이 되었다. 그녀는 자신의 진정한 삶이 남편의 죽음과 함께 끝났으며 이승에서 남은 날들은 황혼기, 다시 말해 이미 끝난 연극의 에필로그 같은 것이라고 느꼈다. 이는 전기 작가로서도 동감하지 않을 수 없는 생각이다. 실제로 여왕의 긴 생애 중 후반부는 잘 알려져 있지 않다. 여왕이 태어난 후부터 42년간의 삶은 방대하고 정확한 정보 덕분에 분명하게 알려져 있지만, 앨버트가 세상을 떠나면서부터는 베일이 드리워진다. 아주 가끔, 어쩌다 한두 번씩 베일이 걷혀 중요한 맥락과 주목할 만한 이야기를 일부 전하지만 나머지는 모두 추측에 근거하며 확실하지 않다. 여왕은 남편과의 힘든 사별 후 그때껏 살아온 만큼의 세월을 또 한 번 견뎌내지만, 이런 이유로 이후에 남겨

271

진 이야기는 이전 삶에 비해 상당히 빈약하다. 따라서 우리는 그녀의 생애 후반부를 그저 간략하게 언급하고 넘어가는 데 만족해야 한다.

앨버트 공의 갑작스러운 죽음은 단순히 빅토리아 개인에게만 고통을 준 것이 아니었다. 이는 국가 차원에서도, 전 유럽 차원에서도 중요한 사건이었다. 그는 겨우 마흔두 살이었기 때문에 병에 걸리지 않았다면 최소 30년은 더 살았을 것이고, 만약 그랬더라면 영국의 정부 조직은 틀림없이 다른 식의 발전을 보였을 것이다. 세상을 떠날 무렵 그는 이미 영국 공직에서 독특한 위상을 차지하고 있었을 뿐 아니라, 주요 정치인들 사이에서 국가 체제에 반드시 필요하고 유용한 부분으로 인식되었다. 일례로 클래런던 경은 그의 죽음을 두고 "대중이 생각하는 것 이상으로 심대한 국가적 재앙"이라고 말하며, 미국에서 전쟁이 일어날 경우 "어느 때보다 가치 있게 쓰였을" 그의 "총명과 선견지명"을 잃게 되어 애통하다고 밝혔다.[1] 앨버트는 시간이 갈수록 엄청난 영향력을 행사했을 게 분명했다. 그는 지적, 도덕적 자질 외에도 사회적 지위 덕분에 다른 고위직 인사는 꿈도 꾸지 못할 막대한 이익을 누렸다. 다시 말해, 그의 자리는 종신이었다. 다른 정치인은 임기가 끝나면 떠났지만 그는 국정의 핵심 자리에 영구 취임해 있었다. 나랏일에 노련해졌을 뿐만 아니라 도덕적이고, 총명하며, 유례가 없을 정도로 오래 일생 동안 국정 경험을 쌓은 인물이

19세기 말에 가서 엄청난 명망을 얻었으리라는 사실을 의심할 사람은 없었다. 젊은 시절 군주와 함께 강력한 파머스턴 경에 맞서고 이 대결에서 멋지게 목적을 달성한 사람이 노년에는 무슨 일인들 못했겠는가? 아무리 유능하고 인기 있는 대신이 나온다 한들 이 덕망 높은 부군의 지혜와 무결점, 막강한 권위에 맞설 수 있었을까? 이런 통치자가 계속 존재했다면, 어쩌면 영국을 프로이센처럼 철저히 조직화되고 정밀하게 단련됐으며 효율적으로 준비된, 전제 지배를 받는 국가로 탈바꿈하려는 시도가 일어났을지 모른다. 만일 그랬다면 글래드스턴이나 존 브라이트 같은 강력한 지도자의 주도하에 영국의 민주 세력이 결집하고, 군주제를 뿌리째 흔들 투쟁이 뒤따랐을 것이다. 아니면 반대로 디즈레일리가 말한 가상의 예언이 실현됐을지도 모른다. "우리는 우리의…… 진정한 군주를 땅에 묻었다. 지난 21년간 앨버트 공은 영국의 어느 왕도 보여주지 못한 지혜와 힘으로 나라를 다스렸다. 만일 그가 일부 '노정치가'보다 오래 살았다면 분명 우리에게 절대군주제라는 축복을 선물했을 것이다."[2]

영국 헌법, 그 형언할 수 없는 실체는 살아 있는 존재로서 사람들과 함께 발전하고 인간사의 미묘하고 복잡한 법칙에 따라 끊임없이 변화하는 형태를 취한다. 이 헌법은 지혜와 우연의 자식이다. 1688년의 현자들이 우리가 알고 있는 형태로 주조했고 여기에 조지 1세가 영어를 하지 못했던 우연이 작용하면서 한 가지 근본적인 특수성, 즉 군주와 별개로 수상에게 종속되는 내각 체제가 생겨났다. 또한 이 헌법은 그레이 경의 지혜로 화석화와 파기를 면하고 민주주의의 길로 들어섰는데, 또 한 번 여기에 우연이 끼어들었다. 여군주가 유능하고 강단 있는 남자와 결혼하면서 오랜 세월 잠들어 있던 한 요소, 즉 책임이 없는 행정 권력이 주요 특성으로 되살아나 헌법의 발전 방향을 영원히 바꿔놓을 듯 보였다. 하지만 이 우연적인 요소가 사라졌다. 여왕 부군이 한창 나이에 세상을 뜨면서 영국 헌법은 그가 언제 존재했냐는 듯이 조금의 떨림도 없이 죽은 사지를 떨어뜨리고 그 불가사의한 생명을 이어갔다.

한 사람은 오롯이 혼자서 앨버트의 죽음을 온몸으로 슬퍼하고 있었다. 슈토크머 남작은 코부르크 집 난롯가에서 자신의 위대한 창조물이 완전히 무너져 돌이킬 수 없는 폐허로 변하는 모습을 갑작스럽게 맞이했다. 앨버트가 가버렸으므로 이제 자신의 삶은 헛된 것이었다. 그의 건강 염려증이 아무리 심각해도 이렇게 비참한 재앙을 마음속에 그려본 적은 없었다. 빅토리아는 남작에게 편지도 쓰고 집에도 찾아가 자신이 남편의 일을 계속할 것이라고 확신에 차서 말하며 그를 위로하려고 했다. 남작은 슬픈 미소를 지으며 불꽃을 들여다보더니 자신도 얼마 살지 못하고 앨버트가 있는 곳으로 갈 것이라고 중얼거렸다.[3] 그는 안으로 움츠러들었다. 자식들이 옆에 와서 그를 위로하려고 안간힘을 썼지만 소용없었다. 비탄에 잠긴 남작은 열여덟 달 동안 목숨을 이어가다가 제자를 따라 흙으로 돌아갔다.

2

빅토리아를 감싸던 잔잔한 행복의 광채는 소름끼칠 만큼 갑작스럽게 슬픔의 암흑으로 바뀌었다. 생각하기도 싫은 끔찍한 일이 일어났을 때 주변 사람들은 빅토리아가 이성을 잃을까 봐 두려워했지만, 그녀 안에는 강철 같은 면이 확고히 자리 잡고 있었기 때문에 슬픔이 덮쳐오는 사이사이 그녀는 차분함을 유지했다. 그녀는 감정이 지나치게 격해지는 것을 앨버트가 싫어한 사실을 기억했고, 여생 동안 남편이 바랄 만한 일 외에는 아무것도 하지 않기로 마음먹었다. 하지만 순간순간 괴로움 때문에 고삐가 풀릴 때가 있었다. 어느 날은 서덜랜드 공작부인을 불러 앨버트의 방으로 데려가서는 남편의 옷가지 앞에 넙적 엎드려 눈물을 펑펑 흘리며 앨버트만큼 성품이 좋은 사람이 있는지 공작부인에게 물었다.[4] 어떤 때는 분노 비슷한 감정에 휩싸였다. 다음은 그녀가 벨기에 국왕에게 보낸 편지다. "태어난 지 여덟 달 만에 아버지를 잃은 가여운 아기는 이제 짓밟힌 행복에 비통한 눈물을 흘리는 마흔두 살의 과부가 되었습니다! 행복했던 제 삶은 이제 끝났습니다! 제게는 이미 끝난 세상입니다! (…) 아! 아직 한창 때인 사람을 데려가다니, 제 고달픈 처지도 거뜬히 잊게 해주던 순수하고 행복하고 조용했던 결혼 생활을 마흔두 살에 앗아가다니 너무 끔찍하고 잔인합니다! 하느님께서 저희를 갈라놓을 줄은 꿈에도 몰랐습니다. (앨버트는 늘 인생이 찰나 같은 것이라고 말했지만) 하느님께서 저희가 함께 늙어가게 해주시리라고 믿어 의심치 않았습니다."[5] 여왕의 격노가 여기까지 전해지는 듯하다. 그녀는 신이 어떻게 그러실 수 있는지 진심을 다해 궁금해하지 않았을까?

하지만 여생 동안 무슨 일이 있어도 남편에 대한 경외와 복종, 숭배를 멈추지 않겠다는 강한 의지 앞에서 다른 감정들은 물러났다. 여왕은 외숙에게 다음과 같이 썼다. "한 가지만큼은 포기하지 않을 생각입니다. 즉 남편이 품었던 모든 소망과 계획, 견해를 저의 철칙으로 삼겠다는 굳은 결심만큼은 계속 지켜나갈 겁니다. 사람의 힘으로는, 남편의 결심과 소망을 따르겠다는 제 마음을 결코 바꿀 수 없을 겁니다." 여왕은 누가 자신의 바람을 방해할 수도 있다는 생각에 갈수록 사납고 거칠어졌다. 외숙이 영국을 방문한다고 했을 때 그녀는 그가 예전처럼 자신의 일에 간섭하며 "강한 영향력을 행사"하려고 할지도 모른다고 생각해 미리 선을 그었다. "또한 저는 어느 누구도 저를 가르치거나 인도하거나 지시하려 드는 것을 용납하지 않을 생각입니다. 부군은 제게 가장 훌륭하고 충실한 신하

였습니다. 물론 앨버트는 이런 저를 나무라겠지요. (…) 지독히 나약하고 지칠 대로 지친 몸이지만 그래도 남편의 바람이나 계획을 누군가 건드릴 수도 바꿀 수도 있다는 생각, 그리고 저는 무슨 일이든 할 수 있는 사람이라는 생각을 하니 기운이 납니다." 그녀는 슬픔과 애정을 담아 편지를 끝맺었다. "늘 못난 모습만 보이지만 외숙을 사랑하는 빅토리아." 이 말을 쓰고 날짜를 보자 12월 24일이었다. 격렬한 통증이 밀려왔다. 그녀는 추신을 휘갈겨 썼다. "크리스마스 따위! 생각조차 하지 않을 겁니다."[6]

여왕은 격심한 정신적 고통 탓에 곧바로 국정을 돌볼 수 없었다. 그래서 앨리스 공주가 왕실 내탕금 관리인인 찰스 핍스 경의 도움을 받아 능력이 닿는 데까지 중재자 역할을 했다. 그러나 몇 주 뒤 내각은 존 러셀 경을 통해 국정 운영이 이런 식으로 계속되어서는 안 된다고 조심스럽게 경고했다.[7] 대신들의 말이 옳다는 것을 깨달은 여왕은 앨버트도 이 말에 동의했으리라고 생각하고 수상을 호출했다. 그러나 오즈번에 찾아온 파머스턴 경은 기운이 팔팔하고 활기찬 데다 콧수염을 새로 염색하고 갈색 외투에 연회색 바지와 녹색 장갑, 파란 장식 단추를 하고 있어 그다지 좋은 인상을 주지 못했다.[8]

그럼에도 여왕은 이 오랜 적에게 갈수록 정이 들었으며, 정권이 변할까 봐 몹시 불안해했다. 그녀는 현재의 내각이 언제라도 무너질 수 있다는 사실을 알고 있었다. 이 만일의 사태

를 받아들일 수 없었던 여왕은 앨버트가 죽은 지 6개월이 지
났을 때 전례 없는 조치를 취했다. 야당 당수인 더비 경에게
사적인 전갈을 보내 지금 자신은 정신적으로도 육체적으로도
내각 교체를 감당할 만한 상태가 아니니 여왕의 생명 또는 이
성에 해를 가할 의도가 아니라면 현 각료들을 내쫓을 생각은
하지 말라고 전한 것이다. 이 전갈을 받은 더비 경은 깜짝 놀
란 후 냉소적으로 말했다. "아, 이런! 여왕님께서 이자들을 이
토록 좋아하시는 줄은 몰랐군."**9**

　여왕의 극심한 불안은 점차 가라앉았지만 활기는 되돌아
오지 않았다. 몇 달이 지나고 몇 년이 지나도 뿌리 깊은 우울
감은 그대로였다. 그녀의 생활은 완벽한 칩거에 가까웠다. 두
툼한 검은색 크레이프를 걸치고 수심이 드리운 얼굴로 윈저
에서 오즈번으로, 오즈번에서 밸모럴로 옮겨 다닐 뿐이었다.
수도에는 거의 발길도 하지 않고, 국가 행사에도 불참했으며,
스스로에게 조금의 사회적 교류도 허락하지 않은 그녀는 동
양의 여느 통치자만큼이나 국민에게 희미한 존재가 됐다. 사
람들은 투덜거리기만 할 뿐 이해하지는 못했다. 빈껍데기 같
은 화려함과 헛된 향락은 그녀와 전혀 상관없는 것이 되었고,
그녀는 완전히 다른 집착에 빠져들었다. 신성한 신탁의 수호
자로서 그녀의 자리는 상갓집 맨 안쪽 사당이었다. 자신 외에
는 아무도 들어올 수 없는 이곳에서 그녀는 불가사의한 존재
의 기운을 느끼며 희미하고 미미하나마 여전히 살아 있는 영

혼의 암시를 해석했다. 이것만이 그녀의 영예로운, 그러면서도 끔찍한 의무였다. 정말 끔찍했다. 해가 갈수록 우울감은 깊어지고 외로움은 강렬해지는 듯했다. "나의 장엄한 고독이 음울하고 서글픈 정점에 다다랐다."[10] 더는 이 상황을 감내할 수 없다고, 결국 부담을 이기지 못하고 무너지리라고 생각한 적도 여러 번이었지만 그럴 때마다 곧장 그 목소리가 들려왔다. 그럼 그녀는 다시 한번, 이 암울하고 성스러운 과업을 성실히 수행하자고 마음을 다잡았다.

여왕이 무엇보다 우선한 일은 생전의 앨버트를 지배했던 욕구를 자신의 것으로 만드는 일, 다시 말해 앨버트처럼 국익을 위해 힘쓰는 것이었다. 그가 짊어졌던 거대한 노역의 짐을 이제는 자신이 견뎌야 했다. 막대한 짐을 떠안은 그녀는 자연스럽게 그 무게에 비틀거렸다. 남편이 살아 있을 때도 여왕은 규칙적이고 성실하게 일했지만 그의 배려와 선견지명, 조언, 완벽한 일처리 덕분에 업무는 편안하고 무척 즐거웠다. 문서에 서명하라는 그의 목소리만 들려도 황홀했고, 이런 사람이 옆에 있다면 언제까지라도 기쁘게 일할 수 있을 것 같았다. 하지만 지금은 상황이 180도로 변했다. 더는 녹색 등 밑에 문서와 비망록이 가지런히 쌓여 있지 않았고 어려운 문제를 한마디로 설명해주는 메모도, 무엇이 옳고 그른지 말해줄 사람도 없었다. 물론 그녀에게도 비서는 있었다. 찰스 핍스 경, 그레이 장군, 토머스 비덜프 경이 최선을 다해 그녀를 보필했다.

하지만 이들은 그저 부하일 뿐이었고, 결단과 책임의 무게는 오롯이 그녀의 몫이었다. 그래야만 했다. 그녀가 단언하지 않았던가? "어느 누구도 저를 가르치거나 인도하거나 지시하려 드는 것을 용납하지 않을 생각"이라고. 그 밖의 모든 것은 그녀의 믿음을 저버리는 일이었다. 그녀는 모든 일에서 앨버트의 본보기를 따랐다. 앨버트와 똑같이, 다른 사람들에게 권한을 위임하지 않고 자신의 눈으로 모든 사항을 낱낱이 검토했으며 미리 읽고 메모를 하지 않은 서류에는 절대 서명하지 않는 것을 원칙으로 했다. 아침부터 밤까지 그녀는 방 안에 홀로 덩그러니 놓인 책상 앞에 앉아 엄청난 문서 더미에 둘러싸인 채 읽고 쓰기를 반복했다.[11]

앨버트가 죽은 지 2년이 되지 않았을 때 국외 정치에 시끄러운 문제가 생기며 빅토리아의 신의를 큰 시험에 빠뜨렸다. 10년이 넘도록 안에서 들끓고 있던 무시무시한 슐레스비히홀슈타인 문제가 금방이라도 크게 폭발할 듯했다. 이 문제는 말할 수 없이 복잡했다. "슐레스비히홀슈타인 사태를 제대로 이해한 사람은 오직 셋뿐이었다. 이미 고인이 된 여왕 부군과 어느 실성한 독일인 교수, 그리고 그 일을 까마득하게 잊고 있던 나다"라고 파머스턴이 말했을 정도였다.[12] 하지만 앨버트는 자신의 대리인을 남겨놓고 세상을 떠나지 않았던가. 빅토리아는 충만한 영감과 함께 그 펄펄 끓는 혼란 속에 몸을 던졌다. 하루 몇 시간씩 골몰하며 꼬일 대로 꼬인 문제를 분석했고, 이 미로를 빠져나올 실마리를 찾아냈다. 그녀는 이 문제가 거론될 때마다 앨버트가 항상 프로이센 편에 섰다는 사실을 명확하게 기억했다. 따라서 그녀가 나아갈 길은 분명했다. 그녀는 프로이센의 입장을 열렬히 옹호하며 이것이야말로 남편으로부터 받은 유산이라고 믿었다.[13]✋ 앨버트가 살아 있을 적의 프로이센은 이미 과거이며 새로운 프로이센, 비스마르크의 프로이센이 탄생했다는 사실은 깨닫지 못했다. 반면 파머스턴은 기묘한 선견지명으로 새로운 위험을 직감했고, 결국 그와 러셀 경은 프로이센에 맞서 덴마크를 지원해야 한다는 데 의견을 모았다. 하지만 국민 사이에서도 내각에서도 의견이 첨예하게 갈렸다. 열여덟 달가량 시끄러운 논쟁이 이어지는 동안 여왕은 집요할 정도로 격렬하게 수상과 외무장관의 의견에 반대했다. 마침내 결정적인 위기가 찾아왔을 때, 즉 영국이 프로이센 대신 덴마크에 힘을 보탤 듯 보였을 때 빅토리아의 불안은 걷잡을 수 없이 커졌다. 독일 친척들에게는 신중하게 공정을 기하던 그녀가 대신들에게는 애원과 항의, 충고를 폭포처럼 쏟아냈다. 그녀는 평화라는 신성한 대의를 들먹였다. "유럽의 평화를 지킬 방법은 이 불행을 자초한 덴

✋ "우리의 천사 앨버트는 언제나 강성한 프로이센을 필연적인 것으로 여겼습니다. 그러니 그걸 위해 힘쓰는 것이 저의 신성한 의무입니다." ― 빅토리아 여왕이 작센코부르크고타 공작에게, 1863년 8월 29일.

마크를 돕지 않는 것뿐이오. 짐의 고통이 크며 마음도 완전히 지쳐가오. (…) 허나 이 모든 염려가 짐을 힘들게 한다 해도 이 나라를 헛되고 쓸데없는 싸움에 휘말리게 하지 않겠다는 결심에는 결코 흔들림이 없을 것이오." 설사 외무장관이 퇴임한다고 해도 그녀는 "맞설 준비가 되어" 있다고 단언했다.[14] "짐은 근심과 긴장 때문에 기력을 완전히 소진했소. 이럴 때는 부군의 도움과 조언, 지지와 사랑이 사무칠 만큼 그립다오." 여왕은 그랜빌 경에게 이렇게 토로했다. 그녀는 평화를 지키는 일에 너무 지친 나머지 "고개를 들거나 펜을 잡을 힘도 없었다".[15] 결국 영국은 출정을 포기했고 덴마크는 운명에 맡겨졌지만, 여왕의 의견이 이 같은 결과에 얼마큼 기여했는지 지금 남아 있는 자료로는 파악하기 어렵다. 그러나 전체적으로 봤을 때 이 상황에 결정적인 역할을 한 요인은 빅토리아의 고압적이고 애처로운 압력보다는 내각 내 주화파의 영향력이었을 가능성이 크다.

어쨌든 확실한 것은 평화라는 신성한 대의를 외치던 여왕의 열정이 오래가지 못했다는 사실이다. 그녀의 마음은 몇 달 지나지 않아 완전히 바뀌었다. 오스트리아에 대한 야심을 7주전쟁으로 종결지으려는 프로이센의 실체에 그녀가 눈을 뜬 까닭이었다. 극에서 극으로 급선회한 그녀는 무력을 동원해 오스트리아를 지원하라고 대신들을 다그쳤다. 하지만 헛된 독촉이었다.[16]

여왕의 정치 활동만큼이나 사회적 은둔도 대중의 인정을 받지 못했다. 해가 갈수록, 여왕의 애도가 지속될수록 비난은 점점 일반적인 정서가 되어 더욱 가혹해졌다. 여왕의 오랜 칩거는 상류사회에 어두운 그림자를 던지고 대중에게서 화려한 볼거리를 빼앗아갔을 뿐만 아니라 여성복과 여성 모자, 양말류 업계에 큰 침체를 불러왔다. 특히 의류 업계의 문제가 심각했다. 1864년 초에 여왕 폐하가 곧 상을 마치리라는 소문이 퍼지고 이를 반기는 기사들이 신문을 도배했지만, 불행하게도 근거 없는 소문으로 밝혀졌다. 빅토리아가 직접 『타임스』에 해명 편지를 보냈다. "이는 사실과 엄연히 다른 주장이오." 여왕은 이렇게 단언하고서 말을 이어갔다. "여왕을 보고 싶어하는 국민의 마음을 진심으로 감사히 생각하며, 이 충실하고 애정 어린 마음에 보답하기 위해 할 수 있는 일은 무엇이든 할 생각이오. (…) 허나 지금 여왕에게는 국민 앞에 모습을 드러내는 일보다 더 고귀한 의무들이 있소. 누구의 도움도 없이 혼자 감당해야 하는 일이오. 이 의무를 소홀히 한다면 공익에 해가 갈 것이오. 쉴 새 없이 마음을 짓누르는 이 의무를 다하기 위해 여왕은 공무와 근심에 휩싸여 있다오."[17] 여왕이 힘주어 말한 "더 고귀한 의무들"이 대체로 파머스턴 경과 러셀 경의 외교정책에 반대하는 일이었다는 사실이 알려지지 않았다면 이 해명은 설득력을 얻었을지도 모른다. 하지만 영국 국민 대다수가 슐레스비히홀슈타인 분쟁에서 덴마크를 열렬히 지지했기 때문에 프로이센을 지지하는 빅토리아를 비난하는 목소리가 높았다. 나이 든 사람들에게 25년여 전 여왕의 결혼 전 시기를 연상시키는 인기 하락이 재현되기 시작했다. 언론에서는 거친 평을 내놓았고, 상원에서는 엘른버러 경이 여왕을 겨냥한 발언을 했으며, 상류층에서는 여왕이 왕위에서 물러날 생각이라는 이상한 소문이 돌더니 이내 그렇게 하지 않아 유감이라는 말들이 오갔다.[18] 모욕감에 마음이 상한 빅토리아는 사람들이 자신을 오해하고 있다고 느꼈다. 몹시 불행했다. 엘른버러 경의 연설 후 그레이 장군은 "그토록 속상해하는 여왕은 본 적이 없다"고 말했고, 그녀 자신도 그랜빌 경에게 그렇게 털어놓았다. "아아, 환호가 아닌 의심의 대상이 된다는 것, 이끌어주는 사람도 조언해주는 사람도 없다는 것은 얼마나 무서운 일인지! 꼭 혼자가 된 것만 같다오!"[19] 하지만 아무리 고통스러워도 그녀는 변함없이 확고했다. 궁극의 의무에서 벗어나는 길은 털끝만큼도 걷지 않을 것이며 끝까지 의무에 충실할 생각이었다.

그래서인지 슐레스비히홀슈타인 문제가 잊혔을 때도, 심지어 앨버트 공의 이미지가 인간의 변덕스러운 기억에서 차츰 흐릿해질 때도 고독한 여왕은 변함없이 자신의 기이한 과업에 몰두했다. 점점 커져가는 세상의 적대감도 이에 대담하게 맞선 빅토리아의 상복을 꿰뚫지 못했다. 세상 사람들은 정녕 몰랐던 것일까? 여왕의 기이한 은둔은 단순한 슬픔이 아닌 헌신에서 비롯된다는 사실을. 그것은 자기희생이었고, 사랑이라는 힘겨운 유산이었다. 검은 테를 두른 종이 위로 펜은 쉬지 않고 움직였다. 약한 육신일지라도 그 거대한 짐을 견뎌야 했다. 그리고 다행히 세상 사람들과 달리 자신을 이해해주는 충실한 친구들이 있었다. 그랜빌 경이 있었고 자상한 시어도어 마틴이 있었다. 어쩌면 영리한 마틴이 사람들을 이해시킬 방법을 찾을지도 몰랐다. 여왕이 그에게 자신의 고된 업무와 당면한 어려움을 적은 편지를 보내면 그는 잡지에 기고 글을 쓸 것이었다. 1863년 여왕은 그에게 이렇게 썼다. "짐이 칩거 생활을 계속하는 건 슬픔 때문이 아니오. 슬픔을 견디지 못해 무너진 건강과 어마어마한 업무량 때문이라오. 감당할 수 없을 만큼 어마어마한 양의 업무와 책임 탓에 기력이 다 빠져나간 기분이오. 앨리스 헬프스도 짐의 방을 보고 깜짝 놀랐소. 마틴 부인이 이 모습을 와서 본다면 짐의 생활이 어떤지 말해줄 수 있을 거요. 짐은 침대에서 나오는 순간부터 침대로 들어갈 때까지 일, 일, 일뿐이오. 다시 말해 지독할 정도로 사람의 진을 빼놓는 편지함과 의제 등에 둘러싸여 살고 있소. 만일 저녁에 충분한 휴식과 안식을 취하지 않았다면 지금 목숨이 붙어 있지도 않을 거요. 짐의 뇌가 끊임없이 혹사당하고 있소."[20] 이 말은 분명 사실이었다.

3

앨버트의 일을 계속하는 게 그녀의 첫번째 의무였지만 그것에 버금가는 또 다른 의무, 굳이 말하자면 마음이 더 가는 의무가 있었다. 바로 앨버트의 천재성과 인격을 실제 모습 그대로 국민의 마음에 심어주는 일이었다. 그녀는 남편이 생전에 올바른 평가를 받지 못했다고 느꼈다. 지금까지는 어쩔 수 없이 남편이 지닌 능력의 최대치, 선량함이라는 궁극의 자질을 감추었지만 이제 그가 죽어 그를 가리던 벽도 필요 없어졌으니 남편의 온전한 모습을 모두에게 보여주어야 할 때였다. 여왕은 체계적으로 일을 시작했다. 우선 아서 헬프스 경에게 앨버트 공의 연설과 담화를 모은 전집을 출간하도록 지시했는데, 이 육중한 책은 1862년에 세상의 빛을 보았다. 다음으로 그레이 장군에게 앨버트의 탄생부터 결혼까지 초년 시절을 담은 책을 쓰게 한 후 본인이 직접 책의 디자인을 정하고 여러 기밀문서를 제공했으며 수많은 주석을 달았다. 그레이 장군은 여왕의 분부에 그대로 따랐고, 이 작업은 1866년에 완료되었다. 하지만 아직 중요한 얘기가 남아 있었다. 여왕은 시어도어 마틴에게 앨버트 공의 완전한 전기를 쓰도록 지시했다. 마틴은 14년을 고투했다. 소화해야 할 자료가 믿을 수 없을 정도로 많았지만 그는 원체가 부지런한 사람이었고, 여왕 폐하의 하해와 같은 도움이 함께했기에 일이 즐거웠다. 부피가 상당한 첫 권이 1874년에 출간된 후 나머지 네 권도 차근차근 발간되어 1880년에 비로소 이 기념비적인 사업이 완료되었다.[21]

시어도어 마틴은 답례로 기사 작위를 받았지만, 슬프게도 시어도어 경과 그의 전임자들은 여왕이 꿈꾼 목표를 달성하지 못했다. 여왕에게 작가 복이 없었는지도 모르지만, 사실 실패의 책임은 빅토리아 자신에게 있었다. 시어도어 경을 비롯한 신하들은 여왕이 부과한 과제를 열심히 수행했다. 다시 말해 여왕이 마음속에 품고 있는 앨버트의 이미지를 충실하게 대중에게 제시했다. 하지만 불운하게도 이 이미지는 대중에게 전혀 매력적이지 않았다. 빅토리아의 감정적인 기질은 섬세함보다 열정에 치우쳐 있는 데다 통찰력이나 유머가 자랄 만한 조건은 철저히 거부했기 때문에, 완전하고 단정적인 것 외에는 무엇에도 만족할 수 없었다. 싫어하는 것은 지체 없이 고려 대상에서 제외할 정도로 분명하게 거부감을 드러냈고, 이런 절대성은 애정의 대상에도 동일하게 적용되었다. 특히 앨버트에 대한 찬사를 쏟아낼 때 그녀의 열정은 절정에 이르렀다. 그는 미덕과 지혜, 아름다움, 인간의 모든 영광과 고상함 등 모든 면에서 흠잡을 데 없는 사람이었기 때문에, 이 완벽함에서 조금이라도 벗어난 묘사는 상상할 수도 없는 신성모독이었다. 그는 완벽했고, 완벽한 모습으로 그려져야만 했다. 때문에 아서 경과 시오도어 경, 그레이 장군은 앨버트를 아름답게 묘사했다. 이 같은 상황과 엄격한 감독하에서 그

밖의 다른 일을 하려면 이 신사들이 갖춘 능력을 훨씬 뛰어넘는 재능이 필요했을 것이다. 하지만 여기서 끝이 아니었다. 기이한 불운으로 빅토리아는 또 다른 작가를 고용하게 되는데, 이번에는 조금도 의심할 바 없이 뛰어난 사람이었다. 이 계관시인은 고분고분한 성격 때문인지 강한 신념 때문인지 군주의 논조를 그대로 받아들여 이 합창에 장단을 맞추었고, 여왕의 상투적인 문구에 운문의 매혹적인 울림을 더했다. 이로써 문제가 해결되었다. 앨버트 공이 완전무결한 인생이라는 순결한 꽃을 가슴에 단 사람이라는 사실이 사람들의 기억에 영원히 각인될 수 있었다.

하지만 결과는 한층 더 유감스러웠다. 빅토리아는 실망스럽고 분했다. 모든 노력을 다했음에도 남편의 참된 가치를 인정해주지 않는 사람들이 원망스러웠다. 그녀는 인간을 완벽한 존재로 묘사하는 일이 대다수 사람에게 불쾌감을 준다는 사실을 이해하지 못했다. 이런 반응은 완벽한 존재에 대한 시기심보다는 그 대상이 정말 초인적인가에 대한 의문에서 비롯된 것이었다. 요컨대 피와 살로 이루어진 인간이 아닌, 위인전의 과장된 영웅과 같은 인물을 칭송의 대상으로 제시하자 대중은 어깨를 으쓱하며 미소와 함께 무례한 탄식을 내뱉으면서 이를 외면해버렸다. 하지만 이 점에 있어서는 대중도 빅토리아만큼이나 손해를 보았다. 사실 앨버트는 대중의 상상을 훌쩍 뛰어넘을 정도로 흥미로운 인물이었다. 그런데

얄궂게도 빅토리아의 사랑 때문에 흠잡을 데 없는 밀랍 인형만이 대중의 상상 속에 각인되고 이를 대변하는 실질적인 인물, 다시 말해 정력과 스트레스와 고뇌가 넘치고 수수께끼 같으면서도 불행하고 실수도 하고 인간미도 흐르는 실제 인물은 완전히 가려졌다.

4

말과 책은 모호한 기념비일 수 있지만 청동과 돌로 만든 견고한 대상을 잘못 이해할 사람은 없을 것이다. 빅토리아는 20만 파운드를 들여 어머니가 묻힌 윈저 근처의 프로그모어에 자신과 남편을 위한 거대하고 복잡한 묘를 지었다.[22] 하지만 이 건축물은 빅토리아 개인과 집안만의 기념물이었고, 그녀는 국민이 모이는 곳이면 어디서든 앨버트 공을 추모하는 분위기가 조성되기를 바랐다. 이런 소망은 현실로 이루어졌다. 애버딘과 퍼스, 울버햄프턴 등 전국 곳곳에 앨버트 공의 조각상이 들어섰으며 여왕이 예외적으로 칩거 생활을 뒤로하고 헌정식에 참여했다. 수도도 이에 뒤지지 않았다. 앨버트 공이 죽고 한 달 뒤 맨션하우스에서 그를 기릴 방안을 논의하기 위한 회의가 소집되었다. 그러나 추모 방식을 두고 의견이 갈렸다. 조각상을 세우는 게 좋을까, 기념관을 짓는 게 좋을까? 그사이 모금이 시작되었고, 영향력 있는 위원회가 선정되었으며, 관계자들이 여왕을 알현해 의견을 물었다. 여왕은 기념관보다 하단에 조각이 들어간 화강암 오벨리스크가 좋겠다고 답했다. 하지만 위원회는 주저했다. 오벨리스크는 그 이름에 걸맞게 거대한 돌기둥이어야 하는데, 그만한 크기의 화강암 덩어리를 공급할 수 있는 채석장은 영국 어디에도 없었다. 러시아령 핀란드에서 구해 올 수도 있었지만, 화강암이 야외 노출을 견뎌내기에 적합하지 않다는 조언을 받은 위원회는 전반 사항을 고려했을 때 앨버트 공의 조각상과 함께 기념 홀을 건립하는 게 좋겠다는 의견을 내놓았다. 여왕의 승인이 떨어졌지만 이내 또 다른 문제가 발생했다. 모금 금액이 6만 파운드를 넘지 못한 것이다. 모든 비용을 대기에는 불충분한 액수였으므로 기념 홀을 포기하고 조각상 하나만 세우기로 결정했고, 몇몇 걸출한 건축가에게 설계를 의뢰했다. 국민이 1만 파운드를 더 기부하는 한편 의회에서 5만 파운드 예산을 가결하면서 위원회는 최종적으로 총 12만 파운드를 사용할 수 있게 되었다. 몇 년 후 한 합자회사가 설립되어 민간자금으로 앨버트홀을 건립했다.[23]

위원회와 여왕의 선택을 받은 건축가는 길버트 스콧으로 근면과 성실, 참된 신앙으로 건축 분야에서 최고의 자리에 오른 인물이었다. 평생 고딕 양식에 대한 열정으로 특별한 명성을 얻은 그의 솜씨는 수많은 독창적인 건물뿐만 아니라 영국의 대다수 대성당에서도 눈에 띄었다. 그의 혁신적인 스타일을 비판하는 목소리도 간혹 있었다. 하지만 그는 자신의 작품 세계를 납득하지 못한 주임 사제는 단 한 명도 없었다며 신문 기사와 책자를 통해 엄청난 열의와 종교적 열정이 담긴 답변을 내놓았고, 누구의 방해도 없이 그의 일을 계속할 수 있었다. 그러나 한번은 고딕 양식에 대한 열정 때문에 불쾌한 상황에 놓이기도 했다. 화이트홀의 관공서 건물들이 재건될 당시 스콧이 출품한 설계도는 훌륭했다. 설계도 속 건물들은 당연히 "일정한 방형과 수평형 외관"에 기둥 문설주, 박공, 높은 지붕, 지붕창 등을 배열한 고딕 양식이었고 스콧의 표현대로 도면은 "출품작 중 가장 훌륭한 작품이거나 그에 버금가는 작품이었다". 통상적인 난관과 지연을 겪은 후 마침내 그의 설계대로 시공에 들어갔는데, 때마침 내각이 교체되며 파머스턴 경이 수상 자리에 올랐다. 파머스턴은 즉시 스콧을 불러 특유의 의기양양한 태도로 말했다. "스콧 씨, 난 이 고딕 양식을 허락할 수 없소. 그러니 부디 이탈리아 양식으로 다시 설계해주시오. 솜씨를 한껏 발휘할 수 있으리라 믿소." 스콧은 간담이 서늘해졌다. 이탈리아 르네상스 양식은 볼품없을 뿐만 아니라 단연코 부도덕했다. 그는 그럴 수 없다고 딱 잘라 거절했다. 그러자 이내 파머스턴 경이 자애로운 말투로 얘기했다. "고딕 건축가는 고전적인 건물을 짓지 못한다는 말이 과연 사실이었구려. 그럼 다른 사람을 찾아보겠소." 이를 참을 수 없었던 스콧은 집으로 돌아가자마자 수상에게 강경한 어조의 편지를 보내 건축가로서 자신의 입장과 유럽 공모전에서 두 번이나 우승한 전력, 왕립미술원 준회원으로 왕립건축가협회 금메달을 수상했고 왕립미술원에서 건축 강의를 한다는 사실 등을 자세히 설명했지만 소용없었다. 파머스턴 경은 답장조차 하지 않았다. 그 순간 스콧에게 두 양식을 신중하게 결합하면 고딕의 기본 특성을 유지하면서도 표면적으로 고전주의 양식의 인상을 풍기는 설계를 할 수 있겠다는 발상이 떠올랐다. 그래서 그렇게도 해보았지만 파머스턴 경에게는 전혀 통하지 않았다. 그는 새 설계가 "이도 저도 아닌 잡종견 같다. 그런 것 또한 절대 허락할 수 없다"고 답했다. 이 일을 겪은 후 스콧은 두 달간 스카버러에서 "키니네 치료"를 받으며 건강을 회복해야 했다. 결국 그는 정상 상태를 회복했지만 자신의 신념이라는 비용을 치러야만 했다. 가족을 위해 수상의 말을 따르는 게 자신의 불운한 의무라고 느낀 그는 공포에 떨며 엄격한 르네상스 양식의 관공서를 지었다. 스콧은 곧바로 자신만의 스타일로 세인트팽크러스 호텔을 짓는 데서 위안을 얻었다.[24]

그런데 이제 훨씬 더 만족스러운 또 다른 과업이 그의 수중에 떨어졌다. 그는 이렇게 썼다. "내가 생각한 기념비 설계안은 앨버트 공의 조각상을 보호할 일종의 닫집을 세우는 것이었는데, 특별히 이 닫집을 일정 부분 고대 신전의 원리에 따라 설계하기로 했다. 고대 신전은 현실에서 한 번도 세워진 적

없는 모범적인 상상 속 건축물이다. 나는 값비싼 재료와 상감, 에나멜 등으로 이를 재현하고자 했다."[25] 규모 면에서 하늘과 땅 차이기는 했지만 앨버트 또한 비슷한 구상을 통해 같은 대상을 모델로 은제 양념통 꽂이 여러 개를 설계하고 만들어냈다는 점에서 스콧의 아이디어는 특히 적절했다. 여왕의 요청에 따라 만국박람회 장소와 되도록 가까운 켄징턴가든의 한 곳이 부지로 선정되었고, 1864년 5월 기공식이 열렸다. 작업은 길고 복잡하고 어려웠다. 스콧의 지휘하에 여러 보조 조각가, 금속 세공인과 함께 수많은 인부가 고용되었고 모든 단계에서 스케치와 견본이 여왕에게 보고되었다. 여왕은 모든 사항을 세세하고 신중하게 비평한 후 끊임없이 개선안을 제시했다. 기념비의 하단을 빙 둘러 장식한 프리즈는 그 자체로 아주 진지한 예술 작품이었다. 스콧은 이렇게 썼다. "전체적으로 봤을 때 이 장식물은 지금까지 시도된 조각 작품 중 가장 품이 많이 드는 축에 속할 것이다. 연쇄적인 인물 조각은 최고로 정교하고, 실물 크기의 부조로서는 가장 높고 길이는 60미터가 넘으며, 170명가량의 인물을 새겼고 또한 구할 수 있는 가장 단단한 대리석으로 만들었다." 3년간 꾸준히 일했지만 기념비가 완성되려면 아직 멀었기에 스콧은 일꾼들의 "기량과 힘을 높이 사고 인정한다는 의미에서" 만찬회를 열어주는 게 좋겠다고 생각했다. "비계 판자로 만든 긴 테이블 두 개를 작업장에 마련한 후 식탁보 대신 신문지를 깔았다. 80명이 넘는 인부가 자리에 앉자 쇠고기와 양고기, 자두 푸딩, 치즈가 푸짐하게 차려졌다. 원하는 사람은 각자 맥주와 진저비어를 1.5리터씩 마실 수 있었는데, 상당수를 차지하는 금주가를 위해 레몬에이드도 제공했다. (…) 몇 차례 축배가 이어지고 대화가 오갔는데, 거의 모두가 '건강을 지킬 수 있어서 하느님께 감사하다'는 말로 입을 열었다. 어떤 이들은 자신들 사이에 돌고 있는 절주 분위기를 은연중에 드러냈고, 어떤 이들은 이곳에서 욕을 거의 들어본 적이 없다고 말했다. 그리고 모든 인부가 이렇게 훌륭한 작업에 참여하게 되어 정말 기쁘고 자랑스럽다고 말했다."

기념비는 서서히 완성되어갔다. 프리즈에서 170번째 실물 크기 인물이 조각되고, 화강암 기둥이 세워졌으며, 신화풍의 페디먼트에 모자이크 장식이 들어갔고, 훌륭한 기독교적 미덕을 상징하는 거대 조각상 네 점과 뛰어난 도덕적 미덕을 나타내는 거대 조각상 네 점이 각각의 자리에 세워졌으며, 천문학·화학·지질학·기하학·수사학·의학·철학·생리학이라는 위대한 학문을 대변하는 청동상 여덟 점이 반짝이는 첨탑 위에 하늘 높이 고정되었다. 특히 감탄을 자아내는 생리학 조각상의 공식 설명은 다음과 같다. "왼팔에 안고 있는 신생아는 가장 고귀하면서 완벽한 생리적 형태의 발전을 표현한 것이며, 손이 가리키고 있는 현미경은 동식물의 형태를 좀더 자세히 관찰할 수 있도록 도와주는 도구다." 마침내 크기를 줄

여가며 층층이 세운 천사단 위에 금박을 입힌 십자가가 대미를 장식하며 놓였고, 네 대륙을 상징하는 하얀 대리석 작품이 네 귀퉁이 기단에 세워졌다. 착공 후 7년 만인 1872년 7월 기념비가 대중에게 공개되었다.

하지만 별처럼 반짝이는 지붕 아래 주인공의 조각상이 들어서기까지는 4년이 더 흘러야 했다. 조각상의 설계를 맡은 사람은 존 헨리 폴리였지만 스콧은 한 가지 사항에 제한을 두었다. "왕실 인사에 걸맞은 위엄을 전달하기에는 앉은 자세가 가장 적합하다." 폴리는 이 주문을 능숙하게 이행했다. "자세와 표정에서는 초상화의 기법을 써서 계급과 성격, 계몽 정신을 구현하고 수동적이기보다는 능동적으로 문명의 길을 걷고자 하는 날카로운 지성의 느낌을 전달하는 것을 목표로 했다. 문명에 대한 이러한 추구는 이 동상을 둘러싸고 있는 인물들, 집단, 부조에서도 분명하게 드러난다. (…) 앨버트 공의 공적 생애에서 가장 기념할 만한 프로젝트 중 하나인 1851년 만국박람회를 이 인물과 동일시하기 위해, 세계의 산업이 처음 한자리에 모인 그곳에서 선보인 작품 목록을 오른손에 쥐였다." 이 금동 조각상의 무게는 거의 10톤에 육박했다. 하단에 새겨진 단순한 글자 "앨버트"만으로 동상의 주인공이 누구인지는 충분히 짐작할 수 있었다.[26]

8

글래드스턴과 베컨즈필드 경

1

월리엄 피트의 내각과 빈회의 시절부터 계속되던 파머스턴 경의 웃음소리, 즉 여운을 남기는 기이한 쇳소리 "하! 하! 하!"가 더 이상 피커딜리에서 들리지 않았고,¹ 존 러셀 경은 점점 야위어 노망이 들었으며, 더비 경은 정계 무대에서 휘청거리며 내려왔다. 새로운 장이 열리면서 새로운 경쟁 주자인 글래드스턴과 디즈레일리에게 스포트라이트가 쏟아졌다. 빅토리아는 자신이 변함없이 정치에 개입시켜온 강하고 개인적인 관심을 갖고 유리한 위치에서 이 과정을 지켜보았다. 이번에 그녀의 편애는 뜻밖의 대상을 향해 있었다. 글래드스턴은 여왕이 숭배하는 로버트 필 경의 제자인 데다 앨버트도 인정한 사람인 반면, 디즈레일리는 적의를 품고 로버트 경을 쓰러질 때까지 괴롭혔고 앨버트가 "신사의 자질을 조금도 갖추지 못했다"고 말한 사람이었다.[2] 하지만 여왕은 글래드스턴을 불신과 반감의 눈으로 보며 꾸준히 악감정을 키워간 반면, 그의 맞수에게는 멜버른 경도 거의 알지 못했던 신뢰와 존경, 애정을 아낌없이 쏟아부었다.

토리당 대신인 디즈레일리를 대하는 여왕의 태도가 갑자기 변한 것은 정치인 가운데 그가 유일하게 앨버트와 사별한 그녀의 아픔을 꿰뚫어 본다는 사실을 알게 되면서부터였다. 다른 사람들은 "날 불쌍하게는 여겨도 그 슬픔을 이해하지는 못했지만" 디즈레일리는 이를 이해했고, 언제나 고인에 대한 경건한 추도 연설로 애도를 전했다. 여왕은 그가 "앨버트의 진가를 알아본 유일한 사람"이라고 단언하며[3] 그에게 특별한 애정을 보이기 시작했고, 웨일스 공의 결혼식이 열리는 세인트조지 교회의 명당 두 석을 디즈레일리 부부에게 내주며 윈저에서 하룻밤 묵게 했다. 앨버트 기념비에 대한 보조금 안건이 하원에 부쳐졌을 때 야당 당수인 디즈레일리는 능변으로 이 프로젝트를 지지했고, 그 답례로 흰색 모로코가죽으로 장정하고 여왕의 친필 서명이 들어간 앨버트 공의 연설집을 받았다. 그는 감사 편지에 "조심스럽게 종교적인 주제를 언급하며" 상대의 감정을 있는 그대로 충실하게 되새기는 말투로 앨버트의 절대적인 완벽함을 자세히 늘어놓았다. "제가 볼 때 앨버트 공은 이상을 실현한 유일한 분입니다. 제가 아는 어느 누구도 이 위상에 도달하지 못했죠. 앨버트 공은 남자다운 품위와 지고한 성실성, 기사도 정신과 고대 그리스 아카데미의 탁월한 지성이 하나로 어우러진 분입니다. 영국 역사상 어떤 면에서 그분과 견줄 수 있는 인물은 필립 시드니 경뿐으로 고매한 정신, 전 세계적인 업적, 온유와 열정의 조화, 낭만적인 힘과 전형적인 평온함의 보기 드문 조합이 공통점이라고 할 수 있죠." 또한 앨버트 공과 가까워진 일은 "제 삶에 큰 만족감을 주는 일이었습니다. 고상하고 아름다운 기억들로 가득한 그분과의 추억은 제 남은 날에 위안과 크나큰 기쁨을 주었습니다"라고도 덧붙였다. 빅토리아는 "이처럼 섬세하고 깊이 있는 필치"에 큰 감동을 받았고, 이후 디즈레일리를 향한 여왕의 애정은 확고해졌다.[4] 1866년 보수당이 집권했을 때 재무장관 겸 원내대표가 된 디즈레일리는 필연적으로 군주와 더 가까워졌다. 2년 뒤 더비 경이 사임하자 빅토리아는 크게 기뻐하며 기이할 정도로 공손하게 디즈레일리를 수상으로 맞았다.[5]

하지만 디즈레일리의 집권은 불안하게 겨우 아홉 달을 갔을 뿐이었다. 하원에서 소수를 차지한 그의 내각은 총선에서 직격탄을 맞았다. 그럼에도 이 짧은 임기가 끝날 무렵 여왕과 수상의 유대는 전보다 훨씬 끈끈해져 있었다. 이제 두 사람은 단순히 고마움을 빚진 여왕과 헌신적인 신하의 관계가 아니었다. 그들은 친구였다. 늘 사적인 냄새를 풍기던 그의 공식 서신은 클래런던의 말처럼 "뛰어난 소설 문체로" 정치계 소식과 사회의 가십을 생동감 있게 기록하는 공간으로 발전했다. 빅토리아는 기쁨을 감추지 못하며, 평생 그런 편지는 처음 받아보며 예전에는 지금처럼 모든 것을 속속들이 알지 못했다고 말했다.[6] 답례로 그녀는 봄이 왔을 때 손수 딴 여러 다발의 꽃을 선물했다. 또한 디즈레일리가 직접 쓴 소설들을 보내오자 "무척 고마워하며 너무나 소중한 선물"이라고 전했다. 여왕이 『하일랜드 비망록Leaves from the Journal of our Life in the Highlands』을 출간했을 무렵에는 수상이 여왕과 대화할 때 말끝마다 "우리 작가들은 말이죠"라고 말했다고 전한다.[7] 정치 문제에서 여왕은 디즈레일리의 든든한 지지자였다. "정말이지 야당이 보이는 그런 행동은 전혀 없었다." 디즈레일리 정부가 하원에서 패배의 고배를 마셨을 때 여왕은 "하원이 돌아가는 방식에 큰 충격을 받았다. 하원은 입헌정치에 불신을 가져온다"고 썼다.[8] 그녀는 정권 교체를 몹시 두려워했다. 아일랜드성공회의 국교 폐지를 주장하는 자유당의 요구를 받아줘야 할 경우, 하나 된 잉글랜드와 아일랜드성공회를 지켜내겠다는 자신의 대관식 서약에 걸림돌이 될 것을 염려했다.[9] 하지만 변화를 막을 수는 없었으므로 빅토리아는 디즈레일리 부인에게 귀족 지위를 하사하는 방법으로 사랑하는 대신을 잃은 슬픔을 공연히 위로하려고 애썼다.

글래드스턴이 하든에서 셔츠 차림으로 나무를 베고 있을 때 여왕의 전갈이 도착했다. 편지를 읽은 그는 "아주 의미 있는 편지로군"이라고 말하고는 계속 나무를 베었다. 그의 솔직한 속마음은 일기에 드러나 있다. "전능하신 하느님께서 아주 보잘것없는 나를 어딘가에 쓰시려고 내게 힘과 자비를 베푸시는 듯하다. 그분의 이름에 영광이 함께하기를."[10]

그러나 여왕의 생각은 이 새로운 대신과 달랐다. 그녀는 글래드스턴이 전면 개혁을 실시하는 데 어떤 신성한 목적이 있다고 믿지 않았다. 하지만 그녀가 뭘 어떻게 할 수 있겠는가? 엄청난 마력으로 하원까지 장악한 글래드스턴을 당해내기란 쉽지 않았다. 결국 5년간(1869~1874) 빅토리아는 아일랜드성공회와 아일랜드 토지제도 개혁, 교육 개혁, 의회 선거 개혁, 육해군 조직 개혁, 사법 개혁 등 끊임없는 개혁의 불안 속에서 살아야 했다. 그녀는 이 못마땅한 상황에서 벗어나고자 발버둥 쳤고 갈수록 분노가 치밀어 올랐다. 만일 앨버트가 살아 있었더라면 절대 일이 이렇게 되지 않았을 것이라고 느꼈다. 하지만 여왕의 항의도 불만도 다 소용없었다. 그녀는 갈수록 양을 불리며 쏟아지는 서류 더미와 씨름하는 것만으로도 몹시 진이 빠졌다. 장황하고 복잡한 아일랜드성공회 법안 초안과 함께 4절지 열두 쪽에 빽빽하게 이유를 설명한 글래드스턴의 편지를 받았을 때는 거의 절망했다. 그녀는 법안을 살피다가 편지로 눈을 돌렸고, 그러다가 다시 법안으로 돌아갔다. 어느 게 더 낫다고 말할 수 없을 만큼 둘 다 복잡했다. 하지만 그녀는 의무를 다해야 했다. 이 문서들을 다 읽는 것은 기본이고 주석까지 달아야 했다. 결국 그녀는 때마침 오즈번에 묵고 있던 마틴에게 전체 서류를 넘기며 요약을 부탁했다.[11] 마틴의 요약문으로 내용을 파악하게 되었을 때 이 법안에 대한 여왕의 반감은 더욱 뚜렷해졌다. 하지만 글래드스턴 내각의 힘이 워낙 강했기 때문에 여왕은 더 불쾌한 조치가 뒤따르지 않도록 야당에 자제할 것을 촉구할 수밖에 없었다.[12]

아일랜드성공회의 앞날이 풍전등화의 위기에 처한 가운데 빅토리아의 관심이 또 다른 개혁 안건으로 쏠렸다. 해군 병사가 수염을 기르도록 허용해야 한다는 의견이었다. 여왕은 해군성 장관에게 근심이 담긴 편지를 보냈다. "장관께선 수염 문제를 어떻게 생각하시오?" 여왕은 대체로 이 변화에 찬성했다. "짐은 개인적으로 콧수염을 뺀 수염은 길러도 괜찮다고 생각하오. 콧수염은 외양상 군인을 연상시키는 면이 없지 않으니 말이오. 하지만 그렇게 되면 면도하는 번거로움을 예방한다는 주된 목적에 어긋날 것이오. 그러니 원안대로 전체 수염을 기르도록 허용하되 짧고 깔끔하게 유지하는 조건으로 가는 게 어떨까 싶소." 일주일을 더 이 문제로 고심한 여왕은 최종 편지에 "수염 문제에 대해 한 가지 더 소견을 덧붙이자면 무슨 일이 있어도 턱수염 없이 콧수염만 기르도록 허용하는 일은 없기를" 바라며 "이를 명확히 해달라"고 적었다.[13]

해군의 변화는 어찌어찌 용납했지만 육군에 손을 대는 일은 이보다 더 심각한 문제였다. 오랜 옛날부터 육군과 왕권

사이에는 특별한 유대가 있었을 뿐만 아니라, 앨버트는 프레스코화 공정이나 빈민을 위한 위생 주택 마련보다도 군사 사업을 빈틈없이 살피는 일에 훨씬 더 많은 시간과 관심을 쏟았다. 그런데 여기에 엄청난 변화가 생길 참이었다. 글래드스턴의 지시가 떨어지자 총사령관이 군주와의 직접적인 종속 관계에서 벗어나 의회와 육군상에게 예속되려고 했다. 모든 자유주의 개혁 가운데 이보다 빅토리아에게 쓰라린 분노를 일으키는 일은 없었다. 그녀는 이 변화가 자신의 개인적 지위에 대한 공격이라고, 다시 말해 앨버트의 개인적 지위에 대한 공격이나 마찬가지라고 여겼다. 하지만 여왕은 아무 힘이 없었기 때문에 수상은 자신의 생각을 밀고 나갔다. 꼴 보기 싫은 수상이 장교직의 매관 제도 폐지라는 또 다른 개혁안을 들고 나왔을 때도 여왕은 올 것이 왔다고 느끼는 일 외에는 아무것도 할 수 없었다. 상원에서 구조의 손길을 보내리라는 희망이 잠시 피어올랐고 귀족들도 예상외로 강력하게 반발했지만, 그 어느 때보다 하느님의 지지가 자신과 함께함을 인식한 글래드스턴이 기발한 방책을 생각해냈다. 장교직의 매매는 원래 국왕 명령에 의해 허가를 받았는데, 이제 이 제도를 같은 왕명으로 금지하도록 하는 것이었다. 빅토리아는 기이한 딜레마에 부딪혔다. 매관 제도 폐지가 몹시 싫었지만, 군주의 권한으로 이를 폐지하는 것은 구미가 당겼기 때문이다. 여왕은 시간을 길게 끌지 않았다. 내각에서 공식 회의록을 통해 왕

명에 서명하라는 조언을 하자 그녀는 선선히 따랐다.[14]

글래드스턴의 정책도 용납하기 힘들었지만, 그에게는
여왕의 심기를 훨씬 더 건드리는 다른 요소가 있었다. 그녀는
자신을 대하는 수상의 개인적인 처신이 마음에 들지 않았다.
이는 글래드스턴에게 예의나 존경심이 부족했기 때문이 아니
었다. 정반대로, 군주에게 말을 건넬 때나 서신을 보낼 때나
그의 태도에는 놀랄 만한 숭배가 배어 있었다. 실제로 글래드
스턴은 깊고 열렬한 보수 성향에 따라 종교에 가까운 경외감
으로 빅토리아를 바라보았다. 화려한 정치 생활이 끝날 때까
지 계속된 이 의외의 보수성은 그의 성격을 한마디로 설명할
수 없게 만들었다. 그에게 빅토리아는 영광스러운 전통이 화
신한 지극히 신성한 존재이자 영국 헌법의 필수 요소이며 법
령이 정한 여왕이었다. 하지만 불행하게도 여왕에게는 이런
찬사가 들리지 않았다. 우리에게 잘 알려진 불평인 "수상은
내가 공청회라도 되는 양 대한다오"는 빅토리아 시대의 문장
이라기엔 확실히 좀 표현이 경구적이지만, 진위 여부를 떠나
그녀가 느낀 반감의 핵심을 분명히 드러낸다. 빅토리아는 자
신이 공적 기관처럼 여겨지는 데 이의가 없었다. 사실이 그랬
고 그녀도 잘 아는 사실이었다. 하지만 그녀는 여자이기도 했
기 때문에 오로지 공적 기관으로만 여겨지는 것을 참을 수 없
었다. 이런 이유로 글래드스턴의 열성과 헌신, 지나치게 격식
을 차리는 말투, 깍듯한 인사, 꼼꼼한 품행은 모두 헛된 것이

었다. 그는 충성심이 과한 나머지 비굴할 만큼 맹목적으로 이 숭배 대상에게도 자신과 같은 섬세한 지성과 폭넓은 독서 경험, 진지한 열정이 있다고 오해하고 말았다. 글래드스턴의 머릿속에서 만들어진 이 기이한 신적 존재와 실제 빅토리아 사이의 부조화는 처참한 결과를 낳았다. 여왕의 불편과 미움은 확실한 반감으로 자리 잡았고, 그녀는 계속 완벽한 태도를 유지하면서 한순간도 긴장을 풀지 않았다. 반면 글래드스턴은 실망감과 당혹감, 굴욕감에 사로잡혔다.[15]

그럼에도 수상은 여전히 충실했다. 내각이 소집되었을 때 그는 천상의 행복을 느끼며, 당면 문제들을 다룬 여왕의 편지를 낭독하는 일로 회의를 시작했다. 의원들이 정숙하며 앉아 있는 동안 글래드스턴은 여왕의 편지를 깊고 엄숙한 말투로 그 강조점, 탄사, 문법적 기벽을 살려 낭송했다. 이견의 목소리는 일절 없었으며, 적당한 휴지 후에 내각이 그날의 업무를 진행했다.[16]

2

빅토리아는 자신을 대하는 수상의 태도가 별로 고맙지는 않았지만 나름의 쓸모가 있다는 것을 깨달았다. 여왕의 계속되는 칩거 생활에 대한 불만은 해가 갈수록 커지더니 이제는 모습을 바꿔 우려할 만한 형태로 터져 나왔다. 공화제의 바람이 불기 시작한 것이다. 나폴레옹 3세의 몰락과 프랑스의 공화정 수립에 자극받은 영국의 급진 여론이 1848년부터 갑자기 극성을 부리기 시작했고, 처음으로 적지 않은 힘을 얻었다. 차티스트운동은 전적으로 하층 계급의 문제였지만 지금은 의회 의원과 학식 있는 교수, 귀족 여성까지 공공연히 체제 전복적인 견해를 밝혔다. 군주제는 이론상으로나 현실상으로나 공격받았다. 거기에 급소까지 찔렸는데, 유지비가 너무 많이 든다는 것이었다. 영국이 군주에게 들이는 거금을 상쇄할 만큼의 혜택을 얻었는가에 대한 의문이 제기되었다. 빅토리아의 칩거는 이 논쟁에 불쾌한 공격의 구실을 주었다. 왕권의 의례적 기능은 사실상 소멸되었다는 지적이 나왔다. 남아 있는 난감한 문제는 계속 유지되고 있는 여타 기능이 정말 연간 38만5000파운드의 가치를 하는가였다. "여왕은 이 돈을 어떻게 쓰는가?"라는 제목이 붙은 익명의 책자가 등장해 악의적일 정도로 명확하게 그 실태를 보여주었다. 이 책자에 따르면 여왕은 연간왕실비용Civil List 제도에 의해 연간 6만 파운드를 개인적인 용도로 사용할 수 있지만, 어마어마한 금액인 나머지 연금은 "왕실의 경비를 부담하고 왕권의 영예와 위엄을 유지하는 데" 사용해야 한다고 법이 정하고 있었다. 앨버트가 죽은 후 이 두 항목에 대한 지출이 상당히 줄었으리라는 것은 분명한 사실이었기 때문에, 결국 거액의 돈이 의회가 정한 용도로 쓰이지 않고 빅토리아의 사재를 불리는 데 쓰인다는 결론이 나오지 않을 수 없었다. 그 사재에 정확히 얼마가 있는지 알아내기는 불가능하지만, 정황을 따져봤을 때 어마어마한 금액일 것이고 무려 500만 파운드에 육박할 것이라는 추정이 나왔다. 책자는 이 같은 상황에 불만을 제기했으며, 이런 항의는 신문과 공청회에서 맹렬히 반복되었다. 빅토리아의 재산 추정치가 많이 부풀려진 것은 사실이지만 그녀가 상당한 부자였다는 것만큼은 분명하다. 그녀는 매년 연간왕실비용에서 2만 파운드를 저축했을 뿐만 아니라 랭커스터 영지에서 거두어들이는 세입도 꾸준히 늘었고, 남편에게서 상당한 재산을 상속받았으며, 1852년에는 괴짜 수전노 존 닐드로부터 50만 파운드를 물려받았다. 상황이 이러했으니 1871년 루이즈 공주가 아가일 공작의 장남과 결혼할 당시 연금 6000파운드와 함께 지참금 3만 파운드를 주도록 의회에 요구했을 때 격렬한 항의가 있었다는 것도 놀랍지 않다.♛

여왕은 여론을 달래기 위해 직접 의회를 열었고, 요구안

♛ 연간왕실비용에서 여왕이 저축한 총 금액은 82만4025파운드였지만 이 중 많은 액수가 외국 내빈을 접대하는 데 쓰였다는 사실이 1889년 공식 확인되었다(Lee, 499). 연간 6만 파운드가 넘는 랭커스터 영지의 세입(Lee, 79), 남편이 남긴 재산, 존 닐드의 유산을 고려했을 때 여왕이 세상을 떠날 당시 그녀의 개인 재산은 200만 파운드 가까이 되었을 것으로 보인다.

은 거의 만장일치로 통과되었다. 하지만 몇 달 후 또 다른 요구안이 제시되었다. 아서 왕자가 성년이 되었으니 그에게 연금 1만5000파운드를 지급해달라는 것이었다. 전보다 배로 거센 항의가 일었다. 신문마다 분노가 담긴 기사가 넘쳐났고, 찰스 브래들로는 트래펄가광장에 모인 수많은 군중 앞에서 "왕자의 탈을 쓴 거지"를 큰소리로 규탄했으며, 찰스 딜크 경은 뉴캐슬 유권자에게 공화제를 지지해야 하는 이유에 대해 연설했다. 왕자의 연금은 결국 큰 표 차이로 하원의 승인을 얻었지만, 소수파 50명은 연금을 1만 파운드로 줄이자는 의견에 찬성표를 던졌다.

이 불쾌한 문제를 대할 때 글래드스턴은 모든 면에서 무쇠 같은 모습을 보였다. 그를 추종하는 극단파는 이런 태도에 몹시 당황했다. 그는 여왕의 수입은 어디까지나 여왕이 알아서 할 일이며 그녀의 저축을 불평해봤자 낭비벽만 부추길 뿐이라고 주장했고, 왕족의 연금은 철저히 선례에 따른다고 지적하며 대중의 불만을 사고 있는 연금을 의회를 통해 훌륭히 지켜냈다. 1872년 찰스 딜크 경이 연간왕실비용을 발본적으로 개혁하기 위해 여왕의 지출을 철저히 조사하자는 발의를 하원에 내놓으며 다시 공격을 개시했을 때도 수상은 사람을 잡아끄는 절묘한 화술을 총동원해 국왕을 지원하고자 힘썼다. 결과는 대성공이었다. 엄청난 혼란 속에서 딜크 경의 발의는 수치스럽게 폐기 수순을 밟았다. 빅토리아는 안도했지만

그래도 글래드스턴이 좋아지지는 않았다.[17]

아마 이때가 여왕의 생애에서 가장 괴로운 순간이었을 것이다. 각료와 언론, 대중이 모두 한통속이 되어 그녀를 괴롭히고 비난하며 그녀의 행동을 잘못 해석했고, 모든 면에서 인정 없고 무례했다. 여왕은 마틴에게 자신만큼 "잔인할 정도로 오해받는 여인"은 없을 것이라고 말하며 자신에게 쏟아지는 부당한 공격에 불만을 토로했고, "점점 나이도 먹고 몸도 성치 않은데 오롯이 혼자서 10년 동안 큰 걱정과 불안, 고된 업무에 시달리다보니" 건강도 나빠지고 "절망감이 몰려온다"고 말했다.[18] 정말 한탄스러운 상황이었다. 마치 그녀의 온 존재가 잘못된 길에 들어선 듯, 여왕과 국민 사이에 돌이킬 수 없는 적대감이 자라나는 듯 보였다. 만일 빅토리아가 1870년대 초반에 세상을 떠났다면 틀림없이 세상은 그녀를 실패자로 기억했을 것이다.

3

하지만 그녀에게는 전혀 다른 운명이 기다리고 있었다. 당시 일었던 공화제 바람은 사실 동력을 잃어가는 명분의 마지막 불씨에 불과했다. 선거법 개정안 이후 꾸준히 이어진 자유주의 물결은 글래드스턴의 첫 임기와 함께 절정에 이르렀다가 임기가 끝날 무렵 불가피하게 썰물을 맞았다. 이 썰물은 즉각적이고 완전한 반응으로 나타났다. 1874년의 총선이 정치 판도를 완전히 바꾸어놓았다. 글래드스턴과 자유당의 대패로 토리당이 40여 년 만에 처음으로 영국에서 확실한 패권을 쥐었다. 이 놀라운 승리에는 디즈레일리의 기량과 열의가 분명 크게 작용했다. 그는 무력한 주인의 불안정한 사령관이 아닌, 정복의 영웅으로서 북을 울리고 깃발을 휘날리며 공무에 복귀했다. 빅토리아도 새로운 수상을 정복의 영웅으로서 맞이했다.

이후 6년간은 흥분과 황홀감, 더없는 행복, 영광과 낭만의 연속이었다. 디즈레일리는 평생 동안 범상치 않은 노력을 통해 소년 시절의 허황된 꿈을 현실로 이룬 놀랄 만한 존재였다. 이제 칠순이 된 그는 여왕의 마음을 완전히 사로잡는 법을 터득해 기적적으로 군주의 하인이자 주인이 되었다. 그는 언제나 여인의 마음을 펼쳐진 책처럼 읽어냈다. 여인이라는 기이한 존재는 처음부터 끝까지 디즈레일리의 정치 경력을 결정했으며, 기이한 여인일수록 그는 더 친밀한 관계를 형성하는 듯했다. 하지만 레이디 베컨즈필드는 금이 간 우상숭배와 함께 떠났고, 브리지스윌리엄스 부인은 나막신과 거대한 몸집, 유산과 함께 떠났다. 이제 그 자리는 훨씬 더 경이로운 존재가 대신하고 있었다. 그는 조금도 당황하지 않고 명수의 눈으로 앞에 놓인 존재를 꼼꼼히 뜯어보았다. 상황과 성격이 빛어낸 복잡한 특징들, 개인적인 자만심과도 절대 무관하지 않은 군주로서의 자긍심, 주체할 수 없을 정도로 넘치는 감정 표현, 천진난만한 세계관, 공들여 쌓은 견고한 품위와 그와 모순되게 그 중심을 관통하는 유색인과 이방인에 대한 변덕스러운 열망, 주목할 만한 지적 한계, 그 전체에 알알이 스며든 기이할 정도로 본질적인 여성적 요소 등 모든 게 눈에 들어왔다. 그의 무표정한 얼굴 위로 미소가 떠올랐다. 디즈레일리는 빅토리아에게 "요정Faery"이라는 애칭을 붙이고는 몹시 흡족해했다. 그가 소중히 여기는 모호하고 간결한 방식으로 여왕에 대한 자신의 환상을 정확히 표현한 말이었기 때문이다. 에드먼드 스펜서의 장편 서사시에 등장하는 요정 여왕 글로리아나를 자연스럽게 연상시키는 이 암시는 매우 유쾌했다. 하지만 그게 다가 아니었다. '요정'이란 이름은 마력적이고 신화적인 특성을 부여받은 자그마한 생명체, 그리고 여왕의 나머지 기질과 터무니없을 만큼 어울리지 않는 불길함을 연상시키기도 했다. 그는 이제 이 요정이 자신만을 위해 지팡이를 흔들도록 만들겠다고 마음먹었다. 초연함은 아무나 갖기 힘든 자질이고 정치인에게는 더더욱 기대하기 힘든 법이지만, 자기중심적인 노정치가 디즈레일리는 이 점에서 특출했다. 그는 자신이 무엇을 해야 하는지 알고 또 그렇게 했을 뿐만 아니라, 무대에 서는 것은 물론 관중과 섞일 줄도 알았고 이 즐거운 상황과 미묘한 드라마, 자신의 완벽한 업무 능력을 모든 면에서 빈틈없이 살폈다.

미소가 떠올랐다가 사라졌다. 이제 그는 동양인들처럼 엄숙하고 고분고분하게 몸을 낮추고 과업에 힘썼다. 요정과 잘 지내는 방법은 글래드스턴과 정반대로 하는 것이란 사실을 처음부터 알았고, 이 방법은 선천적으로 몸에 배어 있었다. 그는 열변을 토하고 촉구하고 긴 설명을 늘어놓는 성실한 부류가 아니었다. 그보다는 업무 과정을 아름답게 포장하고, 무거운 논쟁을 미사여구로 압축하며, 속마음을 친근하고 정중하게 슬며시 드러내기를 좋아했다. 또한 누구보다도 개인적이었고, 개인적인 소통이야말로 요정의 마음을 여는 열쇠라는 것을 감지했다. 따라서 여왕과의 교류가 한순간도 사적인 분위기를 잃지 않도록 신경 썼으며, 친밀한 대화의 장점을 살려 모든 국정 업무를 보았다. 여왕은 변함없는 왕실의 안주인이자 동경과 존경의 대상이었고, 그는 헌신적이고 정중한 벗이었다. 일단 둘 사이에 친밀한 관계가 형성되자 모든 어려움이 사라졌다. 하지만 이 관계를 막힘없이 매끄럽고 일정하게 유지하려면 각별한 주의가 필요했다. 다시 말해 언행에 아부라는 윤활유를 부지런히 발라야 했다. 매슈 아널드에게 한 말로 미루어볼 때, 디즈레일리는 이 윤활유의 본질에 대해 어떤 의구심도 없었다. "사람들이 날 아부꾼이라고 부르는 소리를 들었을 텐데, 틀린 말은 아니네. 세상에 아부를 싫어하는 사람은 없어. 특히 왕족을 대할 때는 흙손으로 이 윤활유를 펴서 발라줘야 한다네."[19] 그는 자신의 말을 그대로 실천했다. 늘 아부를 입에 달고 살았고, 아부 위에 또 아부를 두텁게 발랐다. "제게 폐하의 다정한 마음을 얻는 것보다 영광스럽고 보람된 일은 없습니다. 지금 제 생각과 감정, 의무와 애정은 온전히 폐하께 가 있으며, 저는 그저 남은 인생 동안 폐하께 봉사하고 그럴 수 없게 되더라도 이 시간을 생애 가장 즐겁고 황홀했던 순간으로 기억하며 살아가고 싶을 뿐입니다."[20] 디즈레일리의 말이다. "누구에게나 살면서 자신의 생각을 보관할 신성한 공간이 필요합니다. 저는 감히 폐하에게서 그걸 찾고자 합니다."[21] 여왕은 디즈레일리에게 단 하나뿐인 버팀대였고 국가의 버팀목이었다. 그는 정치적으로 중대한 위기가 닥쳤을 때 다음과 같이 썼다. "폐하께서 편찮으시면 저 또한 무너진다는 걸 기억하십시오. 진정 모든 것은 폐하께 달려 있습니다." 그는 단언했다. "저는 오직 폐하를 위해 살고, 폐하를 위해 일하며, 폐하 없이는 아무 희망도 없습니다."[22] 또한 여왕의 생신날에도 과장된 찬사로 정성스럽게 사탕발림을 했다. "오늘은 특별한 날이니만큼 거대한 제국을 통치하며 강한 함대와 군대로 전 세계를 호령하는 군주께 경축을 드려야 마땅하겠지만 저는 그럴 수가 없습니다. 지금 제 머릿속은 너무도 위대한 존재의 신하가 될 수밖에 없었던 운명의 기이함에 대한 상념으로 가득 차 있기 때문입니다. 그 존재는 무한한 친절과 찬란한 지성, 확고한 의지로 제가 다른 식으로는 감당할 수 없었을 고된 일을 하게 해주시고, 어려운 시기에는 황홀감과 영감을 주는 겸손한 연민으로 매사에 저를 지지해주었습니다. 무수한 땅과 무수한 마음의 주인이신 군주께 전능하신 하느님의 축복이, 지혜로운 자가 바라 마지않고 고결한 자가 받아 마땅한 축복이 함께하기를 기원합니다!"[23] 이 거장의 손에서 흙손은 프리메이슨 집단을 상징하는 도구인 흙손의 특성을 보여주는 듯했다. 다시 말해, 속인이 깨닫지 못하는 진리의 화려하고 찬란한 매개체가 된 것 같았다.

이런 찬사는 아무리 기분 좋아도 모호한 말의 세계에 남아 있었기 때문에 디즈레일리는 자신의 감언에 좀더 확실한 의미를 부여하기로 결심했다. 그는 고귀한 신분으로서 빅토리아가 느끼는 자긍심, 다시 말해 그녀의 마음속에 자연스럽게 자라나 앨버트의 원칙과 슈토크머의 신조에 의해 더욱 다져진 이 감정을 의도적으로 부추겼다. 그는 군주가 의회의 수장이 되어야 한다는 헌법 이론에 확신을 느낀다고 언명했다. 하지만 이 주제에 대한 그의 선언은 불분명했을 뿐만 아니라, "실질적인 왕좌"가 필요하다고 힘주어 말했을 때도 아마 머릿속으로는 이 왕좌를 자신의 감언이설에 쉽게 넘어가지 않는 주인이 앉을 아주 비현실적인 왕좌로 전제했을 것이다. 그럼에도 그의 막연한 언어는 그 자체로 빅토리아의 흥분을 돋우는 자극제였다. 디즈레일리는 여인과 여왕을 능숙하게 뒤섞으며 거창한 몸짓으로 빅토리아의 발아래에 영국 정부를

바쳤다. 마치 이렇게 함으로써 개인적인 경의를 표하고 있는
듯했다. 그는 수상 복귀 후 처음으로 여왕을 알현한 자리에서
"무엇이든 폐하가 원하는 대로" 될 것이라고 확언했으며,[24]
복잡한 공공예배규제법안이 내각에서 논의될 때는 요정에게
그의 "유일한 목표"가 "이 문제를 폐하의 바람대로 끌고 가는
것"이라고 말했다.[25] 또한 수에즈운하의 주식을 사들이는 쾌
거를 거두었을 때는 이 거래로 이득을 보는 유일한 사람이 빅
토리아라는 암시를 내비치기도 했다. "이제 됐습니다. 운하
가 폐하의 손에 들어왔습니다. (…) 400만 파운드라는 거금
을 그것도 즉시 빌려줄 수 있는 회사는 단 한 곳, 로스차일드
밖에 없었습니다. 이들은 훌륭하게도 낮은 이자로 돈을 빌려
주었지요. 이제 케디브Khedive의 모든 지분이 폐하의 차지가
되었습니다."[26] 그는 의기양양한 어조로 썼다. 그는 양념을 듬
뿍 친 암시로만 끝내지 않았다. 수상직의 모든 권한을 가지고
그는 헌법상 여왕에게는 하원 의원 대다수가 지지하는 부서
를 해산할 권리가 있다고 조언했고 만일 "정부가 고의적으로
또는 나약함으로 인해 폐하를 기만한다고"[27] 생각되면 그렇
게 해버리라고 촉구했다. 디즈레일리가 여왕에게 내각의 업
무 전반을 계속 알려줄 뿐만 아니라 각 각료가 당면 논의에서
어떤 역할을 했는지까지 공개한다는 사실을 알고 글래드스턴
은 경악을 금치 못했다.[28] 전 수상의 아들이자 디즈레일리 내
각의 외무장관인 더비 경 또한 이런 사태를 대단히 미심쩍게

317

여기며 수상에게 조심스럽게 의견을 전했다. "이 일로 여왕께서 본인의 개인적인 힘만 너무 크게 생각하시고 국민의 기대에는 무관심해지실까 봐 두렵습니다. 이는 다만 제 개인의 생각일 뿐이니 판단은 수상께서 하실 일이지요."[29]

한편 빅토리아는 찬사와 아첨, 엘리자베스 1세 시절의 특권 등 모든 것을 거리낌 없이 받아들였다. 사별 후의 기나긴 슬픔을 지나 글래드스턴의 냉혹한 훈계를 견딘 후 이제 그녀는 햇살 속의 꽃처럼 디즈레일리가 바치는 헌신의 빛을 향해 뻗어나갔다. 상황이 기적적으로 바뀌었다. 그녀는 더 이상 복잡한 업무를 두고 억지로 머리를 쥐어짜지 않아도 되었다. 그저 디즈레일리에게 요구하면 그가 아주 간결하고 유쾌한 방식으로 설명을 내놓을 터였다. 이제는 두려운 일이 닥쳐도 걱정하지 않았고, 어느 정중한 인텔리 신사가 난해한 고대 그리스 지식으로 여왕 자신을 현실에 구현된 전례처럼 취급해도 기분이 상하지 않았다. 게다가 그녀를 구원해준 사람은 매력이 넘치는 남자였다. 빅토리아를 나폴레옹 3세에게 푹 빠지게 했던 그 과도한 허풍은 디즈레일리의 경우에도 똑같이 마력을 발휘했다. 흐리멍덩한 정신으로 일상을 살아가는 술꾼처럼, 그녀의 단순한 지성은 디즈레일리의 로코코식 매력을 남다른 열정으로 벌컥 들이켰다. 그녀는 도취되었고 황홀감에 빠졌다. 그가 하는 말을 곧이곧대로 믿으며, 앨버트의 죽음 이후 암흑기 동안 스리슬쩍 사라졌던 자신감을 완전히 회복했다. 그녀가 새로운 기쁨에 부풀어 있는 사이, 디즈레일리는 동양에 대한 훌륭한 비전을 상기시키며 여왕이 어렴풋하게만 꿈꿔온 제국의 장엄함으로 그녀를 눈부시게 했다. 이 거부할 수 없는 영향력 속에서 여왕의 태도도 바뀌었다. 짧고 통통한 몸은 검은 벨벳 주름, 모슬린 띠, 두꺼운 목에 건 무거운 진주와 함께 거의 위협적인 분위기를 자아냈고, 젊음의 매력이 이미 오래전에 사라지고 긴 세월에도 온화해지지 않은 그녀의 얼굴은 아직도 역력한 비탄과 실망, 불만의 흔적 위로 오만한 표정과 위압적인 거만함을 덧썼다. 하지만 디즈레일리가 나타날 때면 순식간에 표정이 바뀌며 험악한 얼굴에 미소가 가득 떠올랐다.[30] 여왕은 그를 위해 무엇이든 할 생각이었다. 그의 격려에 마음이 움직인 그녀는 차츰 칩거 생활에서 벗어나 세미스테이트랜도 마차를 타고 런던의 병원과 연주회에 나타났고, 의회를 개회했으며, 올더숏의 사열식에 참석해 메달을 나누어주었다.[31] 하지만 대중을 향한 이런 우호적인 신호도 그녀의 개인적인 관심사와 비교하면 사소했다. 디즈레일리를 접견하는 동안 여왕은 억누르기 힘든 흥분과 기쁨을 느꼈다. 한번은 디즈레일리가 친구에게 이런 편지를 보냈다. "여왕께서 날 보고 얼마나 반가워하는지 이러다 날 껴안는 건 아닌가 싶었다네. 여왕은 만면에 미소를 띤 채 재잘거리며 새처럼 방 안을 미끄러지듯 돌아다녔지."[32] 디즈레일리가 없는 자리에서는 끊임없이 그의 얘기를 했고 유별날 정도로 그의 건강을 걱정했다. 다음은 디즈레일리가 레이디 브래드퍼드에게 한 말이다. "오즈번에 다녀온 존 매너즈에게 들으니 요정께서 계속 한 가지 얘기만 했다 하오. 바로 이 수상 얘기였소. 정부에서 내 건강을 내각 차원에서 논의하고 보살펴야 한다는 고상한 의견을 주셨다 하오. 존은 꽤나 놀랐던 모양이지만 당신은 이런 돌발 발언에 익숙할 것이오."[33] 여왕은 자주 그에게 선물을 보냈다. 성탄절에는 정기적으로 삽화가 들어간 앨범이 윈저로부터 도착했다.[34] 하지만 가장 의미 있는 선물은 여왕과 시녀들이 오즈번 숲에서 따다 만든 봄꽃 다발로, 그녀의 따뜻하고 애정 어린 마음이 특별히 담겨 있었다. 그중에서 그가 가장 사랑한 꽃은 앵초였다. 그는 앵초를 "봄의 사절이자 자연의 보배"라고 말하며 이 꽃이 "야생에서 자라서 더" 좋고 "마치 오즈번에 사는 파우누스와 드리아데의 작품 같다"고 단언했다. "이 꽃은 폐하의 주권이 요정의 세계에까지 닿았음을 보여주죠." 그는 앵초가 수북이 꽂힌 화병으로 둘러싸인 저녁 식사 자리에서 손님들에게 말했다. "오늘 아침 오즈번에서 보내온 꽃이랍니다. 여왕께선 제가 이 꽃을 가장 좋아한다는 걸 알고 계시지요."[35]

　시간이 갈수록, 요정이 완전한 속박에 빠졌다는 사실이 분명해질수록 그의 확언도 꾸준히 윤색되고 대담해졌다. 마침내 그는 자신의 감언에 연애 감정이 선명히 묻어나는 흠모까지 담아냈다. 그는 얽히고설킨 바로크식 표현으로 마음속

의도를 전달했다. 그는 업무 스트레스 때문에 "기가 빨리고 진이 다 빠져서 일하러 갈 시간이 다가오면 소중하고 영매하신 폐하께서 기다리시는 제 의견과 실상을 전달할 명료한 생각과 활력 있는 필치가 남아 있지 않습니다"라고 썼다.[36] 이에 여왕이 앵초를 보내자 그는 "이 같은 순간에 사모하는 군주로부터 온 이 꽃이 진정 '루비보다 더 귀하다' 할 수 있다"고 답변했다.[37] 또한 여왕이 스노드롭을 보냈을 때 그의 감정은 시로 넘쳐흘렀다. "엊저녁, 화이트홀가든에 폐하의 존함으로 금방 부서질 것 같은 소포 상자가 도착했는데, 뜯어본 순간 자애로운 폐하께서 일등 훈장의 별을 보내주셨다고 생각했습니다." 이 고상한 착각에 크게 감격한 그는 연회를 열어 많은 훈장 별과 리본 수여자들을 초대했고, 유혹을 이기지 못하고 가슴에 스노드롭을 달아 자신도 자애로운 군주에게서 훈장을 받았음을 과시했다.

그러다가 한밤중에 이 모든 게 마법일지도 모른다는, 이 꽃이 또 다른 요정 군주가 보낸 선물일지도 모른다는 생각이 스쳐갔다. 어쩌면 티타니아 여왕이 온화한 섬나라에서 신하들과 꽃을 따다가, 받은 사람의 머리를 미치게 만들어버린다는 마법의 꽃을 보낸 것인지도 몰랐다.[38]

요정의 선물이라니! 이 말을 쓰면서 디즈레일리 본인도 웃지 않았을까? 아마 그랬을 것이다. 하지만 그의 열렬한 고백이 완전히 거짓이라고 결론짓기에는 아직 무리가 있다. 이 기이한 작품에서 두 등장인물은 배우와 관객으로서 상당히 친밀하게 얽혀 있어 떼려야 뗄 수 없는 화합을 이루었고, 따라서 어느 하나가 다른 하나보다 진실성이 떨어진다고 말하기 어려웠다. 디즈레일리는 한편으로는 요정의 지적 능력을 냉정하게 평가하고 그녀가 간혹 "큰 재미와 즐거움"을 줄 수 있다는 사실에 다소 놀라워하며 모순적이게도 엄숙하게 자신의 흙손을 계속 사용했다. 하지만 다른 한편으로는 먼 옛날부터 이어져온 왕권의 화려한 위용에 매료되어 그 자신이 승격된 듯한 느낌에 전율하며 왕관과 권력, 기사도적인 사랑으로 충만한 멋진 공상의 세계로 들어가는 꿈을 꾸었다. 그러니 "나름대로 낭만적이고 상상력이 가득한 인생을 살았지만, 이토록 신분이 고귀하고 큰 영감을 주는 분과 은밀히 서신을 주고받는 것만큼 재미있는 일은 한 번도 없었습니다"라는[39] 그의 고백은 어느 정도 진심이지 않았을까? "전 여왕님을 흠모합니다. 여왕님은 이 세상에 남아 있는 제 유일한 사랑입니다"라고 어느 궁정 여인에게 고백했을 때[40] 그는 자신이 실제로 믿었던 세계, 즉 비애와 화려함이 가득한 아라비안나이트 속 마법의 궁전을 스스로 지어내고 있었던 것은 아닐까? 빅토리아의 심리 상태는 훨씬 단순했다. 상상력이 만들어내는 열망에 마음이 흐트러지지 않는 그녀는 느낌과 공상이 뒤죽박죽 섞인 이 모호한 영혼의 영역에서 절대 길을 잃지 않았다. 그녀의 감정은 아무리 강렬하고 과장되어도 일상의 평범한 속성을 그대로 간직하고 있었다. 그러니 감정 표현 역시 평범한 게 당연했다. 수상에게 보내는 공식 서신의 맺음말에 썼듯이 그녀는 그에게 "당신의 다정한 벗, 빅토리아 여제"였다. 이 어구는 아주 현실적인 감정을 단박에 드러낸다. 요정의 발은 지면에 단단히 붙어 있었던 반면 교활한 냉소주의자는 공중에 떠 있었다.

그러나 디즈레일리가 여왕을 한 수 가르칠 때도 있었는데, 그녀는 이 가르침을 무서운 속도로 배워나갔다. 제2의 글로리아나라는 애칭에 어울리게 그녀는 자신이 그 찬사를 받을 자격을 있음을 입증했다. 불안한 징후가 정신없이 이어지던 1874년 5월, 빅토리아의 둘째 아들 에든버러 공작과 자신의 딸을 이제 막 결혼시킨 차르가 런던에 머물고 있었다. 그런데 어떤 불상사로 여왕이 밸모럴성으로 떠나기로 한 날로부터 이틀 후까지 차르가 런던을 출발할 수 없게 되었다. 여왕은 일정을 바꿀 생각이 없었다. 차르가 기분이 상할 게 분명했고, 그렇게 되면 아주 심각한 결과가 뒤따를 것이라는 지적이 나왔다. 더비 경이 항의했고 인도 장관Sectretary of State for India인 솔즈베리 경은 크게 동요했다. 하지만 요정은 개의치 않고 사전에 정한 18일에 밸모럴로 떠나려고 했다. 결국 디즈레일리가 모든 영향력을 동원해 여왕의 일정을 이틀 더 미루는 데 성공했다. 다음은 그가 레이디 브래드퍼드에게 전한 말이다. "이 몸은 무사하다오. 여왕께서 일정을 무조건적으로 연기했소!

다른 사람들은 모두, 심지어 웨일스 공조차 설득에 실패했지만 말이오. (…) 난 결단코 반대하는 입장이오. 나도 어쩔 수 없소. 솔즈베리는 나 때문에 아프간전쟁을 피했다고 했고, 더비도 나의 이번 승리가 타의 추종을 불허한다며 칭찬을 아끼지 않았소."[41] 하지만 얼마 가지 않아 생긴 또 다른 문제에서는 요정이 승기를 잡았다. 신제국주의로 급선회한 디즈레일리는 영국 여왕이 인도 여제로 등극해야 한다는 의견을 피력했는데, 이에 빅토리아가 눈에 불을 켜고 달려들어 이 계획을 현실화하라고 시도 때도 없이 수상을 압박했다. 디즈레일리가 난색을 표해도 그녀는 멈추지 않았다. 결국 1876년 그는 본인은 물론 내각 전체가 원치 않는 여왕칭호변경법안을 제출해 그렇지 않아도 험악한 의회에 난관을 더했다.[42] 그러나 요정은 그의 순종적인 모습에 마음을 빼앗겼다. 양원에서 쏟아붓는 맹렬한 공격을 지칠 줄 모르는 정력으로 받아내는 수상에게 빅토리아는 큰 감명을 받았다. 그가 겪은 "걱정과 짜증"에 가슴이 아팠고 자신 때문에 그 일을 겪는가 싶어 두려웠으며 "친절하고 선하며 사려 깊은 친구"에게 진 빚을 절대 잊지 않겠다고 다짐했다. 동시에 야당이 그녀의 노여움을 샀다. 그녀는 그들의 행동이 "기상천외하고 이해할 수 없으며 잘못된 판단에서 나온 것"이라고 단언했고, "짐이 인도 여제의 칭호를 마지못해 받는다는 사실을 더 많은 사람이 알아주면 좋겠소. 그래야 사람들이 이를 용인할 것"이라고 항변했다.[43] 이 단호한 항의는 그 말 자체도 모순되고 여왕의 과거 행보와도 엇나가는 것이었다. 이 일이 성공적으로 마무리되자 제국의 개가를 축하하는 자리가 적절한 방식으로 마련되었다. 델리 성명이 있던 당일, 베컨즈필드 백작에 봉해진 디즈레일리는 인도 여제가 된 빅토리아와 저녁 만찬을 하기 위해 윈저로 향했다. 그날 밤, 평소에 아주 평범한 옷차림을 하던 요정은 인도 토후들이 바친 반짝이는 거대한 원석으로 잔뜩 꾸미고 나타났다. 식사가 끝나자 수상이 식사 예절을 깨고 자리에서 일어나더니 미사여구를 곁들인 연설로 여왕·여제의 건강을 위해 축배를 들자고 제안했다. 이 대담함은 그대로 받아들여졌고, 여왕은 그의 연설에 몸을 굽혀 미소로 화답했다.[44]

이 사건들도 빅토리아의 기질을 보여주는 중요한 이야기지만, 그녀의 기질은 이듬해에 베컨즈필드가 생애 최악의 고비를 맞으면서 훨씬 심각한 형태로 나타났다. 그의 커져가는 제국주의적 신념, 영국의 힘과 위신을 확장하고자 하는 바람, "맹렬한 외교정책"에 대한 고집 때문에 영국은 러시아와의 충돌이 불가피해졌고, 무시무시한 동방문제가 모습을 드러냈으며, 여기에 러시아와 오스만제국 간에 전쟁까지 터져 상황이 극도로 심각해졌다. 수상의 정책은 난관과 위험으로 가득했다. 그는 자칫 영러전쟁으로 번질 수 있다는 사실을 완벽히 인지하면서도 다른 방법으로 자신의 목표를 달성할 수 없다면 그 만일의 사태까지 마주하겠다는 각오를 다졌다. 그러나 그는 러시아가 실제로는 관계 결렬을 그다지 원하지 않기 때문에 수상 자신이 대담하고 노련하게 판을 꾸려간다면 러시아가 저항 없이 자신이 요구하는 바를 모두 넘겨주리라고 믿었다. 그가 걸어가는 길은 확실히 위험이 가득했고 엄청난 배짱을 요구했다. 단 한 번의 실책으로도 그 자신이나 영국이 재앙에 빠질 수 있었다. 하지만 그는 배짱을 잃어본 적 없는 사람이었고, 아주 자신 있게 능수능란한 외교술을 펼칠 참이었다. 그리고 그때 그는 러시아 정부와 자유당과 글래드스턴 외에도 염두에 두어야 할 위험한 훼방꾼이 둘이나 더 있다는 사실을 깨달았다. 우선 외무장관 더비 경이 이끄는 내각의 실세 집단이 전쟁의 위험을 무릅쓰려고 하지 않았다. 그러나 진짜 걱정 중의 걱정은 요정이었다.

처음부터 그녀는 비타협적인 태도를 견지했다. 크림전쟁으로 인한 오랜 반러 감정이 다시금 북받쳐 오른 그녀는 앨버트의 오랜 적대감을 기억해내며 자신의 위대함에 따끔한 생채기가 나는 것을 느꼈고, 격정적으로 혼란 속에 몸을 던졌다. 여왕은 오스만제국과 러시아 사이의 분쟁에서 러시아 편에 선 야당에 무한한 분노를 느꼈다. 웨스트민스터 공작과 섀프츠베리 경의 주재로 런던에서 열린 반오스만제국 회의에 글래드스턴을 비롯한 주요 급진주의자들이 참석했을 때, 그녀는 "법무상을 이자들 앞에 앉혀놓아야 한다고" 생각하며 "이런 모임이 합헌일 리 없다"고 외쳤다.[45] 그녀의 인생에서,

심지어 침실 시녀를 둘러싼 위기 때도 이처럼 격렬한 당파심을 보인 적은 없었다. 하지만 여왕의 불쾌감은 급진주의자들에게만 국한되지 않고 역사적으로 퇴보하고 있던 보수당에도 미쳤다. 심지어 베컨즈필드 경에게도 불만을 품었다. 그의 정책이 얼마나 민감하고 복잡한지 전혀 인식하지 못한 채 그녀는 무엇이든 하라며 그를 끝없이 닦달했고, 모든 수완을 나약함의 신호로 해석했으며, 언제든 선전포고할 준비를 해두었다. 상황이 진행될수록 그녀는 초조해졌다. "짐은 우리가 우물쭈물하는 사이 시기를 놓쳐 영원히 위신을 잃지 않을까 심히 걱정되오! 밤낮없이 이 걱정뿐이라오."[46] 다음은 베컨즈필드가 레이디 브래드퍼드에게 전한 말이다. "요정께선 매일 편지를 보내다 못해 매시간 전보까지 친다오. 거의 문자 그대로 사실이오."[47] 여왕은 러시아인들에게 큰 울분을 터트렸다. "러시아인들이 우리를 빗대어 쓰는 저 모욕적인 언사를 좀 보시오! 저들이 짐의 피를 들끓게 만들고 있소."[48] 얼마 후에는 다음과 같이 썼다. "아아, 짐이 사내라면 저 망발하는 러시아인들을 찾아가 흠씬 두들겨 패주고 싶은 심정이오! 저들과 우리는 결판이 날 때까지 두 번 다시 친구가 되지 못할 거요. 이는 짐이 확신하는 바요."[49]

불운한 수상은 한쪽으로는 빅토리아의 독촉을 받으면서 다른 한쪽으로는 적극적인 간섭이 필요한 정책이면 무조건 반대하고 보는 외무장관을 처리해야 했다. 여왕과 더비 경

사이에서 그는 고달픈 노선을 유지했다. 실제로 그는 양쪽에 싸움을 붙여 덕을 보는 데서 약간의 만족을 얻었다. 다시 말해 여왕의 편지로 더비 경을 자극하고 더비 경의 의견을 물리치는 방법으로 여왕을 달랬다. 한번은 빅토리아의 요청에 따라 외무장관을 신랄하게 공격하는 편지까지 작성했는데, 여왕은 곧장 이 편지에 서명한 후 아무 수정 없이 외무장관에게 보내버렸다.[50] 하지만 이 같은 방법은 일시적 안도감만 주었을 뿐이고, 빅토리아의 격렬한 호전성이 더비 경을 향한 반감으로 무마되지 않는다는 사실이 곧 분명해졌다. 러시아에 대한 적대감이야말로 그녀가 원하는 것이고, 마음속에 품은 것이며, 또한 품어야 하는 것이었다. 우선 그녀는 온건의 마지막 잔재를 벗어던지고 자신의 벗에게 놀랄 만한 위협을 연달아 가하며 공격했다. 그녀는 한두 번도 아니고 몇 번이나 왕위에서 내려오겠다는 어마어마한 협박을 그에게 퍼부었다. "만일 영국이 러시아의 발에 입을 맞춘다면 짐은 그 굴욕에 함께할 뜻이 없으므로 왕위에서 내려올 것이오." 그러고는 여왕의 뜻을 내각에 전달하는 게 옳다고 본다면 그렇게 해도 좋다고 덧붙였다.[51] "우리가 이렇게 우물쭈물하는 사이에 영국은 해외에서 위신과 입지를 잃어가고 러시아는 순식간에 콘스탄티노플 앞까지 진격해올 것이오! 그럼 정부는 지독한 비난을 면치 못할 것이고 짐은 깊은 수치심에 당장 왕좌에서 내려와야 할 것이오. 부디 대범한 모습을 보이시오!"[52] 여왕의 주장은 반복되었다. "전에도 말했듯이 짐은 세상의 모든 자유와 문명을 지연시키는 이 무지막지한 야만인들 앞에 무릎 꿇고 그 발에 입 맞추는 나라의 군주로는 남아 있을 수 없소."[53] 러시아가 콘스탄티노플 외곽까지 진격해오자 그녀는 전쟁을 촉구하는 편지를 하루에 세 통이나 급송했고, 그럼에도 내각이 겔리볼루에 함대를 보내는 것만으로 일을 처리하자 "그런 결정을 전해듣자마자 골치 아픈 왕위를 내려놓고 싶은 마음이 굴뚝같았소. 이 나라의 위신이 계속 이와 같다면 왕좌에 앉아 있다 한들 거의 만족감을 느끼지 못할 것이오"라고 일갈했다.[54] 이런 서신이 베컨즈필드를 얼마나 불안하게 했을지 상상하기는 어렵지 않다. 상대는 더 이상 요정이 아니라 그가 무모하게도 램프에서 불러낸, 자신이 지닌 천상의 힘을 보여주는 데만 열중하는 지니였다. 난처하고 낙심했으며 병마에 시달리던 그는 몇 번이나 이 판에서 발을 뺄까 생각했다. 그러기에는 한 가지 사실이 걸린다고, 그는 씁쓸한 미소를 지으며 레이디 브래드퍼드에게 보내는 편지에 썼다. "내가 사임할 경우 군 사령부에서 벌어질 상황을 마주할 자신이 없어서 수상 자리에서 내려오지 못한다오."[55]

그러나 그는 인고 끝에 결국 승리를 거머쥐었다. 여왕의 마음은 누그러졌고, 더비 경은 솔즈베리 경으로 교체되었으며, 이 유대계 수상은 베를린회의에서 큰 성과를 냈다. 외교적 승리를 거두고 돌아온 그는 기뻐하는 빅토리아에게 지금

은 아니지만 조만간 "유럽의 절대 권력자"가 될 것이라는 확신을 주었다.[56]

하지만 곧 예기치 않은 역전극이 펼쳐졌다. 보수당의 진취적 방침을 불신한 국민이 1880년 총선에서 글래드스턴의 웅변에 휩쓸려 또다시 자유당에 정권을 쥐여주었다. 빅토리아는 공포에 질렸지만 1년이 되지 않아 더 큰 타격을 맞아야 했다. 웅장한 로맨스에 끝이 찾아왔다. 노환과 병마에 시달리면서도 비쩍 마른 몸으로 여전히 이 만찬회 저 만찬회를 부지런히 돌아다니던 베컨즈필드 경이 갑자기 거동을 못하게 되었다. 끝이 불가피하다는 사실을 알아차린 여왕은 애처롭도록 본능적으로 여왕의 직분을 벗어던지고 그의 옆에서 조용하고 순한 한낱 여인으로 움츠러드는 듯 보였다. 그녀는 감동을 주는 소박한 말로 편지를 썼다. "오즈번의 앵초를 보내오. 이번 주에 병문안을 가겠지만, 경께서는 아무 말 없이 조용히 있는 편이 좋겠소. 그리고 얌전히 의사들의 말을 잘 따르기를 부탁드리오." 그녀는 "조만간 오즈번에서 돌아갈 터이니" 그때 보자고 말한 후 "경의 몸이 좋지 않아 모두가 괴로워하오"라고 덧붙이며 맺음말에 "언제나 다정한 당신의 벗, 빅토리아 여제"라고 적었다. 여왕의 전갈을 받은 늙은 익살꾼은 임종 침대에 누운 채 편지를 손에 쥐고 골똘히 생각하는 듯하더니 주위 사람들에게 속삭였다. "이건 추밀고문관이 읽어줘야 하는 편지 같은데."[57]

9

노년

1

한편 빅토리아의 사생활에도 많은 변화와 사건이 일어났다. 장성한 자녀들이 결혼하면서 일가의 수가 늘고 손자 손녀가 태어났으며, 집안 내에 다양하고 새로운 이해관계가 나타났다. 1865년 레오폴드 왕의 죽음으로 구세대를 대표하던 인물이 사라졌고, 수많은 독일과 영국 친인척의 중심이자 조언자였던 그의 역할은 빅토리아에게 넘어갔다. 그녀는 엄청난 양의 서신을 주고받고 널리 뻗어 있는 친척들의 삶을 속속들이 몰두해 쫓는 등 이 역할에 최선을 다했다. 그러면서 가족애가 선사하는 기쁨과 고통을 한없이 맛보았는데, 특히 손자 손녀를 보는 게 삶의 낙이었다. 아무리 손자 손녀라도 필요하다면 엄격히 대했지만 자식들에게 하던 것과는 다른 관용을 베풀었다. 이 중 가장 나이가 많은 프로이센의 빌헬름 왕자는 대단한 고집불통으로 외할머니에게조차 버릇이 없었다. 한번은 오즈번을 찾아온 손님에게 인사하라는 그녀의 말을 보란 듯이 거역했다. 이를 용납할 수 없던 그녀는 엄한 말투로 명령을 되풀이했고, 말을 듣지 않던 아이는 무섭게 변하는 할머니의 표정을 보고는 결국 고집을 꺾고 아주 정중하게 인사했다.[1]

집안의 모든 분란이 이렇게 쉽게 해결되었다면 좋았겠지만 여왕의 속을 썩이는 일은 더 있었다. 웨일스 공의 처신도 그중 하나였다. 이제 독립해 결혼한 몸인 그는 부모의 굴레를 벗어던지고 자기가 내키는 대로만 행동하기 시작했고 빅토리아는 이를 몹시 불안해했다. 1870년 맏아들이 상류층의 이혼 소송에 증인으로 참석하면서 이런 두려움이 공연한 걱정이 아니었음이 드러나는 듯했다. 왕세자가 근본 없는 자들과 어울리고 있는 게 분명했다. 이를 어떻게 하면 좋을까? 자신의 아들뿐 아니라 전체 사회 시스템에도 문제가 있다고 판단한 그녀는 『타임스』편집자인 딜레인에게 편지를 보내 "상류층의 천박한 언동이며 경솔한 생각과 삶이 얼마나 위험하고 악한지 지적하는 기사를 자주 써달라고" 요청했다. 5년이 지나서 딜레인이 이 주제로 기사 한 편을 썼지만[2] 효과는 거의 없는 듯했다.

아아! 상류층 사람들도 그녀처럼 사는 법을 배우면 좋으련만! 그녀는 밸모럴의 안식처에서 맑은 정신으로 가정에 충실한 생활을 했고, 이 하일랜드 땅에서 점점 위안을 찾고 원기를 회복했다. 그래서 1년에 두 번 봄과 가을에 안도의 한숨을 내쉬며 북쪽으로 발걸음을 옮겼고, 여왕이 약 1000킬로미터를 사이에 두고 국정을 보살피게 되면 정부의 일이 늘어난다는 대신들의 가벼운 성화를 한쪽 귀로 흘려보냈다. 특히 초창기에는 간혹 시녀들도 이 불편한 장거리 순례에 나서기를 꺼렸다. 사생활을 중시했던 여왕이 오랫동안 철도가 디사이드까지 연장되는 데 반대해 여행 막바지에는 반드시 마차를 이용해야만 했다. 하지만 마차에도 나름의 장점이 있었는데, 한 예로 마차는 타고 내리기가 수월했다. 왕실 기차는 오랫동안 근대적 설비를 갖추지 못했기 때문에 플랫폼이 철길에서 멀리 떨어져 있는 황야 지대에 정차하게 되면 하나밖에 없는 접이식 계단은 여왕의 차지가 되었고, 지체 높은 귀부인들은 위험천만한 발판을 딛고 땅에 내려올 수밖에 없었다. 크리놀린을 입던 시절에는 이때 간혹 난감한 상황이 연출되기도 했는데, 그럴 때면 캘리도니언 철도의 키가 작고 건장한 존스톤 역장을 불러야 했다. 그의 표현에 따르면 그는 몇 번이나 강풍과 폭우 속에서 불운한 레이디 블랑쉬 또는 레이디 애거사를 객차로 아주 힘겹게 "밀어 올렸다".[3] 하지만 빅토리아는 이런 것에 전혀 개의치 않았다. 그녀의 온 신경은 곳곳에 추억이 묻은, 모든 추억이 성스러우며 아주 사소한 사건들이 쉴 새 없이 기분 좋게 흘러가는 자신의 황홀한 성으로 부리나케 돌아가는 데 쏠려 있었다.

여왕은 단순히 이곳만을 사랑한 게 아니었다. 그녀는 "체념과 신뢰"에 대해 많은 가르침을 준 "소박한 산사람들"에게 큰 애착을 느꼈다.[4] 스미스와 그랜트, 로스, 톰프슨에게도 애정을 주었지만, 특히 존 브라운을 가장 아꼈다. 앨버트 공의 사냥 안내인이었던 그는 이제 여왕의 개인 수행원, 다시 말해 매시간 그녀 곁을 지키며 마차 여행에 동행하고 낮에는 시중을 들다가 밤에는 옆방에서 잠을 청하는 시종이 되었다. 그녀는 브라운의 강한 힘과 견실함, 그가 주는 신체적 안전감을 좋아했고 심지어 단호한 태도와 거칠고 무뚝뚝한 말투까지 마음에 들어 했다. 또한 여왕은 브라운이 자신을 스스럼없이 대하도록 했는데, 다른 사람이었으면 상상도 할 수 없는 일이었다. 어느 누가 대담하게 여왕을 곯리고 이래라저래라 명령하며 질책을 늘어놓을 수 있겠는가? 그런데 여왕은 오히려 그의 푸대접을 즐기는 것처럼 보였다. 이런 모습은 별나 보일 수 있지만, 사실 미망인이 된 전제 군주가 친척도 친구도 아닌 심복에게 자신을 휘두를 권한을 주는 일은 결코 드물지 않다. 하인이 갖는 힘은 아무리 주인 자신에게 행사된다고 해도 심리적 속임수이며 여전히 주인 자신의 힘인 것이다. 조랑말에서 내려오거나 숄을 걸치라는 심복의 퉁명스러운 명령에 고분고분 따를 때 아마도 빅토리아는 자신의 자유의지를 한껏 드러내 보이고 있었을 것이다. 사람들이 의아하게 여기는 것은 그녀로서도 어쩔 수 없었다. 그녀는 이렇게 행동하는 게 기뻤고 그렇게 행동한 까닭도 있었다. 자신이 할 판단을 아들이나 각료에게 맡기는 편이 더 현명하고 자연스러워 보였겠지만, 그렇게 하면 자신이 정말 독립성을 잃어버릴 것이라고 그녀는 본능적으로 느꼈다. 그럼에도 오랜 통치로 하루하루가 버거웠기 때문에 누군가에게 의존하고 싶은 생각이 간절했다. 침묵 속에서 황야 지대를 달릴 때 그녀는 무겁고 지친 몸을 마차에 기댔다. 하지만 얼마나 다행인가. 존 브라운이 마차 뒤쪽 하인석에 앉아 있다가 그녀가 내릴 때 강한 팔로 잡아주니 말이다.

여왕은 브라운이 앨버트와도 특별한 인연이 있다고 생각했다. 탐험을 떠날 때 앨버트는 늘 브라운을 가장 신뢰했다. 정확히 설명할 수는 없지만 그녀는 이 무뚝뚝하고 호의적인 털북숭이 스코틀랜드 남자를 고인이 남긴 유산이라고 느꼈고, 마침내는 브라운이 가까이 있을 때 앨버트의 영혼이 더 가까이 있다고 믿게 되었거나 혹은 적어도 그렇게 믿는 것처럼 보였다. 복잡한 정치 문제나 집안 문제를 두고 해답을 찾을 때 그녀는 고인이 된 남편의 흉상을 바라보며 정신을 집중했지만, 간혹 의심과 망설임의 순간에 여왕의 시선은 존 브라운에게 고정되었다.

마침내 이 "소박한 산사람"은 거의 국가적인 명사가 되었다. 그의 영향력은 간과할 수 있는 정도가 아니었다. 베컨즈필드 경은 때때로 여왕에게 보내는 편지를 통해 "브라운 씨"에게 정중한 인사를 건넸고, 프랑스 정부는 영국 군주가 내방하는 동안 그가 편히 지낼 수 있도록 특별히 신경 썼다. 그러므로 왕실의 손위 세대가 브라운을 마뜩지 않게 여겼으리라는 것, 그리고 빅토리아는 그가 스카치위스키를 지나치게 즐긴다는 사실도 눈치채지 못했지만 그의 이런 결함들이 궁중 사람의 입방아에 오르내렸으리라는 것은 지극히 당연했다. 하지만 그는 여주인을 충실히 모셨기 때문에 그를 언급하지 않고 넘어가는 것은 전기 작가로서 부끄러운 일이다. 그녀는 그와 나눈 애틋한 우정을 비밀로 하기는커녕 온 세상에 공표하는 데 신경 썼기 때문이다. 여왕의 명으로 그에게 경의를 표하는 금제 메달 두 개가 만들어졌고, 1883년 그가 죽었을 때는 그를 찬미하는 긴 부고 기사가 『코트 서큘러Court Circular』에 실렸으며, 금색의 브라운 추모 브로치가 여왕의 제안으로 제작되었다. 이 브로치는 한 면에 고인이 된 사냥 안내인의 얼굴을 새기고 다른 한 면에 왕실의 모노그램을 새겼는데, 그의 기일에 추모 스카프와 추모 핀과 함께 달 수 있도록 하일랜드 하인들과 오두막 사람들에게 나눠졌다. 여왕의 하일랜드 시절 일기를 일부 발췌해 1884년에 출간한 책의 두번째 권에는 "헌신적인 개인 수행원이자 충실한 친구"가 거의 매 페이지에 등장하는데, 사실상 브라운이 이 책의 주인공이라고 할 수 있다. 왕실 사람들에게 입조심을 기대하기는 힘들었으므로 빅토리아는 이 사적이고 미묘한 문제를 전 국민이 공감해주기를 바라는 듯했지만, 실제로는 군주와 하인의 관계를 야한 농담의 주제로 삼는 사람들이 있었다. 세상은 원래 그런 법이니까.[5]

2

바쁜 나날이 빠르게 지나가고, 믿기 어려운 세월의 흔적들이 더 분명하게 드러났으며, 노년의 그늘이 서서히 빅토리아 위에 드리워졌다. 회색 머리칼이 하얗게 변하고, 원숙한 얼굴이 그윽해졌으며, 작고 단단한 몸은 크게 불어나 지팡이에 의지해 더 천천히 움직였다. 동시에 빅토리아의 전체적인 기질에도 놀랄 만한 변화가 찾아왔다. 오랫동안 여왕을 비난하고 심지어 강한 적의를 드러냈던 국민의 태도가 확 바뀌면서 빅토리아의 성정도 변했다.

　이런 결과를 가져온 데는 여러 가지 원인이 있었는데, 불과 몇 년 사이에 여왕에게 불어닥친 개인적인 불운들도 영향을 미쳤다. 1862년 헤센다름슈타트의 루트비히 대공과 결혼했던 앨리스 공주가 1878년 비극적인 상황에서 죽음을 맞았고, 이듬해에는 1870년 프랑스에서 폐위된 후 영국으로 망명해 빅토리아의 각별한 애정을 받았던 외제니 황후의 외아들 나폴레옹 황태자가 줄루전쟁에서 사망했다. 2년 후인 1881년에는 베컨즈필드 경이 세상을 떠났고 1883년에는 존 브라운이 죽었다. 1884년에는 태어날 때부터 병약했던 올버니 공작 레오폴드 왕자가 결혼하자마자 요절했다. 이렇듯 빅토리아의 손에 들린 슬픔의 잔이 넘쳐흐르자 대중도 자식과 친구의 죽음을 슬퍼하는 미망인 어머니를 지켜보며 점차 동정심을 느끼게 되었다.

1882년에는 국민의 정서를 확연히 보여주는 사건이 발생했다. 여왕이 윈저의 기차역에서 마차로 걸어가고 있을 때 로더릭 매클레인이라는 청년이 몇 미터 거리에서 그녀를 향해 권총을 겨누었다. 다행히 한 이튼칼리지 학생이 권총이 발사되기 전에 우산으로 매클레인의 팔을 쳐올린 덕분에 아무 피해가 없었고, 범인도 즉시 체포되었다. 이는 여왕에게 일어난 일곱 번의 살해 기도 중 마지막이었는데, 40년 동안 일정한 간격을 두고 산발적으로 일어난 이 사건들은 기이할 정도로 서로 닮아 있었다. 한 번을 제외하고 모두 살해 의도가 없는 어린 청년들이 자행한 일이었고, 매클레인의 경우를 빼고는 어떤 권총에도 총알이 장전되어 있지 않았다. 싸구려 총을 사다가 화약과 종이를 채워 넣은 후, 즉시 발각되리라는 것을 뻔히 알면서도 여왕의 얼굴에 대고 딸깍 소리를 냈던 이 불운한 청년들은 정신분석 전문가들에게 뜻밖의 난제를 던져주었다. 하지만 각 사건의 양상과 의도가 매우 비슷해 보였음에도 이들의 운명은 제각각 달랐다. 여왕이 결혼한 지 몇 달 되지 않아 총을 쏜 첫번째 주자 에드워드 옥스퍼드는 대역죄 혐의로 재판을 받은 후 정신이상자라는 판결을 받고 정신병원에 종신 수감되었다. 그러나 앨버트는 이 형벌이 마음에 들지 않았던 모양인지, 2년 뒤 존 프랜시스가 동일한 범죄를 저지르고 동일한 혐의로 재판받을 때 이 문제는 정신이상과 아무 관련이 없다고 주장했다. 앨버트는 아버지에게 "그 가증스러운 자"는 "미친 게 아니고 순전히 건달"이라고 말하고는 이렇게 덧붙였다. "그자의 재판이 최대한 엄중히 진행됐으면 좋겠습니다." 그리고 그렇게 되었다. 배심원단은 어쨌든 앨버트의 의견에 공감했고, 정신이상 참작 탄원은 받아들여지지 않았으며, 프랜시스는 대역죄가 인정되어 사형선고를 받았다. 하지만 살해 의도, 심지어 상해 의도를 의심할 만한 증거도 찾지 못했기 때문에 내무장관과 판사들은 오랜 숙고 끝에 이를 종신 유배형으로 감형했다. 이런 습격은 아무리 헛된 것이라도 법률상 대역죄로밖에 다스릴 수 없었고, 실제 범행에 비하면 처벌이 터무니없을 정도로 가혹했다. 게다가 배심원단은 유죄 평결이 곧 사형선고를 의미한다는 것을 알았기에 곧잘 대안 쪽으로 마음이 기울어 피의자를 죄인이 아닌 정신이상자로 판단했다. 겉보기에는 이쪽이 더 합리적으로 보였기 때문이다. 이에 따라 1842년에는 여왕에 대한 상해 시도를 7년 유배형이나 3년 이하의 징역 및 금고형의 경범죄로 보는 법이 통과되었으며, 법정 재량에 따라 이 경범죄를 범한 자는 "3회를 넘지 않는 선에서 공개 또는 비공개로 법정이 지정한 방식과 형태로 매질을 당하게 되었다".[6] 이후 네 건의 살해 기도는 이 새로운 법에 따라 처벌되었다. 1842년에는 윌리엄 빈이 18개월 징역에 처해졌고, 1849년에는 윌리엄 해밀턴이 7년 유배형을 선고받았으며, 1850년에는 피커딜리에서 지팡이로 여왕의 머리를 내리친 전 영국군 장교 로버트 페이트가 동일한 형벌을 받았다. 이 범죄자들 중 유일하게 분별 있는 나이였던 페이트는 한껏 멋을 내고 군 위원회에 나타났고, 앨버트는 "분명 정상이 아니었다"고 단언했다.[7] 1872년에는 열일곱 살 청년 아서 오코너가 버킹엄궁 밖에서 장전하지 않은 권총을 여왕에게 겨누었다가 즉시 존 브라운에게 붙잡혀 징역 1년과 회초리 스무 대에 처해졌고, 브라운은 이때 보여준 용기를 인정받아 금제 훈장을 받았다. 이 모든 사건에서 배심원단은 정신이상 참작 탄원을 받아들이지 않았지만, 1882년에 일어난 로더릭 매클레인의 살해 시도는 문제가 달랐다. 이번 경우에는 그의 권총에 총알이 장전되어 있었고, 빅토리아의 인기가 상승함에 따라 대중의 분노가 특히 거세게 일어났다. 이런 이유 또는 다른 이유로 지난 40년간의 관행을 깨고 매클레인은 대역죄로 재판받았다. 그 결과는 예상한 대로였다. 배심원단은 "유죄가 아닌 정신이상"이라는 평결을 내렸고 죄인은 여왕이 원할 때까지 정신병원에 수감되었다.[8] 그러나 이 평결은 놀랄 만한 결과를 초래했다. 옥스퍼드 사건 때 나온 비슷한 평결에 앨버트가 못마땅해했던 사실을 떠올린 게 틀림없는 빅토리아가 몹시 짜증을 낸 것이다. 매클레인이 유죄가 아니라니 그게 무슨 의미냐고 그녀는 따졌다. 그의 죄는 너무나 명백했다. 그가 권총을 쏘는 모습을 그녀는 두 눈으로 직접 보았다. 헌법 자문관들이 영국 법률 원칙상 범죄 의도를 입증하지 못하면 유죄 판결을 내릴 수 없다고 상기시켜봤자 아무 소용이 없었다. 빅토리아는 납득하지 못했다. 여왕은 "그게 법이라면 법을 바꾸어야 한다"고 말했고, 결국 법이 바뀌었다. 1883년에 정신이상의 경우 평결 방식을 바꾸는 법이 통과되었고, 이 혼란스러운 변칙은 지금까지도 법령집에 남아 있다.[9]

하지만 여왕과 국민은 동정이나 분노 같은 개인적인 연민의 감정을 통해서만 서로 가까워진 게 아니었다. 이들은 마침내 국정 문제에 있어서도 긴밀하고 영구적인 합의에 도달하기 시작했다. 글래드스턴의 2차 내각(1880~1885)은 실패를 거듭하다 재난과 망신으로 막을 내렸고, 국민은 자유주의를 의심하게 되었다. 빅토리아는 자신처럼 현 각료들을 불신하는 국민이 점점 많아진다는 사실을 알고 기뻐했다. 수단에 반란이 일어났을 때 대중은 그녀와 한마음으로 노여워했다. 하르툼에 원정을 보내야 한다고 처음 주장한 사람들 중 하나였던 그녀는 고든 장군이 반군과 싸우다 죽었다는 소식을 듣고는 앞장서서 정부에 맹렬한 비난을 퍼부었다. 그녀는 욱하는 마음에 평소의 암호를 쓰지 않고 공개적으로 분노에 찬 전보를 글래드스턴에게 발송했으며,[10] 고든 양에게 보내는 애도 편지에 각료들이 신의를 저버렸다고 날선 비판을 쏟아냈다. 그 내용 역시 널리 공개되었다. 여왕이 육군상 하팅턴 경을 불러 호되게 나무랐다는 소문이 돌았다. 그는 한 친구에게 이렇게 말했다고 전한다. "내가 풋맨이라도 되는 것처럼 꾸짖으시더군." "왜 그 집사를 부르시지 않고?" 친구가 물었다. 그러자 그가 대답했다. "아, 그 집사는 보통 이런 상황에서 어떻게든 자리를 피하거든."[11]

하지만 더는 자리를 피할 수 없는 때가 왔다. 글래드스턴은 선거에서 패하고 사임했다. 빅토리아는 마지막 접견 자리에서 평소처럼 기분 좋게 그를 맞았지만, 의례적으로 하는 인사 외에 개인적으로 그에게 건넨 유일한 말은 이제 그에게도 휴식이 좀 필요할 것이라는 얘기였다. 글래드스턴은 지금과 비슷한 1874년 접견 때 여왕이 그를 왕권의 지지자로서 신뢰한다고 했던 말을 떠올리며 섭섭해했지만, 이 변화를 덤덤하게 글로 남겼다. 그의 일기는 이렇게 적고 있다. "여왕의 정신과 생각은 그날 이후로 심각하게 비뚤어졌다."[12]

이는 어디까지나 글래드스턴의 생각이었을 뿐 국민 대다수의 생각은 전혀 달랐다. 1886년 총선 때 국민은 '아일랜드 자치'라는 흉악한 우상을 고안한 자들을 어둠 속으로 내쫓고 솔즈베리 경에게 정권을 쥐여줌으로써 자신들의 정치관이 빅토리아와 동일하다는 것을 결정적으로 보여주었다. 빅토리아는 크게 흡족해했다. 평소와 다른 희망찬 기운이 홍수처럼

344

밀려오며 놀라운 기세로 그녀의 활기를 북돋았다. 생활 습관이 하루아침에 바뀌었고, 디즈레일리의 설득으로 잠깐 동안만 중단했던 오랜 은둔을 완전히 끝내고 본격적으로 여러 공적 활동에 몸을 던졌다. 그녀는 공식 접견과 연주회와 사열식에 모습을 드러냈고, 주춧돌을 놓았으며, 국제박람회 개회식을 위해 리버풀에도 갔다. 이날 폭우 속에서 지붕 없는 마차를 타고 거리를 지나가는 여왕에게 어마어마한 군중이 박수갈채를 보냈다. 어디를 가든 자신을 반기는 인파에 기쁨을 느낀 그녀는 일에 더 흥미를 붙였다. 에든버러에 갔을 때는 리버풀을 능가하는 박수 세례가 터져 나왔고, 런던의 사우스켄징턴에서는 열기가 한창 무르익은 상태에서 식민지 및 인도 박람회 Colonial and Indian Exhibition를 개회했다. 이날 예식은 특히 아름다웠다. 요란한 트럼펫 소리가 여왕 폐하의 도착을 알리자 국가가 울려 퍼졌고, 여왕은 금박을 입힌 아름다운 왕좌에 앉아 환영사에 직접 화답했다. 그러고는 자리에서 일어나 제왕다운 걸음으로 연단을 향해 나아가며 정성과 위엄을 갖춘 우아한 인사를 연달아 건넴으로써 군중의 갈채에 고마움을 표했다.[13]

이듬해에는 즉위 50주년을 맞아 6월에 아름다운 기념식이 엄숙하고 장려한 분위기 속에서 거행되었다. 영국 최고위 관리들에게 둘러싸인 빅토리아는 여러 왕과 대공으로 구성된 눈부신 군단의 에스코트를 받으며, 열광하는 런던 군중 속을 지나 하느님께 감사를 드리러 웨스트민스터사원으로 향했다. 자부심이 넘치는 이 순간에 마지막으로 남아 있던 예전의 악감정과 불화의 흔적이 완전히 휩쓸려 나갔다. 영국인들은 여왕을 국민의 어머니이자 제국의 위업을 상징하는 화신으로 보았고, 그녀는 온 마음을 다해 이 복합적인 감정에 화답했다. 영국과 영국 국민은 경이로우면서도 아주 단순한 의미에서 그녀의 것이었다. 그녀도 그것을 알았고 그렇게 느꼈다. 그녀는 큰 기쁨과 애정, 감사, 깊은 의무감, 무한한 긍지를 느꼈으며, 거기에는 나머지 감정들을 선명하고 강렬하게 만드는 특별한 무언가가 있었다. 오랜 시간이 흐른 후에야 비로소 행복이, 단편적이고 무겁기도 하지만 진실하고 틀림없는 행복이 그녀에게 돌아왔다. 이 낯선 감정이 그녀의 의식을 채우고 북돋았다. 긴 예식이 끝나고 버킹엄궁으로 돌아온 그녀는 지금 기분을 묻는 질문에 이렇게 대답했다. "몹시 피곤하지만 무척 행복하다오."[14]

3

고된 의무와 거센 폭풍의 낮이 지나간 후, 평온하고 고요하며 황금빛으로 환히 밝힌 긴 저녁이 이어졌다. 전례가 없는 성공과 경배가 빅토리아의 마지막 생애를 물들였다. 그녀의 승리는 더 위대한 승리, 즉 한 국가의 궁극적인 번영을 보여주는 압축판이자 월계관이었다. 빅토리아의 즉위 50주년과 60주년 사이 10년 동안 이룩된 탄탄하고 장려한 발전은 영국의 연대기에서 필적할 만한 것을 찾기 어렵다. 솔즈베리 경의 사려 깊은 조언은 부와 권력은 물론 안보까지 가져다주는 듯 보였고, 영국은 차분하고 자신 있게 안정된 발전이 안겨주는 즐거움을 맛보았다. 지극히 당연한 일이지만 빅토리아 또한 안정을 찾았다. 그녀는 지배층의 한 부분, 그것도 핵심이자 고정축이며 국가라는 큰 살롱의 움직이지 않는 고급 사이드보드였다. 그녀가 없었다면 1890년의 만찬도 풍성하기만 한 데 그쳤을 것이다. 즉, 절반이 보이지 않을 만큼 수북하고 화려하게 쌓아올린 산해진미가 먹기 편하게 진열된 광경은 보기 힘들었을 것이다.

여왕의 존재는 주변과 점점 조화를 이루었다. 서서히, 어느 사이엔가 앨버트는 희미해졌다. 그를 잊은 것은 아니었다. 그것은 불가능했다. 다만 그의 부재가 만들어낸 빈 공간이 점점 덜 고통스럽게 느껴지더니 결국에는 눈에 덜 띄게 되었다. 마침내 빅토리아는 "소중한 앨버트가 늘 했던 말, 날씨를 바꿀 수는 없으니 그냥 내버려두어야 한다던 말"을 떠올리지 않고도 악천후를 안타깝게 여길 수 있었고, 심지어 "소중한 앨버트"가 버터 스크램블을 좋아했을지 생각하지 않고도 아침을 양껏 먹을 수 있었다.[15] 그리고 앨버트의 모습이 서서히 희미해지면서 그 자리는 필연적으로 빅토리아 자신의 차지가 되

347

었다. 너무 오랜 세월 동안 외부 대상의 주위를 선회했던 그녀의 존재는 이제 방향을 바꿔 스스로에게서 중심을 찾았다. 그래야만 했다. 가문 내 자신의 입지와 공무의 압박감, 불굴의 의무감 때문에 그 외의 다른 것은 생각할 수 없었다. 자기중심적 사고가 설 자리를 요구했고, 연륜이 깊어지면서 주변의 존경심도 더욱 커졌다. 또한 그녀 자신의 추진력이 마침내 꽃을 피움에 따라 의식적으로 제왕의 의지를 발휘해 주변 환경을 철저히 이용했다.

사람들도 서서히 죽은 앨버트의 영향력을 보여주는 표면적 흔적이 차츰 옅어지는 것을 알아차리기 시작했다. 궁에서 엄격히 지켜지던 애도 분위기도 누그러졌다. 여왕이 지붕 없는 마차 뒤에 하일랜드 하인들을 태우고 파크를 지나갈 때 보모들은 살짝 숙인 그녀의 머리에 쓴 흑옥 장식 보닛에 보라색 벨벳이 점점 늘어나는 것을 눈여겨보았다.

빅토리아가 가문에 미치는 영향력도 절정에 이르렀다. 모든 자식이 결혼해 자손이 급격히 늘어났고, 손자 손녀도 많이 결혼해 그녀가 임종할 당시 살아 있는 증손이 서른일곱 명이나 되었다. 이 무렵에 촬영된 한 사진은 윈저궁의 큰 방 하나에 왕실 가족이 모여 있는 모습을 보여주는데, 50명이 넘는 사람이 북적이는 가운데 대영제국의 여군주가 그 중심을 지키고 있다. 그녀는 이 대가족을 강한 통치력으로 다스렸다. 젊은 자손의 사소한 걱정에도 열렬한 관심을 보였고, 나이가 있는 자녀는 여전히 아이처럼 대했다. 특히 웨일스 공은 어머니에 대한 두려움이 어마어마했다. 여왕은 큰아들이 조금이라도 정부 일에 나서는 것을 반대했으며, 이 때문에 그는 다른 일에 빠져 지냈다. 그가 인생을 즐겼다는 것은 부정할 수 없는 사실이며 어머니의 시선이 미치지 않는 곳에서는 실제로 그러했지만, 무서운 어머니가 곁에 있을 때 그의 풍부한 남성성이 비참할 정도로 힘을 잃었다. 한번은 자신의 잘못이 아닌 이유로 오즈번 만찬 파티에 늦은 적이 있었는데, 목격자에 따르면 그는 여왕 앞에 선뜻 나서지 못하고 기둥 뒤에 숨어 이마의 땀을 훔쳤다고 한다. 마침내 용기를 내어 앞에 나가자 여왕이 고개를 한 번 까닥했고, 이에 주눅이 든 그는 곧바로 다른 기둥 뒤로 사라져 파티가 끝날 때까지 그대로 있었다. 웨일스 공의 나이가 쉰을 넘겼을 때였다.[16]

여왕의 집안 활동이 불가피하게 고위급 외교의 범위를 침범할 때가 간혹 있었는데, 맏딸인 프로이센 왕세자비의 이익이 위태로울 때 특히 그랬다. 진보적인 견해를 지녔던 왕세자는 아내의 영향을 많이 받았는데, 비스마르크 수상은 이 영국 출신 왕세자비와 그 어머니가 프로이센에 위협적인 존재라는 악의적인 평가를 내렸다. 이런 반목은 늙은 왕이 죽고 (1888) 왕세자가 왕위를 계승하면서 더욱 심해졌다. 얽히고 설킨 가족 관계가 큰 위기를 몰고 왔다. 새 왕후의 딸은 근래 러시아 차르의 반감을 사 불가리아 왕위에서 쫓겨난 바텐베르크의 알렉산더 공과 약혼했는데, 이 혼사는 왕후뿐만 아니라 빅토리아도 반긴 일이었다. 알렉산더 공의 형이 빅토리아의 또 다른 손녀와 결혼하고, 동생이 그녀의 막내딸 비어트리스 공주와 결혼했기 때문만이 아니었다. 빅토리아는 이 잘생긴 청년에게 애정이 있었고 전반적으로 세 형제 중 가장 잘생긴 그가 가족으로 들어온다는 생각에 무척 기뻐했다. 하지만 불행하게도 비스마르크가 이 계획에 반대하고 나섰다. 이 결혼이 자신의 외교정책에 필수불가결한 독일과 러시아의 우호 관계를 위태롭게 만든다고 여긴 그는 두 사람이 결혼하는 일은 없을 것이라고 발표했다. 왕후와 수상 사이에 격렬한 논쟁이 이어졌다. 딸의 적에게 한없는 증오를 느낀 빅토리아는 이 싸움에 가담하기 위해 샤를로텐부르크성을 찾았다. 비스마르크는 파이프를 물고 라거 맥주를 앞에 둔 채 경고의 말을 내뱉었다. 그는 영국 여왕이 다분히 정치적인 목적, 다시 말해 독일과 러시아를 떼어놓을 속셈을 품고 있으며 막무가내로 나올 가능성이 크다고 말했다. 그러면서 "영국 여왕은 가족 문제에 있어서만큼은 자기 뜻대로 하기" 때문에 "목사를 여행 가방에, 신랑을 트렁크에 넣어 와 즉석에서 결혼을 시킬지도 모른다"고 덧붙였다. 하지만 그렇게 쉽게 뜻을 굽힐 생각이 없었던 철혈재상은 여왕에게 비공식 접견을 청했다. 두 사람 사이에 오고 간 자세한 대화 내용은 알려져 있지 않지만, 그 과정에서 빅토리아가 이 강적과 맞서는 게 무슨 의미인지를 깨닫고 자신의 영향력을 총동원해 이 결혼을 막겠다고 약속했던 것은 분명하다. 결국 약혼은 깨졌고, 이듬해에 바텐베르크의 알렉산더 공은 다름슈타트 궁정 극장 소속 배우인 로이징거 양과 결혼했다.[7]

하지만 이렇게 고통스러운 사건은 많지 않았다. 빅토리아는 몹시 늙은 데다 자신을 인도해줄 앨버트도, 활활 타오르게 해줄 베컨즈필드도 없었기 때문에 위험 부담이 큰 외교 문제는 기꺼이 솔즈베리 경의 지혜에 맡기고 자신은 쉽게 통제할 수 있는 더 친밀한 대상에 힘을 쏟았다. 이제 그녀의 가정과 궁전, 밸모럴성의 기념물, 윈저성의 가축, 업무상 약속 관리, 무수한 일상 문제에 대한 감독 등이 그녀의 존재에 전보다 훨씬 큰 역할을 했다. 그녀의 생활은 놀랄 만큼 정밀하게 돌아갔다. 하루의 순간순간이 미리 계획되었고, 잇달아 일어나는 업무 약속은 한번 정해지면 절대 바뀌지 않았으며, 오즈번이나 밸모럴, 남부 프랑스, 윈저, 런던으로 떠나는 날짜도 매년 거의 그대로였다. 그녀는 주변 사람들에게까지 세세하게 정확성을 요구했으며, 자신이 정한 규칙에서 조금만 벗어나도 귀신같이 알아차렸다. 그녀에게는 거부할 수 없는 강한 매력이 있었기 때문에 그녀의 바람에 맹목적으로 응하지 않기란 거의 불가능했다. 그럼에도 때때로 누군가는 가장 극악무도한 죄에 속하는, 약속 시간을 지키지 않는 일을 저질렀다. 이런 일이 생기면 그녀의 얼굴에는 지독한 불쾌감이 역력하게

떠올랐다. 이럴 때면 그녀가 규율주의자의 딸이라는 사실이 하나도 이상하지 않았다.[18]

하지만 이런 폭풍의 순간은 아무리 무시무시해도 빨리 지나갔으며, 날이 갈수록 예외적인 경우가 되었다. 행복이 돌아오면서 노령의 여왕에게서는 온화한 인자함이 흘러나왔다. 한때 그녀의 슬픈 얼굴을 뜨문뜨문 찾아오던 미소는 기다렸다는 듯이 그 얼굴에 환히 떠올랐고, 파란 눈은 기쁨으로 빛났으며, 무표정하게 축 늘어졌던 얼굴은 전체적으로 밝고 부드러워져 보는 이에게 강한 매력을 발산했다. 말년의 빅토리아에게는 젊음이 생동하던 시절에조차 부족했던 사랑스러운 매력이 있었다. 그녀는 다가오는 거의 모든 이에게 기이한 마술을 걸었다. 손자 손녀도 할머니를 잘 따랐으며 시녀들도 존경과 사랑의 마음으로 여왕을 보필했다. 그녀를 섬기는 영광에 비하면 궁정 생활의 단조로움, 서 있을 때의 피로감, 시간과 공간을 초인적일 정도로 세세하게 신경 써야 하는 괴로움 등 천 가지 불편은 사소하게 느껴졌다. 자신의 훌륭한 의무를 다할 때 윈저궁의 복도를 분주하게 오가느라 다리가 쑤시는 것도, 소매를 걷어붙인 팔이 밸모럴의 추위에 새파래지는 것도 잊을 수 있었다.

무엇보다 이런 봉사에 기쁨을 주는 것은 여왕이 주변 사람들의 상황에 기울이는 세세한 관심이었다. 가정생활에서 흔히 나타나는 평범한 일과 사소한 갈등, 되풀이되는 감상에 그녀가 쏟아붓는 열정은 끝없이 영역을 확장해나갔고, 아무리 방대한 가족이라도 여왕 자신의 가족만으로는 그 열정을 채우기에 부족했다. 그녀는 시녀들의 집안 문제를 적극적으로 상담해주는 친구였고, 궁의 하인들에게까지 연민을 보였다. 심지어 하녀와 접시 닦이도 연인이 외국 근무를 하게 되거나 친척 어른이 극심한 류머티즘으로 고생하면 여왕의 진심 어린 배려와 질문 세례를 받았다.[19]

그럼에도 응당 신분의 구분은 빈틈없이 지켜졌다. 여왕이 그 자리에 있는 것만으로도 이를 보장하기에 충분했지만, 여기에 궁중 예법까지 강력하게 작용했다. 멜버른 경을 소파에 똑바로 앉게 하고 만찬 손님들을 조용히 서열에 따라 원탁에 앉혔던 그 정교한 규범은 변함없이 꼼꼼하게 집행되었다. 매일 저녁 식사 후에는 여왕을 위한 벽난로 깔개가 범접할 수 없는 후광을 드러내며 속인들 앞에 나타났고, 실제로 한두 번은 사람들이 그 심연의 가장자리로 자석처럼 끌려가는 멋진 상황이 연출되기도 했다. 여왕이 적절한 순간에 손님들 쪽으로 움직이면 손님들은 한 명씩 여왕에게 인도되었고, 부자연스럽고 어색한 분위기 속에서 대화가 줄을 잇는 동안 나머지 사람들은 말없이 지켜보았다.[20] 엄격한 예법에서 느슨해지는 순간은 단 한 경우뿐이었다. 빅토리아의 통치 기간 대부분 대신들은 여왕을 접견할 때 서 있어야 한다는 규칙을 어김없이 지켜야 했다. 수상 더비 경이 중병에 걸려 여왕 폐하를 알현했을 때 여왕은 "경에게 앉으라고 할 수 없어 무척 미안하다"고 말했는데, 그는 이 말이 여왕의 호의를 보여주는 것이었다고 나중에 밝혔다. 그 후 빅토리아는 통풍에 걸린 디즈레일리에게 굉장한 선심을 써서 의자를 제공했지만 그는 황송해하며 이 특권을 거절하는 게 현명하다고 판단했다. 그러나 말년에 여왕은 글래드스턴과 솔즈베리 경에게 늘 앉으라고 청했다.[21]

때때로 엄숙한 저녁 시간은 콘서트, 오페라, 심지어 연극 등 다양한 볼거리로 채워졌다. 빅토리아가 미망인 생활의 속박에서 벗어났음을 보여준 뚜렷한 징후 중 하나는 런던 극단들이 윈저궁 앞에서 공연하도록 하는 전통을 30년 만에 재개한 것이었다. 이런 행사가 열리면 여왕은 기분이 몹시 좋아졌다. 그녀는 연기를 사랑했고, 훌륭한 플롯을 사랑했으며, 무엇보다도 익살극을 사랑했다. 여왕은 무대 위에서 벌어지는 모든 것에 몰두한 채 어린애처럼 순진하게 이야기를 따라가거나, 아니면 다 안다는 듯한 태도로 관람하다가 대단원이 내려오면 의기양양하게 말했다. "거 보게! 자네들은 예상 못 했지?" 여왕의 유머는 활기차면서도 원초적이었다. 그녀는 남편이 하는 농담의 진가를 언제나 알아본 소수의 사람 중 한 명이었다. 그리고 더는 그 농담을 들을 수 없게 된 후에도 왕실에서 사적으로 경험하는 작은 재미, 다시 말해 어느 대사의 기이한 행동이나 무지한 대신의 실수에 여전히 폭소를 터트리곤 했다. 놀림거리를 찾기 힘들 때 그녀는 우울해졌지만, 그렇다고 해도 도가 지나친 농담은 여왕의 분노를 살 수 있었다. 무례한 사람에게는 즉시 여왕의 불호령이 떨어졌는데, 특히 부적절한 말을 하는 사람이 가장 심한 꾸지람을 받았다. 이때 여왕의 입가는 맥없이 주저앉았고, 툭 튀어나온 두 눈은 놀란 듯 상대를 노려보았으며, 얼굴 표정에는 무시무시한 불길함이 서렸다. "하나도 웃기지 않소!"라는 여왕의 호통이 만찬 식탁을 휩쓸고 지나가는 동안 상대는 말없이 몸을 떨었다. 나중에 여왕은 측근들에게 몹시 유감스럽지만 그 사람이 "경거망동했다"고 말했고, 이는 항고할 수 없는 결정이었다.[22]

전반적으로 여왕의 미학적 취향은 멘델스존, 랜시어, 라블라케 시절 이후로 줄곧 변하지 않았다. 그녀는 여전히 이탈리아 오페라의 룰라드를 즐겨 들었고 높은 수준에 이르지 못한 피아노 이중주는 듣지 않았다. 그림에 대한 견해도 확실해서 에드윈 랜시어가 완벽하다고 단언했고, 프레더릭 레이턴의 작풍에 깊은 인상을 받았으며, 조지 프레더릭 와츠를 매우 불신했다. 이따금 여왕은 왕실 가족의 초상을 판화로 제작하도록 명령했는데, 그때마다 첫 시험 쇄를 받아 아주 꼼꼼하게 검사한 후 잘못된 점과 함께 어떻게 수정할지를 화가에게 짚어주었다. 여왕의 지적은 언제나 큰 가치가 있었다. 하지만 문학에 대한 여왕의 관심은 좀더 한정적이었다. 그녀는 앨프리드 테니슨을 좋아했고, 남편이 조지 엘리엇을 높이 평가한다는 걸 알고 『미들마치』를 읽었지만 실망스러워했다. 그러나 당시 서민 계급 사이에서 한때 막대한 인기를 누렸던 다른 여성 작가의 연애 소설은 역시나 여왕의 인정을 받았던 것 같다. 그녀는 이 외에는 책을 그다지 많이 읽지 않았다.[23]

그런데 한번은 한 출판물이 여왕의 관심을 끌었다. 그녀로서는 무시하기 어려운 책이었다. 상당히 중요한 역사적 정보를 풍성하게 담았을 뿐 아니라 조지 4세와 윌리엄 4세를 비롯한 왕족에 대해 가감 없이 기술한 『그레빌 회고록The Greville Memoirs』을 헨리 리브가 편집해 출판한 것이다. 이 책을 읽고 간담이 서늘해진 빅토리아는 이를 "끔찍하고 가증스러운 책"이라고 단언하며 그레빌의 "경솔한 언동과 야비함, 친구에 대한 배은망덕, 신뢰의 배반, 군주에 대한 수치스러운 불충"에 "한없는 분노와 섬뜩함"을 느꼈다. 그녀는 디즈레일리에게 편지를 써서 "필히 이 책이 혹독한 비난을 받고 신빙성을 잃게 하는 것"이 좋겠다고 말한 후 "그레빌이 왕족을 묘사할 때 쓰는 화법은 역사에서 유례를 찾아보기 힘들며 더할 나위 없이 괘씸하다"고 덧붙였다. 여왕은 "이 가공할 책"을 출판한 리브에게도 똑같이 강한 분노를 느꼈고, 아서 헬프스 경에게 자신의 깊은 불쾌감을 그에게 전하라고 지시했다. 그러나 리브는 뉘우치는 기색이 없었다. 아서 경이 "이 책이 왕의 존엄성을 땅에 떨어뜨렸다"는 여왕의 말을 전하자 그는 이렇게 대답했다. "전혀 그렇지 않습니다. 이 책은 현재와 과거의 국정을 대조시킴으로써 오히려 왕의 존엄성을 높입니다." 하지만 이런 노련한 방어도 빅토리아의 마음을 누그러뜨리지 못했고, 결국 리브는 공직에서 물러날 때 관례상 예정되어 있던 기사 작위를 받지 못했다.[24] 만일 리브가 여왕에 대한 신랄한 비평을 그 회고록에 넣고 싶은 마음을 얼마나 억눌렀는지 그녀가 알았더라면 아마도 그에게 고맙다고 말했을 것이다. 만약 그러한 비평이 실렸을 경우 그녀는 그레빌에 대해 어떤 말을 했을까? 선뜻 상상이 되지 않는다. 동일한 주제로 쓴 좀더 근대의 글들을 봤다면 여왕은 "경거망동하다"고 말하지 않았을까?

하지만 대체로 이런 활동적인 생활 가운데 한가한 시간은 문학 공부나 예술 감상보다 눈에 보이는 구체적인 대상에 할애되었다. 빅토리아는 어마어마한 부동산뿐만 아니라 셀 수 없이 많은 재산을 소유하고 있었다. 엄청난 양의 가구와 장신구, 자기 그릇, 접시, 각종 값진 물건을 물려받은 데다 오랜 세월 많은 소유물을 축적했고, 그 외에도 세계 각처에서 선물이 끊임없이 쇄도했다. 그녀는 쉬지 않고 이 막대한 재산을 철저히 감독했으며, 이를 꼼꼼하게 정리하고 감상하는 데에서 개인적인 만족감을 느꼈다. 축적 본능은 인간의 깊은 본성에 뿌리를 두고 있는데, 빅토리아의 경우 그 힘은 그녀를 지배하는 두 가지 충동에서 기인하는 듯했다. 하나는 한 번도 사라진 적 없는 강렬한 감각이고, 다른 하나는 불변, 견고함, 변화와 시간의 폐해에 확고한 장벽을 세우는 일에 대한 갈망이었다. 이 갈망은 해가 갈수록 커지더니 노년에는 거의 강박적인 수준이 되었다. 자신에게 속한 무수한 소유물을 생각할 때, 아니 그보다는 환상에 사로잡힌 채 그중 일부를 골라내 그 각각의 풍부한 특성을 생생하게 음미할 때 그녀는 백만 가지 형상으로 기분 좋게 반사되는 자신을 보았고, 기적처럼 무한한 영역으로 뻗어나가는 자신을 느꼈으며, 큰 만족감을 얻었다. 이는 당연히 그래야 하는 일이었다. 하지만 이내 우울한 생각이 몰려왔다. 모든 것이 스르르 빠져나가며 바스러지고 사라진다는 생각, 세브르 식기류가 깨지고 황금빛 세면기조차도 영문 없이 사라진다는 생각, 심지어 자신의 존재를 이루는 모든 기억과 경험과 함께 자신도 이리저리 흔들리다 죽어서 소멸한다는 생각……. 아, 그렇지 않다! 그렇게 될 수도 없고 그렇게 되어서도 안 된다! 변화도 손실도 있어서는 안 된다! 과거도 현재도 어느 것도 달라져서는 안 되며 특히 그녀 자신은 영원히 그대로여야 한다! 완강한 여왕은 재산을 비축하면서 영혼 깊숙한 결단력으로 이들의 불멸을 명했다. 그녀는 기억 하나, 핀 하나 잃을 생각이 없었다.

아무것도 갖다 버리지 말라는 그녀의 명에 따라 모든 것이 제자리를 지켰다. 서랍마다, 옷장마다 70년 전 드레스들이 보관되어 있었다. 비단 드레스만이 아니었다. 모피와 망토와 부속 주름 장식과 머프와 양산과 보닛 등 모든 물품이 날짜가 적힌 채 온전한 상태로 시간순에 따라 정리되었다. 큰 벽장에는 인형이 들어찼고, 윈저성 도자기 방의 특별 탁자에는 여왕의 어린 시절 머그잔뿐만 아니라 자녀들의 머그잔까지 보관되었다. 그녀 주위에는 과거의 기념품이 빽빽이 들어찼다. 방마다 탁자에는 친척의 사진이 두껍게 쌓였고, 모든 연령대의 이들이 초상화로 벽을 뒤덮거나 단단한 대리석상으로 서 있거나 작은 금은 조각품으로 어슴푸레 빛났다. 죽은 이들이 세밀화, 도자기, 거대한 실물 크기의 유화 등 모든 형태로 1년 내내 그녀의 곁을 지켰다. 존 브라운은 그녀의 책상 위에 순금으로 빚어져 서 있고, 그녀가 아끼던 말과 개는 영원히 닳지 않는 채 그녀의 발길이 닿는 곳을 가득 메웠다. 은을 입힌 여왕의 양치기 개 샤프는 만찬 테이블에서 존재감을 드러냈고, 청동으로 만든 닥스훈트 보이와 스카이테리어 보즈는 시들지 않는 꽃들 사이에 함께 누워 있었다. 그러나 과거의 유산에 금속이나 대리석으로 안정성을 부여하는 것만으로는 충분하지 않았다. 다시 말해 전체 컬렉션의 배치 역시 각각의 구성물만큼이나 영원히 고정되어 있어야 했다. 무언가를 추가할 수는 있어도 절대 바꿀 수는 없었다. 친츠도 카펫도 커튼도 다른 것으로 교체해서는 안 되었다. 너무 낡아서 교체가 필요한 경우에는 눈썰미가 뛰어난 사람도 그 차이를 알아볼 수 없을 정도로 똑같은 재료와 무늬로 복제해내야 했다. 그리고 윈저성에는 새로운 그림을 전혀 걸 수 없었다. 이미 걸린 그림들은 앨버트가 그 자리에 배치한 것으로, 그가 결정한 것은 절대 바꿀 수 없었다. 사실 빅토리아가 결정한 것도 바꿀 수 없기는 마찬가지였다. 여왕은 이를 확실히 보장하기 위해 사진기의 도움을 받았다. 여왕이 소유한 모든 품목은 여러 각도에서 사진으로 찍혀 여왕에게 제출되었고, 그녀가 꼼꼼히 검사한 후 통과시킨 사진은 호화롭게 장정한 앨범에 꽂혔다. 그런 뒤 각 사진의 옆에는 해당 품목의 번호와 함께 보관된 방의 호수, 방 안에서의 정확한 위치, 주요 특징이 기입되었다. 이 과정을 거친 모든 품목은 이후에 변경할 수 없도록 운명 지어졌으며, 대다수는 한번 정해진 위치에 그대로 자리했다. 그리고 빅토리아는 끝없이 긴 거대한 카탈로그 한두 권을 늘 곁에 두고 훑어보며 숙고하고 자세히 설명하면서, 이 세상의 덧없음이 자신의 큰 권력에 저지되었음에 큰 만족감을 느꼈다.[25]

이처럼 컬렉션은 끊임없이 몸집을 불리고 의식의 영역을 확장해가며 본능의 깊숙한 곳에 확고히 뿌리내리면서 그 기이한 존재를 지배하는 영향력 중 하나가 되었다. 이는 단순히 사물과 생각을 모은 수집물이었던 것만이 아니라 마음 상태와 삶의 방식을 수집한 것이기도 했다. 그리고 이 컬렉션의 파생 효과로 기념일 축하 행사가 점점 더 중요해졌다. 생일, 결혼기념일, 기일 같은 기념일에는 그때그때에 맞는 감정이 필요했는데, 이런 감정은 적절한 외적 형태로 자연스럽게 표현되어야 했다. 물론 기쁜 행사든 슬픈 행사든 그 형태는 나머지와 더불어 정형화되었다. 즉 이 형태 역시 컬렉션의 일부였다. 예를 들어 밸모럴에 있는 존 브라운 기념비에 꽃을 뿌리기로 되어 있는 날에 맞춰 매년 스코틀랜드로 떠나는 날짜가 정해졌다. 무언가를 기념하고 싶은 이런 갈망을 가장 뭉게뭉게 피어오르게 하는 것은 인간이 부리는 변덕의 마지막 목격자, 즉 죽음이라는 중대한 상황이었다. 누군가가 잊지 않고 기억한다면, 다시 말해 열정적이고 반복적으로 사랑의 영원성을 단언한다면 죽음 자체도 쉽게 힘을 잃지 않을까? 그런 이유로 빅토리아가 이용하는 침대마다 베개 위의 오른쪽 뒤편에는 영구화로 만든 화관을 얹은 죽은 앨버트의 상반신 사진이 붙었다.[26] 그리움이 뼛속까지 밀려드는 밸모럴에는 추억을 떠올리게 하는 확실한 징후가 놀랄 만큼 풍부했다. 오벨리스크, 피라미드, 무덤, 조각상, 돌무덤, 글이 새겨진 화강암 의자는 고인들에 대한 빅토리아의 헌신을 분명히 보여주었다. 이곳에서는 1년에 두 번 그녀가 도착한 후 며칠 동안 이런 유물을 둘러보고 묵념하는 엄숙한 순례가 이루어졌다. 앨버트의 생일인 8월 26일에는 여왕과 가족, 신하, 하인, 소작인이 하일랜드 복장을 입은 앨버트의 동상 발치에 모여 침묵 속에서 고인을 기억하며 건배했다. 추모의 징표는 잉글랜드에서도 못지않게 빠르게 늘어났다. 백파이프 연주자 로스의 작은 금제 조각상을 비롯해, 하단에 "더 밝은 세상으로 이끌고 길을 인도하다"라는 말이 새겨지고 중세 복장을 한 빅토리아와 앨버트가 실물 크기로 묘사된 대리석상들, "발트만: 빅토리아 여왕이 애지중지한 작은 닥스훈트. 1872년 4월에 여왕이 바덴에서 데려왔고 1881년 7월 11일에 죽다"라고 써 있는 오즈번 관목 숲의 화강암 평판 등 추억의 기념물이 하루가 멀다 하고 추가되었다.[27]

끝없는 보강을 거친 프로그모어의 거대한 영묘는 윈저에서 어전회의가 열릴 때마다 여왕이 거의 매일 방문하는 곳이었다.[28] 하지만 이보다 은밀하고 못지않게 신성한 또 다른 사당이 존재했는데, 바로 앨버트가 윈저성에서 쓰던 스위트룸이었다. 이곳은 일부 특권층을 제외하고는 세상의 눈으로부터 영원히 격리되었다. 이곳의 모든 것은 앨버트 공이 임종할 당시 그대로 유지되었고, 빅토리아는 마치 남편이 아직 살아 있는 것처럼 매일 저녁 그의 옷을 침대에 새로 놓고 대야에 물을 준비시키는 등 이해하기 힘든 집착을 보였다. 이 믿기 힘든 의식은 거의 40년간 어김없이 수행되었다.[29]

내면의 사랑이 이토록 열렬했기에 육신은 여전히 영혼이 시키는 대로 했고, 매일의 노동 시간은 빅토리아가 의무와 고인의 이상에 얼마나 헌신적인지 분명히 보여주었다. 하지만 해가 갈수록 이 자기희생의 감정은 무뎌지고, 이 열렬한 존재의 에너지는 자연스럽게 공무라는 출구로 흡족하게 뿜어져 나왔다. 소녀 시절부터 마음속에 강력하게 자리했던 일에 대한 사랑이 다시금 큰 활기를 띠었다. 노년에 문서와 편지함을 만질 수 없다는 것은 빅토리아에게 위안이 아니라 극도의 고통이 되었을 것이다. 그러므로 비록 힘들게 일하는 대신들은 한숨이 나오고 고생스러웠겠지만, 국가 운영의 전 과정은 마지막까지 그녀의 손을 거쳐야 했다. 그뿐만이 아니었다. 오랜 선례로 인해 무수한 공식 업무가 국왕의 친서를 필요로 했고, 따라서 여왕의 업무 시간은 대부분 이런 기계적인 일로 채워졌다. 그녀는 업무를 줄이기는커녕 오히려 의회제정법에 따라 면제되어 중년에는 하지 않았던 군 위원회의 승인 의무를 자진해서 다시 시작했다. 어떤 경우에도 그녀는 인장을 쓰자는 제안에 동의하지 않았다. 하지만 늘어나는 업무의 압박감을 낡은 시스템으로 감당할 수 없는 시점이 오자 특정 문서의 경우 그녀의 구두 승인만으로도 충분하다는 데 동의했다. 각 문서를 그녀에게 낭독해주면 그녀가 마지막에 "승인하오"라고 말하는 식이었다. 그녀는 종종 한 번에 몇 시간씩 앨버트의 흉상 앞에 앉아 간간이 "승인하오"라는 말을 내뱉었다. 이 말은 방 안에 장엄하게 울려 퍼졌다. 소녀 시절 낭랑하던 고음역대의 목소리는 큰 변화를 겪어 울림이 크고 강한 저음이 되어 있었다.[30]

4

여왕의 말년은 빅토리아 시대의 절정기였다. 국민의 현혹된 상상 속에서 빅토리아는 가장 순수한 영광의 빛나는 구름을 타고 신성의 영역을 향해 하늘 높이 솟구쳤다. 비난은 잠잠해졌고, 20년 전이라면 어디서나 인정되었을 결점이 이제는 어디서나 무시되었다. 이 국민적인 우상이 몹시 불완전한 국민대표라는 것은 거의 알아차리는 사람이 없었지만 여전히 명백한 사실이었다. 1837년의 영국에서 1897년의 영국을 일구어낸 막대한 변화도 여왕에게는 거의 영향을 주지 않은 듯했다. 이 시기에 진행된 엄청난 산업 발전은 그 중요성을 철저히 이해했던 앨버트와 달리 빅토리아에게는 큰 의미가 없었다. 놀라운 과학적 진전 역시 그 진가를 알아본 앨버트와 달리 빅토리아에게는 아무런 인상도 심어주지 못했다. 우주를 비롯해 우주에서 인간이 차지하는 위치, 자연과 철학이라는 엄청난 난제에 대한 그녀의 이해는 일생 동안 전혀 변화가 없었다. 그녀의 종교는 레첸 남작과 켄트 공작부인에게서 배운 것으로, 여기에도 앨버트의 견해가 영향을 미쳤을 것으로 가정해볼 수 있다. 종교 문제에 진보적이었던 앨버트는 악령을 전혀 믿지 않았기 때문에 예수가 가다라 지방에서 귀신을 쫓아내어 돼지 떼에 들어가게 한 기적을 의심했다.[31] 슈토크머조차도 웨일스 공의 교육에 관한 주목할 만한 비망록에서 왕세자를 "의심할 바 없이 영국국교회의 교리로 양육하되" 그럼에도 그의 종교 교육에서 "기독교의 초자연적인 교리"에 대한 믿음을 배제하는 것이 시대정신에 부합할 수 있다고 제시했다.[32] 그러나 이는 너무 앞서 나간 처사였고, 모든 왕실 자녀는 완전한 정통 교리로 교육받았다. 비록 여왕은 정통 교리를 정확하게 이해하지는 못했지만, 그 밖의 다른 이론은 빅토리아에게 큰 슬픔을 안겨주었을 것이다. 하지만 천성적으로 상상과 불가사의에 별 흥미를 느끼지 못했던 그녀는 영국국교회 고교회의 난해한 황홀경을 본능적으로 멀리했고, 스코틀랜드 장로교의 단순한 신앙에서 가장 큰 평온을 얻었던 것으로 보인다.[33] 이는 충분히 예상할 수 있는 사실인데, 레첸은 루터교 목사의 딸이었고, 루터교와 장로교는 공통점이 많기 때문이다. 사람 좋은 스코틀랜드 목회자 노먼 매클라우드는 오랫동안 여왕의 중요한 영적 조언자였고, 여왕은 그와 떨어지게 된 후 밸모럴의 오두막 사람들과 삶과 죽음에 대해 조용히 담소를 나누는 데서 큰 위안을 얻었다.[34] 티 없이 진실했던 그녀의 경건한 신앙은 늙은 존 그랜트의 냉철한 훈계와 파커슨 부인의 독실한 금언에서 원하는 바를 찾아냈다. 두 사람은 그녀가 열네 살 때 체스터 주교의 『마태복음 주해』에서 진심으로 우러러보았던 자질을 갖추고 있었으며, "소박하고 알기 쉬우며 진실과 호의로 가득 차" 있었다. 밀과 다윈의 시대에 자신의 이름을 빌려준 여왕은 그 이상은 한 발짝도 더 나아가지 않았다.

빅토리아는 당시의 사회적 움직임으로부터도 멀리 떨어져 있었다. 그녀는 큰 변화의 흐름 못지않게 작은 변화에 대해서도 경직된 태도를 유지했는데, 여왕의 젊은 시절과 중년에 상류사회에서 금지된 흡연도 일생 동안 질색하며 싫어했다. 영국을 방문한 왕들은 불평했을 것이고, 윈저에 초대받은 주교와 대사는 별수 없이 침실에 틀어박혀 바닥에 큰대자로 누운 채 굴뚝에 대고 흡연을 했을 것이다. 그럼에도 이 금지령은 계속되었다.[35] 그리고 이 시대가 낳은 모든 개혁 중 가장 중요한 개혁이라 할 수 있는 여성 해방을 여성 군주인 그녀가 지지했을 것이라고 가정할 수 있겠지만, 정반대로 그녀는 이 말만 들어도 머리에 피가 쏠렸다. 1870년 여성 참정권을 주장하는 집회에 관한 보고서를 읽은 그녀는 마틴에게 다음과 같은 격노의 편지를 썼다. "짐은 말을 하고 글을 쓸 수 있는 사람을 전부 동원해, 불쌍하고 허약한 여성이 여자다운 감정과 예절의 의미를 완전히 잊고 힘을 쏟고 있는 이 '여성의 권리'라는 사악하고 터무니없는 주장과 그에 수반되는 모든 공포를 저지하고 싶어 미칠 지경이오. 자고로 여자란 호되게 맞아야 하는 법이오. 짐은 이 문제에 참을 수 없는 깊은 분노를 느끼오. 하느님이 남자와 여자를 다르게 만들었으니 지금처럼 각자의 본분에 맞게 살아야 하지 않겠소? 테니슨의 「왕녀The Princess」에는 남자와 여자의 차이를 설명하는 아름다운 구절이 있소. 여자다움이 빠진 여자는 인간 중에서 가장 혐오스럽고 무정하고 역겨운 존재일 것이며, 여성을 보호하기 위해 존재하는 남성의 힘도 갈 곳을 잃을 것이오. 마틴 부인께서도 짐의 생각에 동의하리라고 확신하오."[36] 반박할 수 없는 주장이었고 마틴 부인도 이에 동의했지만 이 병폐는 계속 확산되었다.

당대 정신에 대한 빅토리아의 이해 수준은 다른 방면에서도 끊임없이 확인된다. 헌법을 대하는 여왕의 적절한 태도를 치하하는 일은 공손한 사학자와 정중한 정치인의 오랜 관습이었다. 하지만 이런 칭찬을 정당화하는 사실은 쉽게 찾아볼 수 없다. 말년에 빅토리아는 침실 위기 때 자신이 보인 행동에 대해 몇 번이나 유감스러운 기색을 내비쳤고 그 이후 더 현명해졌다고 볼 수 있지만,[37] 사실 헌법 문제에 대한 그녀의 지론이나 실천에서 근본적인 변화를 찾아보기는 힘들다. 필과의 협상을 깨도록 만든 그녀의 전제적이고 개인적인 태도는 파머스턴을 향한 적대감, 디즈레일리를 압박했던 퇴위 협박, 불가리아의 잔학 행위 관련 집회에 참석한 죄로 웨스트민스터 공작을 기소하려 했던 일에서도 똑같이 눈에 띈다. 헌법의 복잡하고 정교한 원칙은 그녀의 지적 능력이 도달할 수 있는 영역 밖에 있었기 때문에, 빅토리아 시대에 이루어진 헌법의 실질적인 발전에 그녀는 소극적인 역할을 할 수밖에 없었다. 영국에서 왕권의 힘은 1840년부터 1861년까지 꾸준히 증가했다가 1861년부터 1901년까지 꾸준히 감소했다. 전기 과정은 여왕 부군의 영향력에 기인했고, 후기 과정은 훌륭한 대신들의 영향력에 기인한 것이었다. 전기 동안 빅토리아는 사실상 단순한 액세서리에 지나지 않았고, 후기 동안 앨버트가 힘들게 모은 권력의 가닥들은 불가피하게 여왕의 손에서 글래드스턴, 베컨즈필드, 솔즈베리의 강한 통제 속으로 들어갔다. 아무리 그녀가 일과에 빠져 있고 하찮은 것과 중요한 것을 명확히 구별하기 힘들어했어도, 무슨 일이 일어나고 있는지는 희미하게나마 알았을 것이다. 하지만 빅토리아의 통치 말에 왕권은 영국 역사상 그 어느 때보다 약해져 있었다. 그리고 역설적이게도 빅토리아는 정치적 대진전에 동의한 일로 가장 큰 찬사를 받았지만, 그 의미를 제대로 알았더라면 분명 극도의 불쾌감을 느꼈을 것이다.

그렇다고 해서 빅토리아를 제2의 조지 3세로 생각하면 곤란하다. 자기 뜻대로 하려는 욕망이 아무리 강하고 웬만한 원칙으로는 제동이 걸리지 않았다고 해도, 아직은 재빠른 대처로 이를 저지할 여지가 있었다. 또한 여왕이 대신들의 의견에 강하게 맞서고, 논쟁과 탄원에도 절대 흔들리지 않으며, 자신의 결단을 끈덕지게 밀고 나가기는 했어도 결국 마지막 순간에는 고집을 꺾었다. 국정 업무에 대한 타고난 능력과 존경심, 그리고 극단적인 과정을 철저히 기피했던 앨버트에 대한 기억 덕분에 그녀는 교착상태에 빠지지 않을 수 있었다. 그녀는 현실이 버겁게 느껴지는 시점을 본능적으로 이해했고, 그럴 때면 변함없이 그 현실에 항복했다. 결국 그녀가 그 밖에 무엇을 더 할 수 있었겠는가?

하지만 이 모든 면에서 여왕과 당대 정신 사이에 깊은 골이 있었다고 해도 둘 사이의 접점 또한 적지 않았다. 빅토리아는 권력과 영토의 의미와 매력을 아주 잘 이해했으며, 영국 국민 또한 이를 점점 더 능숙하게 배워갔다. 1892년의 짧은 자유주의 행정부는 단순한 막간극에 불과했으므로 빅토리아의 통치 마지막 15년 동안 영국을 지배한 신념은 제국주의라고 할 수 있었다. 이는 빅토리아의 신념이기도 했다. 다른 것은 몰라도 이 방면에 있어서만큼은 그녀도 자신의 생각이 변하는 것을 허락했다. 디즈레일리의 감독 아래 영국의 해외 영토는 그 어느 때보다 여왕에게 큰 의미를 띠었고, 그녀는 특히 동양에 점점 매료되었다. 그녀의 마음을 사로잡은 나라는 인도였다. 그녀는 약간의 힌디어를 익히고 인도인 하인 몇 명을 고용했다. 이들은 여왕에게 없어서는 안 될 수행원이 되었는데, 그중 한 명인 어학 교사 압둘 카림은 한때 존 브라운이 누렸던 위상까지 이어받았다.[38] 뿐만 아니라 국민의 제국주의적 성향 덕분에 여왕의 임무는 그녀의 속내와 정확히 일치하는 새로운 의미를 띠게 되었다. 영국 정부의 구조는 대체로 상식적이었지만 여기에는 상식이 통하지 않는, 다시 말해 웬일인지 일반적 측량법과 규칙이 적용되지 않는 측면이 늘 존재했다. 그래서 지혜로운 우리 선조는 인간사에서 절대 뿌리 뽑히지 않을 이 신비한 요소에 숨구멍을 만들어두었다. 당연히 영국 정부 형태의 신비주의가 집중된 곳은 왕권, 다시 말해 유서 깊은 역사성과 신성한 암시, 눈길을 끄는 장관이 아로새겨진 왕권이었다. 하지만 거의 두 세기 동안 이 위대한 건축물에서는 상식이 우세했고 그 작고 불가해한 미답의 요소는 관심을 거의 끌지 못했다. 그러다가 제국주의가 부상하면서 새로운 변화가 생겼다. 제국주의는 곧 일이자 신앙이었기 때문에 제국주의가 득세할수록 영국 공권력의 신비주의가 커졌고, 동시에 왕권에 새로운 의미가 부여되기 시작했다. 영국의 힘, 영국의 가치, 영국의 비범하고 신비한 운명을 대변해줄 상징이 그 어느 때보다 시급하게 필요했다. 왕권이 바로 그런 상징이었고 그 왕권은 빅토리아의 머리 위에 얹혀 있었다. 이리하여 빅토리아의 통치 말 군주의 권력은 눈에 띄게 줄어든 반면 군주의 위신은 어마어마하게 커져 있었다.

하지만 이 위신은 단순히 대중의 변화에 따른 결과였던 것만이 아니었고 많은 부분 개인적인 측면에서도 기인했다. 빅토리아는 영국의 여왕이자 인도의 여제였으며, 웅장한 기계의 중심을 이루는 회전축이었다. 어디 그뿐이겠는가! 한 예로 장수는 국민의 인기를 얻는 데 거의 없어서는 안 될 자질이었는데, 그녀는 영국 민족의 가장 훌륭한 특성 중 하나인 끈질긴 생명력을 몸소 증명했다. 그녀는 60년간 나라를 통치하면서도 쉬지 않고 일했다. 게다가 품성이 고결했다. 그녀의 천성은 골자가 확연히 들여다보였고 심지어 왕좌를 감싸고 있는 안개 속에서도 분명히 드러났다. 여왕의 친숙한 모습은 별 어려움 없이 대중의 상상 속에 확실히 각인되었다. 게다가 이는 대다수 국민에게 자연스러운 존경심과 동정을 불러일으킬 만한 모습이었다. 국민은 다른 무엇보다 선량함을 최고의 자질로 여겼는데, 빅토리아는 앞으로 착해지겠다고 했던 열두 살 때의 약속을 지켰다. 그렇다! 여왕은 의무와 양심과 도덕이라는 고결한 지침에 따라 살았다. 향락을 좇지 않고 공적 책임과 집안일로 시간을 보냈다. 오래전 오즈번에서 가족과 행복한 생활을 하며 세웠던 확고한 미덕의 기준은 일순간도 낮춰지지 않았다. 반세기가 넘도록 이혼한 여자는 궁 안에 얼씬도 못 했으며, 아내의 정절을 보여주고자 하는 열정에서 빅토리아는 훨씬 더 엄격한 관례도 정했다. 즉 재혼한 미망인을 보면 이맛살을 심하게 찌푸렸다.[39] 여왕 자신이 재혼한 미망인의 딸이었다는 점을 고려하면 이런 행동은 기이하게 여겨지지만, 의심할 여지 없이 좋은 의미의 기이한 행동이었다. 고결한 인격에 대한 철칙이 확고했던 중산층은 품행에 손색이 없는 여왕을 특히 반겼다. 그녀가 자신들과 다름없는 사람이라고까지 말했는데, 이는 아마 과장이었을 것이다. 그녀에게서 중산층의 특징이 다수 발견되기는 했지만 다른 측면, 예를 들어 태도 면에서는 확실히 귀족적인 성향이 강했기 때문이다. 그리고 한 가지 중요한 면에서는 귀족적이지도 중산층 같지도 않았는데, 그녀는 자신 스스로를 다름 아닌 왕으로 여겼다.

이런 자질들은 확연하고 중요했지만, 한 인격이 미치는 영향에 대해 정말 중요한 얘기를 해주는 것은 더 깊고 근본적이며 그 모든 자질에 공통적으로 나타나는 그 무엇이다. 빅토리아의 경우 이 근본적인 요소의 특성은 금방 식별되었는데, 바로 특유의 진실성이었다. 그녀가 보인 정직성과 외곬의 마음, 강렬한 감정과 거침없는 표현은 이 특성이 다양한 형태로 나타난 것이었다. 그녀를 인상적이고 매력적이며 우스꽝스럽게 만드는 것도 다 이 진실성이었다. 그녀는 주변 사람이나 자기 자신에게 절대 숨기는 게 없는 사람의 강한 확신으로 평생을 살았다. 눈앞에 보이는 영국 여왕 그대로의 모습이 그녀의 오롯한 모습이었으므로 세상은 이를 받아들이든지 거부할 수 있었고, 그녀는 더는 보여줄 것도 설명할 것도 바꿀 것도 없이 자신의 유일무이한 마차를 타고 빠르게 가야 할 길을 갔다. 그녀는 숨기는 것만 못한 게 아니었고 때로는 과묵함과 신중함, 심지어 위엄까지도 능숙하게 생략하는 듯 보였다. 레이디 리틀턴의 말처럼 "여왕 폐하의 진실함은 훤히 들여다보인다는 게 특징입니다. 감정이나 사실을 묘사할 때 티끌만 한 과장도 하지 않으시는데, 이건 제가 지금껏 만난 사람들에게서는 좀처럼 볼 수 없던 특징이죠. 다른 사람들도 진실하긴 하지만 거기에는 약간의 신중함이 깃들어 있습니다. 그런데 여왕께서는 속마음을 숨김없이 다 말하죠. 여왕의 말은 그 이상 그 이하의 의미도 없이 온전히 그 말 그대로입니다."[40] 여왕의 편지는 감정 표현이 놀랍도록 흘러넘친다는 점에서 틀어놓은 수도꼭지를 연상시켰다. 속마음은 즉각적이고 자발적으로 쏟아져 나왔다. 여왕의 단순한 문체는 적어도 그녀의 생각과 감정을 표현하기에는 최적화된 수단이라는 장점이 있었으며, 심지어 진부한 어법은 신기할 정도로 개인적인 특징을 담고 있다. 빅토리아가 자신의 글로 대중의 마음을 움직였다는 것은 의심할 바 없는 사실이다. 그녀의 개인적인 활동을 꾸미거나 당황하는 기색 없이 연대기식으로 가볍게 풀어놓은『하일랜드 비망록』뿐만 아니라, 그녀가 이따금 신문에 발표한 주목할 만한 대국민 메시지를 통해서도 국민은 여왕이 실제로 자신들과 아주 비슷하다고 느꼈다. 그들은 본능적으로 빅토리아의 거부할 수 없는 진실성을 느끼고 거기에 반응했다. 이는 실제로 아주 사랑스러운 특징이었다.

인품과 위상, 다시 말해 이 둘의 환상적인 조합 역시 사람들을 매혹시킨 결정적인 요소였을 것이다. 희끗한 머리에 소박한 상복을 입고 휠체어 또는 당나귀 마차를 타고 가는 작은 노부인, 혹자는 그녀를 그렇게 보았다. 그리고 그 뒤에는 희귀함과 신비함과 힘을 즉각적으로 내비치는 인도인 하인들이 바짝 따르고 있었다. 이 광경은 친숙하면서 감탄을 자아냈지만, 특정한 순간에는 윈저의 미망인도 명실상부한 여왕으로 앞에 나서야 했다. 이런 영광된 순간을 마지막으로 보여준 때는 1897년에 열린 즉위 60주년 기념식이었다. 여왕을 호위하는 화려한 마차 행렬이 군중의 함성이 메아리치는 런던 거리를 지나 세인트폴성당으로 감사 예배를 드리러 갈 때, 빅토리아 왕국의 위업과 국민의 경배가 함께 불타올랐다. 여왕의 눈가에 눈물이 차올랐다. 군중의 함성이 이어지는 동안 그녀는 이 말을 되풀이했다. "내게 이토록 친절하다니! 내게 이토록 친절하다니!"[41] 그날 밤 여왕의 메시지가 제국 전역에 퍼져나갔다. "내 사랑하는 국민에게 진심으로 고마운 마음을 전하오. 하느님의 축복이 그대들과 함께하기를!" 오랜 여정이 막바지에 이르렀다. 하지만 결코 평범하지 않은 경험을 하며 머나먼 길을 걸어온 여행자는 정정한 노인의 걸음걸이로 나아갔다. 소녀 시절에도, 누군가의 아내로 살았을 때도, 노부인이 된 지금도 그녀는 한결같았다. 활기와 성실성, 자부심과 소박함이 마지막 순간까지 그녀와 함께했다.

10

결말

저녁이 황금빛으로 물들고 마침내 하루가 구름과 폭풍 속에서 마감되려고 했다. 제국의 욕구와 야망은 영국을 남아프리카전쟁에 빠트렸다. 견제와 패배, 피비린내 나는 재앙이 이어졌고, 잠시 영국이 휘청거렸으며, 여왕이 대중의 고통을 마음속 깊이 염려했다. 하지만 그녀의 원기는 왕성했고, 용기도 자신감도 한시도 흔들리지 않았다. 그녀는 마음과 영혼을 다해 싸우며 더욱 힘차게 일했고, 교전에 세심한 관심을 기울였으며, 모든 수단을 다해 국익에 이바지하고자 했다. 여든한 살이던 1900년 4월, 여왕은 매년 가던 남부 프랑스 일정을 포기하고 많은 주민을 출정군으로 보낸 아일랜드를 방문하는 이례적인 결정을 했다. 그녀는 3주간 더블린에 머물며 고문들의 경고에도 무장 호위 없이 마차를 타고 거리로 나갔고, 방문은 큰 성과를 거두었다. 하지만 그녀는 이때 처음으로 노년의 피로감을 드러내 보였다.[1]

전쟁에 따른 오랜 중압감과 끝없는 걱정이 마침내 몸으로 나타났다. 천성적으로 튼튼한 체질이었던 빅토리아는 우울한 시기에 가끔 스스로를 병약하다고 느끼기는 했지만, 실제로는 일생 동안 놀라울 정도로 건강했다. 노년에 류머티즘성 관절 강직이 찾아와 지팡이, 결국에는 휠체어까지 사용해야 했지만 그 외에 다른 병은 없었다. 그러다가 1898년 초기 백내장으로 시력이 나빠지기 시작해 글을 읽는 일이 더욱 힘들어졌지만, 그럼에도 여전히 문서에 서명을 하고 어렵게나마 편지를 쓸 수 있었다. 그러나 1900년 여름에 더 심각한 병증이 찾아왔다. 오랫동안 정확하다고 자부했던 그녀의 기억력에 가끔씩 오류가 생겼고 실어증 기미가 나타났다. 특정한 질환이 나타나지는 않았지만 가을 무렵에는 확실히 몸이 전체적으로 쇠약해졌다. 하지만 이 마지막 몇 달 동안에도 강철 같은 체질은 단단히 버텼다. 일과는 계속되었다. 아니, 실제로는 더 늘어났다. 여왕이 전란을 겪은 수많은 사람과 놀라울 정도로 집요하게 개인적인 소통을 하겠다고 고집했기 때문이다.[2]

그해가 끝나갈 무렵 마지막 남아 있던 힘마저 거의 사그라졌고, 새해의 처음 며칠 동안은 점점 줄어드는 힘을 안간힘으로 간신히 버텨냈다. 1월 14일에는 며칠 전 남아프리카에서 승전보를 가져온 로버츠 경을 오즈번에서 한 시간 동안 접견했다. 여왕은 몹시 걱정하며 전쟁에 대해 세세하게 물었고, 힘든 몸으로 용케 잘 버텨내는 듯 보였다. 하지만 접견이 끝난 후 여왕은 쓰러졌다. 다음 날 주치의들은 그녀가 회복할 가망이 없다고 보았지만, 불굴의 영혼은 이틀을 더 힘겹게 싸웠고 이틀 더 영국 여왕의 의무를 수행했다. 하지만 그러고 나서 더는 일을 할 수 없게 되자 비로소 주변 사람들의 마지막 낙관론도 무너졌다. 뇌가 작동을 멈추기 시작하고 생명이 스르르 빠져나가고 있었다. 가족이 모인 가운데 그녀는 의식이 없는 채로 말없이 생명줄을 좀더 이어가다가 1901년 1월 22일에 운명했다.[3]

이틀 전 여왕의 죽음이 임박했다는 소식이 세상에 알려졌을 때 영국 전역이 충격과 비탄에 빠졌다. 마치 자연의 흐름을 거스르는 무시무시한 일이라도 일어난 듯한 반응이었다. 대다수 국민은 빅토리아 여왕이 통치하지 않던 때를 전혀 알지 못했다. 그녀는 국민이 그리고 있는 전체 그림에서 떼어낼 수 없는 부분이었기 때문에 그녀가 사라진다는 것은 거의 일어나지 않을 일처럼 보였다. 눈이 먼 채 말없이 병상에 누워 있는 여왕은 그녀를 지켜보는 사람들에게 생각이 다 빠져나간 것처럼, 다시 말해 이미 눈치채지 못하게 망각 속에 들어간 것처럼 보였다. 하지만 아마도 은밀한 의식의 방에는 생각이 흘러가고 있었을 것이다. 희미해지는 머릿속에 다시 한번 과거의 그림자들을 불러내고 마지막으로 오래전에 사라진 광경을 더듬었을 것이다. 세월의 구름을 거슬러 올라가며 점점 더 오래된 추억으로 여행을 떠났을 것이다. 베컨즈필드 경에게 선물할 앵초가 가득 피어 있는 오즈번의 봄 숲, 파머스턴 경의 괴상한 옷차림과 오만한 태도, 녹색 등 아래로 보이는 앨버트의 얼굴, 밸모럴에서 앨버트가 처음으로 잡은 수사슴, 청색과 은색 제복을 입은 앨버트, 출입문으로 들어오는 남작, 윈저 성 느릅나무 숲에서 까악 울어대는 떼까마귀를 바라보며 꿈을 꾸는 멜버른 경, 새벽녘에 무릎을 꿇고 기도하는 캔터베리 대주교, 늙은 왕의 우쭐대는 고함, 클레어몬트 시절 레오폴드 외숙의 부드러운 목소리, 지구본을 들고 있는 레첸, 그녀를 향해 쏟아져 내리는 어머니의 깃털 장식, 거북딱지 상자에 들어 있는 아버지의 낡고 멋진 리피터 시계, 노란 양탄자, 잔가지 무늬 모슬린의 편안한 주름 장식, 그리고 켄징턴의 숲과 잔디밭으로.

주註

1장 왕위 계승 배경

1 Greville, Ⅱ, 326~328; Stockmar, chap. i, 86; Knight, Ⅰ, chaps. xv~xviii and Appendix, and Ⅱ, chap. i.

2 Grey, 384, 386~388; *Letters*, Ⅱ, 40.

3 Grey, 375~386.

4 *Letters*, Ⅰ, 216, 222~223; Ⅱ, 39~40; Stockmar, 87~90.

5 Stockmar, *Biographische Skizze*, and cap. iii.

6 Creevey, Ⅰ, 264, 272.

7 Greville, Ⅰ, 5~7.

8 *Ibid.*, Ⅳ, 2.

9 Stockmar, 95; Creevey, Ⅰ, 148; Greville, Ⅰ, 228; Lieven, 183~184.

10 Crawford, 24.

11 *Ibid.*, 80, 113.

12 Stockmar, 112~113; *Letters*, Ⅰ, 8; Crawford, 27~30; Owen, 193~194, 197~198, 199, 229.

13 Creevey, Ⅰ, 267~271.

14 *Ibid.*, Ⅰ, 276~277.

15 *Letters*, Ⅰ, 1∼3; Grey, 373∼381, 389; Crawford, 30∼34; Stockmar, 113.

16 Creevey, Ⅰ, 282∼284.

17 Crawford, 25, 37∼38.

2장 어린 시절

1 Murray, 62∼63; Lee, 11∼12.

2 Owen, *Journal*, No. 1, February, 1853, 28∼29.

3 *Ibid*., 31.

4 Croker, Ⅰ, 155.

5 Stockmar, 113.

6 *Ibid*., 114∼115.

7 *Letters*, Ⅰ, 15, 257∼258; Grey, App. A.

8 Granville, Ⅰ, 168∼169.

9 *Wilberforce, William*, Ⅴ, 71∼72.

10 *Letters*, Ⅰ, 17.

11 Creevey, Ⅰ, 297∼298.

12 Jerrold, *Early Court*, 15∼17.

13 *Letters*, Ⅰ, 10.

14 *Ibid*., Ⅰ, 14; *Girlhood*, Ⅰ, 280.

15 Crawfod, 6.

16 Smith, 21∼22.

17 *Cornhill Magazine*, LXXV, 730.

18 Hunt, Ⅱ, 257∼258.

19 *Letters*, Ⅰ, 10, 18.

20 *Ibid*., Ⅰ, 11∼12; Lee, 26.

21 *Letters*, Ⅰ, 14∼17.

22 *Ibid*., Ⅰ, 16.

23 Martin, I, 13.

24 *Letters*, I, 11.

25 *Girlhood*, I, 42.

26 Crawford, 87.

27 Martineau, II, 118~119.

28 *Girlhood*, I, 66~67.

29 *Ibid.*, I, 129.

30 *Ibid.*, I, 124~125.

31 *Ibid.*, I, 78, 82.

32 *Ibid.*, I, 150~153.

33 *Ibid.*, I, 157~161.

34 Greville, II, 195~196.

35 *Ibid.*, III, 321, 324.

36 *Letters*, I, 47~48.

37 *Girlhood*, I, 168.

38 Greville, III, 377.

39 *Ibid.*, III, 374~376.

40 *Ibid.*, IV, 21; and August 15, 1839(unpublished).

41 *Ibid.*, IV, 21; Crawford, 128~129.

42 *Girlhood*, I, 192~193.

43 *Ibid.*, I, 191.

44 *Ibid.*, I, 194.

45 Greville, III, 407~408.

46 Creevey, II, 262.

47 *Letters*, I, 53.

48 *Ibid.*, I, 61.

49 *Girlhood*, I, 175.

50 *Letters*, I, 70~71.

51 Torrens, 419.

52 Huish, 686.

53 Wynn. 281.

54 *Girlhood*, Ⅰ, 195~196.

55 *Ibid.*, Ⅰ, 196~197.

56 Greville, Ⅲ, 414~416.

3장 멜버른 경

1 Greville, Ⅲ, 411.

2 *Ibid.*, Ⅳ, 7, 9, 14~15.

3 Walpole, Ⅰ, 284.

4 Crawford, 156~157.

5 Greville, Ⅳ, 16.

6 *Girlhood*, Ⅰ, 210~211.

7 Greville, Ⅳ, 15.

8 *Ibid.*, Ⅳ, 21~22.

9 Stockmar, 322~323; Maxwell, 159~160.

10 Stockmar, 109~110.

11 *Ibid.*, 165~166.

12 *Ibid.*, chaps, viii, ix, x, and xi.

13 *Girlhood*, Ⅱ, 303.

14 Stockmar, 324.

15 *Ibid.*, chap. xv, pt. 2.

16 *Ibid.*, chap. xvii.

17 Stein, Ⅵ, 932.

18 Greville, Ⅳ, 247; Torrens, 14; Hayward, Ⅰ, 336.

19 Greville, Ⅵ, 248.

20 Greville, Ⅲ, 331; Ⅵ, 254; Haydon, Ⅲ, 12.

21 Greville, Ⅲ, 142; Torrens, 545.

22 *Girlhood*, Ⅱ, 148; Torrens, 278, 431, 517; Greville, Ⅳ, 331; Ⅷ,

162.

23   Greville, VI, 253~254; Torrens, 354.

24   Greville, IV, 135, 154; *Girlhood*, I, 249.

25   Creevey, II, 326.

26   *Girlhood*, I, 203.

27   *Ibid.*, I, 206.

28   Lee, 79~81.

29   *Girlhood*, II, 3.

30   *Ibid.*, II, 29.

31   *Ibid.*, II, 100.

32   *Girlhood*, II, 57, 256.

33   Lee, 71.

34   Greville, March 11, 1838(unpublished).

35   Greville, IV, 152~153.

36   *Girlhood*, I, 265~266.

37   Martineau, II, 119~120; *Girlhood*, II, 121~122.

38   *Girlhood*, I, 229.

39   *Ibid.*, I, 356~364; Leslie, II, 239.

40   *Letters*, I, 79.

41   *Ibid.*, I, 80; Greville, IV, 22.

42   *Letters*, I, 85~86; Greville, IV, 16.

43   *Ibid.*, I, 93.

44   *Ibid.*, I, 93~95.

45   *Ibid.*, I, 116.

46   *Ibid.*, I, 117~120.

47   *Ibid.*, I, 134.

48   *Ibid.*, I, 134~136, 140.

49   *Ibid.*, I, 154.

50   *Ibid.*, I, 185.

51   Greville, IV, 16~17; Crawford, 163~164.

52 Greville, Ⅳ, 178, and August 15, 1839(unpublished).

53 *Ibid.*, August 15, 1839(unpublished).

54 *Girlhood*, Ⅰ, 254.

55 *Ibid.*, Ⅰ, 324.

56 Greville, Augusst 4, 1841(unpublished); *Girlhood*, Ⅱ, 154, 162.

57 *Letters*, Ⅰ, 154~172; *Girlhood*, Ⅱ, 163~175; Greville, Ⅳ,
206~217, and unpublished passages; Broughton, Ⅴ, 195;
Clarendon, Ⅰ, 165.

58 Greville, June 7, June 10, June 15, August 15, 1839(unpublished).

59 *Ibid.*, June 24 and July 7, 1839(unpublished); Crawford, 222.

60 Greville, Ⅵ, 251~252.

61 *Ibid.*, Ⅵ, 251; *Girlhood*, Ⅰ, 236, 238; Ⅱ, 267.

62 Martineau, Ⅱ, 120.

63 *Letters*, Ⅰ, 49.

64 Grey, 219.

65 *Girlhood*, Ⅱ, 153.

66 *Letters*, Ⅰ, 177~178.

67 *Girlhood*, Ⅱ, 215~216.

68 *Ibid.*, Ⅱ, 262~269.

4장 결혼 생활

Ⅰ Martin, Ⅰ, 1~2; Grey, 213~214.

2 Grey, 7~9; Crawford, 245~246; Panam, 256~257.

3 Grey, chaps. i to vi; Ernest, Ⅰ, 18~23.

4 Grey, App. B.

5 *Ibid.*, 124~127.

6 Gossart; Ernest, Ⅰ, 72~73.

7 Grey, 169~173.

8 Stockmar, 310.

9 Grey, 133, 415, 416, 419.

10 Stockmar, 331~332.

11 Grey, 425.

12 *Ibid.*, 421~425; *Letters*, I, 188.

13 Greville, January 29, February 15, 1840(unpublished).

14 *Letters*, I, 201.

15 *Ibid.*, I, 200~208; *Girlhood*, II, 287.

16 *Dictionary of National Biography*, Art. Sir James Clark; *Letters*, I, 202.

17 Grey, 292~303.

18 Greville, February 15, 1840(unpublished).

19 *Letters*, I, 199.

20 Martin, I, 71, 153.

21 Grey, 319~320.

22 Greville, April 3, 1840(unpublished); Grey, 353~354; Ernest, I, 93~94.

23 Stockmar, 351.

24 *Letters*, I, 224.

25 Bloomfield, I, 19.

26 Grey, 340; *Letters*, I, 256.

27 Ernest, I, 93.

28 Jerrold, *Married Life*, 56.

29 Grey, 320~321, 361~362.

30 Stockmar, 352~357.

31 Martin, I, 90~92.

32 *Letters*, I, 271~274, 284~286.

33 *Ibid.*, I, 280.

34 *Ibid.*, I, 305; Greville, V, 39~40.

35 *Letters*, I, 325~326, 329, 330~331, 339~342, 352~354,

360 ~ 363, 368.

36 *Ibid.*, I, 291, 295.

37 *Ibid.*, I, 303.

38 Lyttelton, 282 ~ 283.

39 Bloomfield, I, 215.

40 Grey, 338 ~ 339; Bloomfield, I, 28, 123; Lyttelton, 300, 303, 305 ~ 306, 312, 334 ~ 335; Martin, I, 488; *Letters*, I, 369.

41 *Letters*, I, 366.

42 *Ibid.*, III, 439.

43 Martin, I, 125.

44 *Girlhood*, II, 135.

45 *Letters*, I, 366, 464 ~ 465, 475, etc.

46 Lyttelton, 306.

47 Crawford, 243.

48 Lyttelton, 348.

49 *Letters*, II, 13; Bunsen, II, 6; Bloomfield, I, 53 ~ 54.

50 *Letters*, II, 12 ~ 16.

51 Martin, I, 224.

52 Lyttelton, 292; Bloomfield, I, 76 ~ 77.

53 Gaskell, I, 313.

54 Martin, I, 275, 306.

55 Lyttelton, 303, 354, 402.

56 Clarendon, I, 181 ~ 182; *Girlhood*, II, 299, 306.

57 Martin, I, 119 ~ 125, 167; Stockmar, 660.

58 Stockmar, 404 ~ 410; Martin, I, 156 ~ 160.

59 *The Times*, December, 1840; March, July, December, 1841; February, October, 1842; July, 1844.

60 *The Times* 'Life,' 45.

61 Stockmar, 409 ~ 410; Martin, I, 161.

62 Greville, VII, 132.

63 Stockmar, 466 ~ 467.

64 Disraeli, 311; Greville, Ⅵ, 367 ~ 368.

65 *Letters*, Ⅱ, 64.

66 Greville, Ⅴ, 329 ~ 330.

67 Torrens, 502, chap. xxxiii; *Letters*, Ⅰ, 451; Ⅱ, 140; Greville, Ⅴ,
        359; Ⅵ, 125.

68 Greville, Ⅵ, 255.

69 *Letters*, Ⅱ, 203.

70 Greville, Ⅵ, 68 ~ 69.

71 Martin, Ⅰ, 247 ~ 249; Grey, 113.

72 Stockmar, 363; Martin, Ⅰ, 316.

73 Martin, Ⅱ, 87.

74 *Ibid.*, Ⅰ, 334.

75 *Ibid.*, Ⅱ, 224 ~ 225.

76 *Ibid.*, Ⅱ, 225, 243 ~ 251, 289, 297 ~ 299, 358 ~ 359; *Dictionary of
        National Biography*, Art. 'Joseph Paxton'; Bloomfield, Ⅱ, 3 ~ 4.

77 Martin, Ⅱ, 364 ~ 368.

78 *Ibid.*, Ⅱ, 367 and note.

79 *Letters*, Ⅱ, 317 ~ 318.

80 Greville, Ⅵ, 413.

81 Martin, Ⅱ, 369 ~ 372, 386 ~ 392, 403 ~ 405.

5장 파머스턴 경

1 Martin, Ⅰ, 194 ~ 196; *Letters*, Ⅰ, 510 ~ 511.

2 Bunsen, Ⅱ, 152.

3 Dalling, Ⅰ, 346.

4 *Ibid.*, Ⅲ, 413 ~ 415.

5 Ashley, Ⅱ, 213.

6 Greville, VI, 33.

7 *Letters*, I, 511.

8 *Ibid.*, II, 100~101.

9 Dalling, III, chaps, vii and viii; Stockmar, cap. xxi.

10 *Letters*, II, 181.

11 *Ibid.*, II, 194.

12 *Ibid.*, II, 195.

13 Venice and Lombardy.

14 *Letters*, II, 199.

15 *Ibid.*, II, 221; Ashely, II, 195~196.

16 Greville, VI, 63~64.

17 *Ibid.*, VI, 324~326; Clarendon, I, 341.

18 Clarendon, I, 337, 342.

19 *Letters*, II, 235~237.

20 *Ibid.*, II, 261~264.

21 *Ibid.*, II, 253.

22 *Ibid.*, II, 238, 264.

23 Martin, II, 307~310.

24 *Letters*, II, 267~270; Martin, II, 324~327; Ashely, II, 169~170.

25 *Letters*, II, 324~331; Martin, II, 406~411; Spencer Walpole, II, 133~137; Stockmar, 642; Greville, VI, 421~424.

26 *Letters*, II, 334~343; Martin, II, 411~418; Ashley, II, 200~212; Walpole, II, 138~142; Clarendon, I, 338.

27 Ernest, III, 14.

28 Martin, II, 539~541; Greville, VII, 127~129.

29 Martin, II, 540, 562.

30 Kinglake, II, 27~32.

31 Ashley, II, 218.

32 Martin, II, 545~557.

33 *Ibid.*, II, 259~260.

34 *Ibid.*, Ⅱ, 563~564.

6장 여왕 부군의 말년

1 Martin, Ⅱ, 161.

2 *Ibid.*, Ⅴ, 273~275.

3 *Ibid.*, Ⅱ, 379.

4 *Ibid.*, Ⅳ, 14~15, 60.

5 *Ibid.*, Ⅱ, 479.

6 *Ibid.*, Ⅱ, 251~252; Bloomfield, Ⅱ, 110.

7 *D.N.B.*, Second Supplement, Art. 'Edward Ⅶ'; *Quarterly Review*, CCXⅢ, 4~7, 16.

8 *Leaves*, 18, 33, 34, 36, 127~128, 132n.

9 *Ibid.*, 73~74, 95~96; Greville, Ⅵ, 303~304.

10 *Leaves*, 99~100.

11 *Private Life*, 209~211; *Quarterly Review*, CXCⅢ, 335.

12 *Leaves*, 103, 111.

13 *Ibid.*, 92~94.

14 *Ibid.*, 102, 113~114.

15 *Ibid.*, 72, 117, 137.

16 *Letters*, Ⅲ, 127.

17 Private information.

18 Martin, Ⅲ, v.

19 *Ibid.*, Ⅲ, 146~147, 168~169, 177~179, 190n.

20 *Ibid.*, Ⅲ, 242, 245, 351; Ⅳ, 111.

21 *Quarterly Review*, CXCⅢ, 313~314; *Spinster Lady*, 7.

22 Crawford, 311~312.

23 Martin, Ⅲ, 350.

24 *Leaves*, 105~106.

25 Martin, Ⅱ, 429.

26 *Letters*, Ⅲ, especially July ~ December 1859; Martin, Ⅳ, 488 ~ 491; V, 189.

27 *Leaves*, 107.

28 *Letters*, Ⅲ, 253.

29 Martin, Ⅳ, 160 ~ 169.

30 *D.N.B.*, Second Supplement, 551; *Quarterly Review*, CCXⅢ, 9 ~ 20, 24; Geville, Ⅷ, 217.

31 Stockmar, 4, 44.

32 Ernest, Ⅰ, 140 ~ 141.

33 *Theognis*, 401 ff.

34 *Letters*, Ⅲ, 194.

35 Grey, 195n.

36 Martin, Ⅳ, 298.

37 *Ibid.*, V, 202 ~ 204, 217 ~ 219.

38 *D.N.B.*, Second Supplement, 557.

39 Martin, V, 416 ~ 427.

40 *Ibid.*, V, 415.

41 Bloomfield, Ⅱ, 155.

42 Martin, V, 427 ~ 435; Clarendon, Ⅱ, 253 ~ 254.

43 *Letters*, Ⅲ, 472 ~ 473.

44 Martin, V, 435 ~ 442; Hare, Ⅱ, 286 ~ 288; *Spinster Lady*, 176 ~ 177.

7장 미망인 시절

1 Clarendon, Ⅱ, 252.

2 Vitzthum, Ⅱ, 161.

3 Stockmar, 49; Ernest, Ⅳ, 71.

4   Clarendon, Ⅱ, 251, 253.

5   *Letters*, Ⅲ, 474 ~ 475.

6   *Ibid.*, Ⅲ, 476.

7   Lee, 322 ~ 323; Crawford, 368.

8   Clarendon, Ⅱ, 257.

9   *Ibid.*, Ⅱ, 261 ~ 262.

10 Martin, *Queen Victoria*, 155.

11 Clarendon, Ⅱ, 261; Lee, 327; Martin, *Queen Victoria*, 30.

12 Robertson, 156.

13 Morley, Ⅱ, 102; Ernest, Ⅳ, 113.

14 Fitzmaurice, Ⅰ, 459, 460.

15 *Ibid.*, Ⅰ, 472 ~ 473.

16 Clarendon, Ⅱ, 310 ~ 311.

17 *The Times*, April 6, 1864; Clarendon, Ⅱ, 290.

18 Clarendon, Ⅱ, 292 ~ 293.

19 Fitzmaurice, Ⅰ, 466, 469.

20 Martin, *Queen Victoria*, 28 ~ 29.

21 *Ibid.*, 97 ~ 106.

22 Lee, 390.

23 *National Memorial*.

24 Scott, 177 ~ 201, 271.

25 *Ibid.*, 225.

26 *National Memorial*; Dafforne, 43 ~ 44.

8장 글래드스턴과 베컨즈필드 경

1   Adams, 135.

2   Clarendon, Ⅱ, 342.

3   Buckle, Ⅳ, 385.

4 *Ibid.*, IV, 382 ~ 395.

5 *Ibid.*, IV, 592.

6 Clarendon, II, 346.

7 Buckle, V, 49.

8 *Ibid.*, V, 48.

9 *Ibid.*, V, 28.

10 Morley, II, 252, 256.

11 Martin, *Queen Victoria*, 50 ~ 51.

12 Tait, II, chap. i.

13 Childers, I, 175 ~ 177.

14 Morley, II, 360 ~ 365.

15 *Ibid.*, II, 423 ~ 428; Crawford, 356, 370 ~ 371.

16 Private information.

17 Morley, II, 425 ~ 426; Lee, 410 ~ 412, 415 ~ 418; Jerrold, *Widowhood*, 153 ~ 157, 162 ~ 163, 169 ~ 171.

18 Martin, *Queen Victoria*, 41 ~ 42.

19 Buckle, VI, 463.

20 *Ibid.*, VI, 226.

21 *Ibid.*, VI, 445m.

22 Buckle, VI, 254 ~ 255.

23 *Ibid.*, VI, 430.

24 Buckle, V, 286.

25 *Ibid.*, V, 321.

26 *Ibid.*, V, 448 ~ 449.

27 *Ibid.*, II, 246.

28 Morley, II, 574 ~ 575.

29 Buckle, V, 414.

30 *Quarterly Review*, CXCIII, 334.

31 Lee, 434 ~ 435.

32 Buckle, V, 339.

33 *Ibid.*, V, 384.

34 *Ibid.*, VI, 468.

35 *Ibid.*, VI, 629.

36 *Ibid.*, VI, 248.

37 *Ibid.*, VI, 246 ~ 247.

38 *Ibid.*, VI, 464 ~ 467.

39 *Ibid.*, VI, 238.

40 *Ibid.*, VI, 462.

41 *Ibid.*, V, 414 ~ 415.

42 *Ibid.*, V, 456 ~ 458; VI, 457 ~ 458.

43 *Ibid.*, V, 468 ~ 469, 473.

44 Hamilton, 120; *Quarterly Review*, CXXXIX, 334.

45 Buckle, VI, 106 ~ 107.

46 *Ibid.*, VI, 144.

47 *Ibid.*, VI, 150.

48 *Ibid.*, VI, 154.

49 *Ibid.*, VI, 217.

50 *Ibid.*, VI, 157 ~ 159.

51 *Ibid.*, VI, 132.

52 *Ibid.*, VI, 148.

53 *Ibid.*, VI, 217.

54 *Ibid.*, VI, 243 ~ 245.

55 *Ibid.*, VI, 190.

56 Lee, 445 ~ 446.

57 Buckle, VI, 613 ~ 614.

9장 노년

1 Hallé, 296.

2 *Notes and Queries*, May 20, 1920.

3 Neele, 476 ~ 478, 487.

4 *More Leaves*, v.

5 *More Leaves*, passim; Crawford, 326 ~ 331; private information.

6 Martin, Ⅰ, 88, 137 ~ 143.

7 *Ibid.*, Ⅱ, 285.

8 *The Times*, April 20, 1882.

9 Letter from Sir Herbert Stephen to *The Times*, December 15, 1920.

10 Morley, Ⅲ, 167.

11 Private information.

12 Morley, Ⅲ, 347 ~ 348.

13 Jerrold, *Widowhood*, 344; private information.

14 Lee, 487.

15 *More Leaves*, 23, 29.

16 Eckardstein, Ⅰ, 184 ~ 187.

17 Grant Robertson, 458 ~ 459; Busch, Ⅲ, 174 ~ 188; Lee, 490 ~ 492.

18 *Quarterly Review*, CXCⅢ, 305 ~ 306, 308 ~ 310.

19 *Ibid.*, CXCⅢ, 315 ~ 316; Smyth, 97; private information.

20 *Quarterly Review*, CXCⅢ, 325; Smyth, 104 ~ 105.

21 Buckle, Ⅴ, 339; Morley, Ⅲ, 347, 514.

22 *Quarterly Review*, CXCⅢ, 315, 316 ~ 317, 324 ~ 325, 326; *Spinster Lady*, 268 ~ 269; Lee, 504 ~ 505.

23 *Quarterly Review*, CXCⅢ, 322 ~ 324; Martin, *Queen Victoria*, 46 ~ 49; private information.

24 Buckle, Ⅴ, 349 ~ 351; Laughton, Ⅱ, 226.

25 *Private Life*, 13, 66, 69, 70 ~ 71, 151, 182.

26 *Ibid.*, 19.

27 *Ibid.*, 212, 207.

28 *Ibid.*, 233.

29 Private information.

30 Lee, 514~515; Crawford, 362~363.

31 Wilberforce, Samuel, Ⅱ, 275.

32 Martin, Ⅱ, 185~187.

33 *Quarterly Review*, CXCⅢ, 319~320.

34 Crawford, 349.

35 Eckardstein, Ⅰ, 177.

36 Martin, *Queen Victoria*, 69~70.

37 *Girlhood*, Ⅱ, 142.

38 Lee, 485; private information.

39 Lee, 555.

40 Lyttelton, 331.

41 *Quarterly Review*, CXCⅢ, 310.

10장 결말

1 *Quarterly Review*, CXCⅢ, 318, 336~337.

2 Lee, 536~537; private information.

3 Lee, 537~539; *Quarterly Review*, CXCⅢ, 309.

참고문헌

ADAMS. *The Education of Henry Adams: an autobiography*. London, 1919.

ASHLEY. *The Life and Correspondence of H. J. Temple, Viscount Palmerston*. By A. E. M. Ashley. 2 vols. 1879.

BLOOMFIELD. *Reminiscences of Court and Diplomatic Life*. By Georgiana, Lady Bloomfield. 2 vols. 1883.

BROUGHTON. *Recollections of a Long Life*. By Lord Broughton. Edited by Lady Dorchester. 6 vols. 1909~1911.

BUCKLE. *The Life of Benjamin Disraeli, Earl of Beaconsfield*. By W. F. Monypenny and G. E. Buckle. 6 vols. 1910~1920.

BÜLOW. *Gabriele von Bülow*, 1791~1887. Berlin. 1893.

BUNSEN. *A Memoir of Baron Bunsen*. By his widow, Frances, Baroness Bunsen. 2 vols. 1868.

BUSCH. *Bismark: some secret pages of his history*. By Dr. Moritz Busch. (English translation.) 3 vols. 1898.

CHILDERS. *The Life and Correspondence of the Rt. Hon. Hugh C. E. Childers*. 2 vols. 1901.

CLARENDON. *The Life and Letters of the Fourth Earl of Clarendon*. By Sir Herbert Maxwell. 2 vols. 1913.

Cornhill Magazine, vol. 75.

CRAWFORD. *Victoria, Queen and Ruler.* By Emily Crawford. 1903.

CREEVEY. *The Creevey Papers.* Edited by Sir Herbert Maxwell. 2 vols. 1904.

CROKER. *The Croker Papers.* Edited by L. J. Jennings. 3 vols. 1884.

DAFFORNE. *The Albert Memorial: its history and description.* By J. Dafforne. 1877.

DALLING. *The Life of H. J. Temple, Viscount Palmerston.* By Lord Dalling. 3 vols. 1871~1884.

Dictionary of National Biography.

DISRAELI. *Lord George Bentinck: a political biography.* By B. Disraeli. 1852.

ECKARDSTEIN. *Lebens-Erinnerungen u. Politische Denkwürdigkeiten.* Von Freiherrn v. Eckardstein. 2 vols. Leipzig. 1919.

ERNEST. *Memoirs of Ernest II, Duke of Saxe-Coburg-Gotha.* 4 vols. 1888. (English translation.)

FITZMAURICE. *The Life of Earl Granville.* By Lord Fitzmaurice. 2 vols. 1905.

GASKELL. *The Life of Charlotte Brontë.* By Mrs. Gaskell. 2 vols. 1857.

GIRLHOOD. *The Girlhood of Queen Victoria.* Edited by Viscount Esher. 2 vols. 1912.

GOSSART. *Adolphe Quetelet et le Prince Albert de Saxe-Coburg.* Académie Royale de Belgique, Bruxells. 1919.

GRANVILLE. *Letters of Harriet, Countess Granville.* 2 vols. 1894.

GREVILLE. *The Greville Memoirs.* 8 vols. (Silver Library Edition.) 1896.

GREY. *Early Years of the Prince Consort.* By General Charles Grey. 1867.

HALLÉ. *Life and Letters of Sir Charles Hallé.* Edited by his Son. 1896.

HAMILTON. *Parliamentary Reminiscences and Reflections.* By Lord George Hamilton. 1917.

HARE. *The Story of My Life.* By Augustus J. C. Hare. 6 vols. 1896~1900.

HAYDON. *Autobiography of Benjamin Robert Haydon.* 3 vols. 1853.

HAYWARD. *Sketches of Eminent Statesmen and Writers.* By A. Hayward. 2 vols. 1880.

HUISH. *The History of the Life and Reign of William the Fourth.* By Robert Huish. 1837.

HUNT. *The Old Court Suburb: or Memorials of Kensington, regal, critical, and anecdotal.* 2 vols. 1855.

JERROLD, EARLY COURT. *The Early Court of Queen Victoria.* By Clare Jerrold. 1912.

JERROLD, MARRIED LIFE. *The Married Life of Queen Victoria.* By Clare Jerrold. 1913.

JERROLD, WIDOWHOOD. *The Widowhood of Queen Victoria.* By Clare Jerrold. 1916.

KINGLAKE. *The Invasion of the Crimea.* By A. W. Kinglake. 9 vols. (Cabinet Edition.) 1877~1888.

KNIGHT. *The Autobiography of Miss Cornelia Knight.* 2 vols. 1861.

LAUGHTON. *Memoirs of the Life and Correspondence of Henry Reeve.* By Sir John Laughton. 2 vols. 1898.

LEAVES. *Leaves from the Journal of our Life in the Highlands, from 1848 to 1861.* By Queen Victoria. Edited by A. Helps. 1868.

LEE. *Queen Victoria: a biography.* By Sidney Lee. 1902.

LESLIE. *Autobiographical Recollections by the late Charles Robert Leslie, R.A.* Edited by Tom Taylor. 2 vols. 1860.

LETTERS. *The Letters of Queen Victoria.* 3 vols. 1908.

LIEVEN. *Letters of Dorothea, Princess Lieven, during her residence in London, 1812~1834.* Edited by Lionel G. Robinson. 1902.

Lovely Albert! A Broadside.

LYTTELTON. *Correspondence of Sarah Spencer, Lady Lyttelton,*

1787~1870. Edited by Mrs. Hugh Wyndham. 1912.

MARTIN. *The Life of His Royal Highness the Prince Consort*. By Theodore Martin. 5 vols. 1875~1880.

MARTIN, QUEEN VICTORIA. *Queen Victoria as I knew her*. By Sir Theodore Martin. 1908.

MARTINEAU. *The Autobiography of Harriet Martineau*. 3 vols. 1877.

MAXWELL. *The Hon. Sir Charles Murray, K.C.B.: a memoir*. By Sir Herbert Maxwell. 1898.

MORE LEAVES. *More Leaves from the Journal of a Life in the Highlands, from 1862 to 1882*. By Queen Victoria. 1884.

MORLEY. *The Life of William Ewart Gladstone*. By John Morley. 3 vols. 1903.

MURRAY. *Recollections from 1803 to 1837*. By the Hon. Amelia Murray. 1868.

NATIONAL MEMORIAL. *The National Memorial to H.R.H. the Prince Consort*. 1873.

NEELE. *Railway Reminiscences*. By George P. Neele. 1904.

OWEN. *The Life of Robert Owen*, written by himself. 1857.

OWEN, JOURNAL. *Owen's Rational Quarterly Review and Journal*.

PANAM. *A German Prince and His Victim*. Taken from the Memoirs of Madame Pauline Panam. 1915.

PRIVATE LIFE. *The Private Life of the Queen*. By One of Her Majesty's Servants. 1897.

The Quarterly Review, vols. 193 and 213.

ROBERTSON. *Bismarck*. By C. Grant Robertson. 1918.

SCOTT. *Personal and Professional Recollections*. By Sir George Gilbert Scott. 1879.

SMITH. *Life of Her Majesty Queen Victoria*. Compiled from all available sources. By G. Barnett Smith. 1887.

SMYTH. *Streaks of Life*. 1921.

SPINSTER LADY. *The Notebooks of a Spinster Lady.* 1919.

STEIN. *Denkschriften über Deutsche Verfassungen.* Herausgegeben von G. H. Pertz. 6 vols. 1848.

STOCKMAR. *Denkwürdigkeiten aus den Papieren des Freiherrn Christian Friedrich v. Stockmar,* zusammengestellt von Ernst Freiherr v. Stockmar. Braunschweig. 1872.

TAIT. *The Life of Archibald Campbell Tait, Archbishop of Canterbury.* 2 vols. 1891.

The Times.

The Times LIFE. *The Life of Queen Victoria,* reproduced from *The Times.* 1901.

TORRENS. *Memoirs of William Lamb, second Viscount Melbourne.* By W. M. Torrens. (Minerva Library Edition.) 1890.

VITZTHUM. *St. Petersburg und London in den Jahren 1852~1864.* Carl Friedrich Graf Vitzthum von Eckstädt. Stuttgart. 1886.

WALPOLE. *The Life of Lord John Russell.* By Sir Spencer Walpole. 2 vols. 1889.

WILBERFORCE, SAMUEL. *Life of Samuel Wilberforce, Bishop of Oxford.* By his son, R. G. Wilberforce. 3 vols. 1881.

WILBERFORCE, WILLIAM. *The Life of William Wilberforce.* 5 vols. 1838.

WYNN. *Diaries of a Lady of Quality.* By Miss Frances Williams Wynn. 1864.

여왕이 사랑한 사람들

초판인쇄   2023년 6월 30일
초판발행   2023년 7월 7일

지은이   리턴 스트레이치
옮긴이   김윤경
펴낸이   강성민
편집장   이은혜
편집   김지수 김세나
마케팅   정민호 박치우 한민아 이민경 박진희 정경주 정유선 김수인
브랜딩   함유지 함근아 박민재 김희숙 고보미 정승민
제작   강신은 김동욱 이순호

펴낸곳   (주)글항아리
출판등록   2009년 1월 19일 제406-2009-000002호

주소   10881 경기도 파주시 심학산로 10 3층
전자우편   bookpot@hanmail.net
전화번호   031-955-8869(마케팅) 031-941-5158(편집부)
팩스   031-941-5163

ISBN 979-11-6909-128-2 03990
기타 교환 문의 031-955-2661, 3580
www.geulhangari.com